法藏知津

二編：佛教思想研究專輯

杜潔祥 主編

第22冊

《四書蕅益解》研究

簡瑞銓 著

參禪與念佛
——晚明袁宏道的佛教思想

邱敏捷 著

花木蘭文化出版社

國家圖書館出版品預行編目資料

《四書蕅益解》研究 簡瑞銓 著／參禪與念佛——晚明袁宏道的佛教思想 邱敏捷 著 — 初版 — 新北市：花木蘭文化出版社，2015〔民104〕

目 2+152 面／序 4+ 目 2+78 面；19×26 公分

（法藏知津二編：佛教思想研究專輯　第22冊）

ISBN：978-986-254-097-8／978-986-254-085-5（精裝）

1.四書 2.研究與考訂 ／1.（宋）釋智圓 2.（宋）釋契嵩 3.（明）袁宏道 4.學術思想 5.儒學 6.佛教 7.禪宗 8.宋代 9.明代

121.217／125　　　　　　　96004477／98016116

ISBN-978-986-254-097-8　　　ISBN-978-986-254-085-5

9 789862 540978　　9 789862 540855

法藏知津二編：佛教思想研究專輯
第二二冊　　ISBN：978-986-254-097-8／978-986-254-085-5

《四書蕅益解》研究
參禪與念佛——晚明袁宏道的佛教思想

作　　者　簡瑞銓／邱敏捷
主　　編　杜潔祥
副總編輯　楊嘉樂
編　　輯　許郁翎
出　　版　花木蘭文化出版社
社　　長　高小娟
聯絡地址　235 新北市中和區中安街七二號十三樓
　　　　　電話：02-2923-1455／傳真：02-2923-1452
網　　址　http://www.huamulan.tw 信箱 hml810518@gmail.com
印　　刷　普羅文化出版廣告事業
初　　版　2015 年 5 月
定　　價　二編 24 冊（精裝）新台幣 40,000 元

《四書蕅益解》研究

簡瑞銓　著

作者簡介

簡瑞銓，男。生於民國 55 年 10 月，台灣・南投人。畢業於東吳大學中國文學研究所，學術領域為四書學、易經與佛學。目前任教於亞洲大學，課餘並致力於心靈淨化工作之推展。

提　　要

《四書蕅益解》，乃明朝末年佛教界大師蕅益智旭的解經作品。其書分為〈大學直指〉、〈中庸直指〉、〈論語點睛〉、〈孟子擇乳〉等四部份。而〈孟子擇乳〉今已亡佚。其成書的最大動機與目的即是「以佛入儒，務誘儒以知禪」，「俾儒者道脈同歸佛海」。

蕅益大師刻意將三教合一乃至儒佛融合的理論落實在其著作裏，其所用的方法乃是完全以其特有的「現前一念心」為思想基礎來融合儒、道之思想，將三教合一論的主張，從義理會通方面落實到《四書》學裡。

《四書》的內容經過蕅益智旭的精心架構後，整部《四書蕅益解》便將儒家維持人倫之德目，轉換成佛家觀心法門，孔子成為一位處處觀機逗教機鋒百出的大禪師，而整部講儒家「內聖外王」的《四書》也徹底的佛化，變成學佛者的修行寶典了。這在儒佛交涉史中，《四書蕅益解》可說是一個高峰，它代表了晚明佛教界有目的、有方法、有系統，全面從義理上融和儒釋的成果。在新《四書》學的風潮中，其最大特色在建構了完整的「援佛入儒」的理論架構，呈現了一種特殊的《四書》學新面貌。而在儒佛互動的歷史脈絡中，其最大的作用，即是將儒家的經典納入佛法之中，成為佛法的一部份，從義理上回應與化解程朱以來儒者的排佛壓力，並藉此作為接引儒者的橋樑。

目

錄

第一章 緒 論

第一節 研究緣起

一、研究動機與範圍

　　佛法自漢朝傳入中國以後，便與儒、道二家思想互相交涉，彼此影響，而匯為中國文化的三大主流，其對中國文化的影響，可說是至深且廣。然而歷代儒者未必學佛，對儒佛間的互動情形，一直沒有很清楚且全面性的交代，殊為可惜。我在研究所就學期間，由於選修林慶彰老師「中國經學史」的緣故，從朱彝尊的《經義考》與《四庫提要》、《續四庫提要》中，發現在晚明尤其是萬曆前後，出現了許多以禪解《四書》的經學著作，這在以朱學為官學的學術環境中，可算是相當的奇特（朱子素有集排佛大成之稱）。尤其在這許多「以禪解經」的著作中，包括了佛門大師的《四書》學作品，如憨山大師的《大學綱目決疑》、《中庸直指》與蕅益大師的《四書蕅益解》，這種儒佛間的互動現象因而使我產生研究的興趣。

　　就經學史演變的軌跡而言，歷代的經學有許多都在不同程度受到佛學的影響，而到晚明時期的《四書》學可說是佛化的最高峰。儒家的經典從兩漢經師以師法、家法對經書做訓詁的工作以後，便確立了經學的地位。到了魏初荊州學派興起，王肅對集漢學大成的鄭學展開攻擊，經學的面貌逐漸改變。鄭學的權威逐漸沒落後，代之而興起了以玄學註經的風氣，如王弼《周易注》、何晏《論語集解》都是這一時期的代表作，此時儒家的經典首次玄學化。到了南朝時，受到佛學逐漸興盛的影響與梁武帝主張和會儒、釋、道三教的關係，經學一變為義疏之學，除了有玄學的色彩外，更添加了佛學的成分，皇侃《論語義疏》即為此時期的代表作。這種風氣，孔穎達即站在儒家的觀點，而如是批評：

> 江南義疏，十有餘家，皆辭尚虛玄，義多浮誕。原夫義理難窮，雖復玄
> 之又玄，至於垂範作則，便是有而教有。若論住內住外之空，就能就所
> 之說，斯乃義涉於釋氏，非為教於孔門也。既背其本，又違於注。(《周
> 易正義》序)

可見代表儒家思想的經學，在魏晉南北朝時期已開始受到佛、道二家思想的影響。
雖然這種影響是表面的，流於泛泛的比附文義，可以說只是在儒學的身上，沾上
佛、道二家思想的色彩〔註1〕。然而佛學從南北朝進入隋唐以後，獲得了突破性的
發展，而逐漸成為唐代學術的特色。傳統的儒家鑑於佛學的興盛與儒學的不振，
於是到了唐末開始產生對佛學的反對與本身思想的創發，其排佛的代表人物是韓
愈，而謀求儒家思想突破的則屬李翱的《復性書》。這種啟蒙的風氣，到了宋朝以
後則開花結果。宋儒吸收了佛、道二家的思想並建立了新儒學——理學以後，更
轉而擺脫漢唐舊注，獨抒己見，將其理學思想發揮於經典之中，如朱熹的《四書
集註》便是代表作。儒家的經典至此，完全理學化了，經學第二度受到佛道二家
思想的影響，而這種影響是深入於思想義理層面的。然而雖然理學的成分核心加
有佛道思想，然理學家，尤其是程朱等人，其立場是站在儒家方面，而極端排斥
佛、道二教。到了晚明陽明學興起後，學術界產生大量以禪、道解《四書》的作
品，經學第三度受到佛道的影響。這個現象，即是本文所要探討的內容，以顯明
其在經學史演變中的來龍去脈與特質。

　　另外就佛教的中國化過程而言，首先要面對的即是如何讓佛教的思想能在中國
的文化土壤裡生根茁壯，以及如何化解外在的排佛壓力。蓋佛法初入中國，僅靠商
人或胡僧零星的傳入，等到學佛之人漸多，對佛法的認識更加深入以後，原有的經
典不能滿足與解決諸學人在學習佛法時所遇到的諸般問題，於是才有「格義佛教」
的產生以為因應。那麼對「原義經典」的取得，便是佛教界的當務之急。而經典因
是從印度或西域傳入，因此如何譯成漢文，便又是另一重要問題了。由於宗教上的
熱誠，許多的中原人士，如法顯、玄奘大師等，不惜跋山涉水，遠渡沙漠到西域、
天竺去尋求經典，以及許多優秀的僧人，如鳩摩羅什等人，從天竺、西域而來，使
中土的佛經愈來愈齊全〔註2〕，所譯出的經典文字愈流利，而使得中原人士，更能
得知佛法的奧秘，因而促成了隋唐佛教的盛世。

〔註1〕詳見張恆壽著：〈六朝儒經注疏中之佛學影響〉一文，收於林慶彰老師編：《中國經
　　　學史論文選集》上冊（台北：文史哲出版社，民國81年10月），頁482～504。
〔註2〕關於此時期所翻譯的經典以及翻譯者，請參湯用彤：《漢魏兩晉南北朝佛教史》（台
　　　北：台灣商務印書館80年9月），頁374～405。

　　而就外在的壓力而言，早期的排佛論，從《弘明集》、《廣弘明集》中的記載，大體上環繞神滅論、夷夏之防及對政治經濟之影響立論〔註 3〕。而最早對排佛論作反應的爲牟子的《理惑論》，其調和三教的立場，深深影響後人的態度。而牟子的持論，亦僅在見解上反駁儒家之非難而已，未深入義理上的調和。等到佛教在唐代興盛以後，各宗各派開始對佛法作系統化、組織化的整理，亦即判教的產生。這時代表儒家反動勢力的韓愈、李翱反佛的言論隨之產生，且李翱更抬出《易》、〈中庸〉的思想與佛家對抗。於是宗密大師便在《原人論》中，擴大判教的精神，以人人本具如來智慧之一眞法界的廣大圓滿立場，來融攝儒道的想法，啓發後世的三教一致論。及至宋代，儒教勃興，採佛教教理匯成新學之同時，排佛之風亦盛，如孫復之〈儒辱說〉、歐陽修之〈本論〉三篇、石介之〈怪道〉、胡寅之〈崇正辯〉、李覯之〈潛書〉等均主排佛，歐陽修撰《新唐書》、《五代史》，更刪除所有有關佛教之事項；對此，智圓於《閑居編》中提倡三教並存不廢之說，契嵩於〈輔教編〉中力主儒釋一貫之道，張商英撰〈護法論〉駁斥韓、歐之主張。可是到了程朱以理學作爲排佛的思想利器，排佛進入到最核心的根本義理層次，並隨著朱熹的《四書集註》成爲官學，從此佛教界備感排佛的壓力。這種儒佛間的互動，到了晚明蕅益大師的《四書蕅益解》時是如何回應？此問題即是本文所要探討的第二個對象。

二、研究方法與目的

　　本文首先即從各種有關晚明《四書》學的目錄中，摘出其以禪解經的書目，然後從原典的閱讀與目錄中的提要介紹，瞭解此時代「以禪解經」的《四書》學數量及概貌。並進而從當代經學環境與佛教環境的兩個角度，探尋此現象產生的前因後果，以及其在經學史上的特質與影響。

　　其次即從《四書蕅益解》的註解文字直接切入，將其「援佛入儒」的部份摘錄出，加以研究，以觀其合會儒釋的思想基礎與註解方法。瞭解他是如何從儒書架構他的佛教思想。最後將《四書蕅益解》放在當代的《四書》學作品當中，以觀其特色。最後放在儒佛交涉史的脈絡中，來看他的「援佛入儒」的成果與影響。

三、前人研究成果之檢討

　　本論文在搜集資料時，發現前人對這個領域的研究實在缺乏。在經學史方面，如皮錫瑞的《經學歷史》，馬宗霍的《中國經學史》等，講到明朝《四書》學的時候，只是幾筆帶過。而由林慶彰老師所主編的《經學研究論著目錄》、《經學研究論著目

〔註 3〕同前註，頁 121～124。

錄續編》所錄來看，近人對晚明《四書》學的研究，還是寥寥數篇。另在佛教史方面，如黃懺華的《中國佛教史》，蔣維喬的《中國佛教史》，野上俊靜等著的《中國佛教史概說》，鐮田茂雄著的《中國佛教史》，講到明朝時只是概述一番，而對佛學甚有研究的湯用彤《漢魏兩晉南北朝佛教史》、《隋唐佛教史稿》，則只寫了從漢魏至隋唐的佛教史。印順法師的《中國禪宗史》，吳經熊的《禪學的黃金時代》都不及明代。在經學史與佛教史對明代都欠缺詳細研究的狀況下，遑論這時期的「儒佛交涉之問題」了。例如：張曼濤所主編的《現代佛教學術叢刊》中關於儒佛交涉之方面，亦僅收錄佛學與宋代理學之交涉，而由熊琬老師所寫的《宋代理學與佛學之探討》，雖對佛學與理學之交涉有深入詳細的討論，但關於《四書》學方面，則不在其討論範圍之內，殊為可惜。而另一方面，日人對這個領域的研究，反而比較多。如：佐野公治的《四書學史の研究》對明朝的《四書》學有全面而詳細的研究；荒木見悟的《明末思想研究》、《陽明學與佛學》、《明代陽明學之開展與佛教》、《明末宗教思想研究》，對晚明儒佛之交涉有很深入的研究。

　　所幸聖嚴法師的著《明末佛教研究》與《明末中國佛教之研究》對本論文提供了很大的幫助。《明末佛教研究》主要內容是對明代的禪宗、淨土宗、唯識宗、居士佛教等等的流傳以及其代表人物作一廣泛的介紹。而《明末中國佛教之研究》主要則對於蕅益大師的研究，從時代背景、生涯、宗教行儀、著作及思想等五方面加以論述，鉅細靡遺，且此書也提到了蕅益大師思想與儒家的關聯，與當時三教同源論的風氣，並指出蕅益大師以其獨特的「現前一念心」思想為中心，而發展性相融會與三教同源的理論，這些論述都對本論文在論及晚明宗教背景與作者的生活、思想背景時，提供了莫大的幫助。但是《明末中國佛教之研究》，雖然對蕅益大師的思想內涵，宗教行儀等有精闢之研究，但就儒佛交涉的層面來說，尚未落實到蕅益大師所注解的儒家經典之具體內容來討論。另外對於蕅益大師思想進行研究的尚有鄧繼盈的《蕅益智旭淨土思想之研究》，與陳英善的《蕅益智旭思想的特質及其定位問題》，前者屬於佛教宗派的範疇，後者則主要在探討蕅益大師思想的特質與定位問題，都不論及「儒佛交涉」這一層面。另外在禪與《四書》學交涉方面則有黃俊傑的〈張岱對古典儒學的解釋──以《四書遇》為中心〉與朱宏達的〈張岱《四書遇》的發現及其價值〉等二篇，在探討張岱所著的《四書遇》時，有討論到「儒佛關聯」這方面的問題，這點是可參考利用的。另外林政華所著的《蕅益祖師之論語教》則就蕅益大師的〈論語點睛〉加以研究，以觀其合會儒釋之貌，可惜此篇取材不及〈大學〉、〈中庸〉兩篇，範圍不夠全面，且偏重在註釋形式的討論，其論述亦失之簡略。綜上所述，可知就蕅益大師思想中儒佛會通這一部份的面貌，可資參考的研究成果

並不多，使得本論文在寫作時，常要做一些基礎的工作，諸如晚明的《四書》學面貌等等，而對儒佛義理在交涉過程中所發生的問題，因為時間與學力的關係，不能做很深入的探討，這一點是本論文最不足的地方。

第二節　明代佛教概述

一、明代帝王的宗教態度與政策

（一）明初帝王的宗教態度

　　明太祖本為皇覺寺小僧，即帝位之後其佛教政策，只是以開國君主的立場，來遂行其統國治民的手段而已。對於佛教仍是沿襲元朝宣政院的制度，設立其統治機關的善世院，在南京的天界寺，釐定統領、副統領、贊領紀化等僧官制度。即對道教也是向飛龍山道士張正常下詔，令其統管天下的道教，其在政策上與前代是沒有多大的改變。然而其對宗教的態度，卻對當時有很大的影響。如其對佛道二教皆有所兼好，更是三教合一論的支持者。他的〈三教論〉說：

> 夫三教之說，自漢歷宋至今，人皆稱之，故儒以仲尼，佛祖釋迦，道宗老聃。於斯三事，誤陷老子已有年矣。孰不知老子之道，非金丹黃冠之術，乃有國有家者日用常行，有不可缺者是也。……若果必欲稱三教者，儒者以仲尼，佛以釋迦，仙以赤松子輩，則可以為教之名，稱無瑕疵。況於三者之道，幽而靈，張而固，世人無不益其事，而行於世者，此天道也。……於斯三教，除仲尼之道祖堯舜，率三王，刪詩制典，萬世永賴；其佛仙之幽靈，暗助王綱，益世無窮，惟常是吉。嘗聞天下無二道，聖人無二心，三教之立，雖持身榮儉之不同，其所濟給之理一。然於斯世之愚人，於斯三教，有不可缺者。（〈三教論〉）

　　太祖並有〈釋道論〉、〈拔儒僧入仕論〉、〈宦釋論〉等諸篇著作，謂佛乃聖人生於西方，三教不可或廢。他在〈遊新庵記〉中又為佛教申辯，指斥三武滅佛的愚昧，說他們是「愚昧非仁」之君，「罔知佛老之機」，致「非獨當時為人唾罵，雖萬古亦污名，罪囚天地間，爾尚弗識，何愚之篤」這可見太祖對三教的態度。所以洪武初年，僧徒道士均被召至京，委以重任。太祖又嘗徵召「通儒僧」出仕，故明初僧人多有「精貫儒釋二家之學」。洪武七年十一月，太祖並認為老子《道德經》乃「萬物之至根，王者之上師，臣民之極寶」，親自為之註釋頒示天下。太祖的舉動，對三教的融合具有深遠的影響。明代提倡三教合一的思想家，如羅汝芳、管志道、楊起元、

李贄等人，都徵引明太祖的話作爲典範，例如羅汝芳謂：

> 三教聖人之道，支離已久，天幸生高皇帝，穿透此關，以開其合之端，將
> 來必生一至人，大大合併一番。〔註4〕

李贄亦云：

> 三教聖人，頂天立地，不容異同明矣。故曰：「天下無二道，聖賢無二心」，
> 我高皇帝，統一寰宇，大造區夏，其敬孔子、敬老子、敬釋迦，有若一人，
> 然其御製文集，凡論三教聖人往往以此兩言斷之，以見其不異也。夫既謂
> 之道，謂之心矣，則安有異哉。則雖愚夫愚婦，以及昆蟲草木，不能出乎
> 此道此心之外也，而況三教聖人哉。（《李溫陵集》卷十，〈三教品序〉）

由此可看見明太祖的言論，對三教合一有一定的推動作用，而其「天下無二道，聖
賢無二心」與「道一教三」的見解，更是後來主張三教合一者的依據。

明成祖因「靖難」政變而得位，爲廣結人心，掩飾其罪過，除御纂《爲善陰騭》、
《孝順事實》等「善書」外，提倡佛教和道教變成了他「勸善」的一部分政策。永
樂九年間，明成祖親自膽抄佛經、佛咒數十篇，頒示天下，其中〈御製大悲總持經
咒序〉云：

> 凡忠臣孝子，能盡心意以事君，竭力以事親，所作所爲，無私智陂行，廣
> 積陰功，濟人利物，又能持誦是經咒，則跬步之間，即登覺路。若彼不忠
> 不孝，不知敬畏，則鬼神所錄，陰加譴罰，轉盼之間，即成地獄。蓋善惡
> 兩途，由人所趣，凡諸眾庶，宜慎取舍用，書此以爲勸。〔註5〕

其後又御製佛讚，刊行佛經，作《神僧傳》九卷。永樂十七年，命道成、一如等八
人，校勘《大藏經》，並刻版二副，分藏南京、北京。明成祖對道教的反應亦同樣積
極。如永樂年間多次遣使訪尋武當術士張三丰，稱張三丰爲「眞仙」。永樂四年十一
月，敕第四十三代天師張宇初纂校《道藏》，欲廣流傳。這都可見佛、道二教在永樂
一朝，是同樣的受到皇帝歡迎。成祖以後，明朝的繼位君主，多親近佛教，崇尚道
教方術。英宗刊行《大藏經》，並親爲之作序。又於正統年間，繼成祖之志，纂修《道
藏》。正統九年，詔通妙眞人劭以正督校《道藏》，先後成五千三百五卷，四百八十
函，是謂《正統道藏》。〔註6〕《明實錄》記英宗一朝，「京師街頭滿佈緇黃」僧道

〔註4〕見酒井忠夫著：《中國善書之研究》第三章，（東京：弘文堂，1960 年 8 月版），頁
　　　245 引。

〔註5〕朱棣：《明成祖寫經》（据永樂十年鈔本重景），第三冊，葉一一下，一二上。全書共
　　　收錄成祖膽鈔經、咒共四一篇，其中部份篇首附錄，並有〈永樂御書〉之印。佛家
　　　有所謂「功德」之說，親自膽鈔一次佛經，則得一次功德，成祖鈔經可能與此有關。

〔註6〕詳參陳國符：《道藏源流考》，（北京：中華書局），1963 年 12 月，頁 174～182。

至於「沿街塞路」，可見其盛。憲宗「於釋道二教俱極崇信」〔註7〕寵任喇嘛僧人，
敕賜梵宇爲歷代之冠，又縱容方士，喜好丹房之術，終至朝政淆亂，而憲宗亦爲金
丹所傷。其後的帝王，如武宗自稱「大慶法王」，於禁中建造佛寺；世宗時道流之盛
爲明代之最，且濫授官爵，道士劭元節人禱有驗進禮部尚書，給一品服，陶仲文以
符水至鬼，累進禮部尚書少保少傅少師，爲明代一人兼三孤的僅有例子〔註8〕，最
後內閣輔臣的進退，亦由「青詞」的撰寫所支配，「青詞宰相」之名亦由此而起，這
都可見佛、道二教在明代的流行。而這種環境，正是三教合一思想產生的最好溫床。

（二）宗教政策的性格轉變及影響

所謂「宗教政策的性格」，是指原有「宗教政策」在擬定時，曾考量過時代條件
及其預定達成的政策效果，才制定頒佈的；若無其他時空的變異因素，而考量的要
件未變更之前，它所呈現的政策效用與宗教樣相，即可稱之。此因歷代開國之君，
在鼎革之後，在採取政治措施時，常有其政策上的考量，而一旦加以制訂後，除非
特殊的狀況出現，否則即垂爲「祖訓」，由同朝後代君主繼續遵行。因此，它不但反
映了法律的效力，也往往塑造了宗教體制的樣相。可是時空的變異因素，會使當初
的政策考量條件，也隨之變遷，因此基於政治功能的現實考量，乃出現宗教政策的
法律規定不變，但實際上已將政策的評估方向加以修正或替代的情形，此即謂之「宗
教政策的性格轉變」。

然在考慮此一「宗教政策的性格」具有多少持續性時，同時必須連帶考慮二個
問題：

甲、當初太祖認爲佛教可「暗助王綱」的政策理由，在佛教和社會疏離的情況
下，具有多大可實踐性？假如答案是不大時，則必將產生替代性的政策考量。

乙、出家僧侶，一入僧籍，雖有行爲上的限制，但享有雜派的、差役的優免；
而假如欽賜的寺田的話，像南京的天界寺、靈谷寺、大報恩寺等大寺院，田產廣大，
卻稅量全免。如此則等於自整個社會的勞動力和土地資源中，割出一部份專屬佛教
使用。道教觀田情況亦同，因而佛教寺產，如要維持其獨立性，必須附帶二個條件：
（a）是避免出家人口的增加，超過原寺產可負荷的程度，除非有新來源，否則即需
再分割社會的原有資源。（b）在國家政策上維持其重要性，使政府寧願忍受國家資
源的被分割，而不會放棄此一宗教政策上的預期功能。特別是（b）項，在中國社會

〔註7〕沈德符：《萬曆野獲篇》卷二七，〈僧道異恩〉條。
〔註8〕趙翼：《二十二史箚記》卷三四，〈成化嘉靖中方技授官之濫〉條，（台灣：洪氏出版
　　　社，1974年10月版），頁491。

裡因儒家官僚主宰朝廷政策和影響社會的價值觀，故最有可能因此項而損害了佛教的利益。本來明太祖在三教政策上，是以儒家為主，佛道為輔。〈三教論〉一文說：「三教除仲尼之道，祖述堯舜，率三王，刪書制典，萬世永賴。其仙佛之幽靈，暗助王綱，益世無窮，……斯世之愚人於斯三教有不可缺者。」因此，無論僧、道，皆設衙門管轄之，但隸屬禮部，且官品極低。只是佛教的事務，仍責由「僧錄司」等衙門統轄，「若犯姦非為，但與軍民相涉，在京申禮部審，情重送問；在外即聽有司斷理」。可以說，雖然僧官體統和欽天監相同，起碼維持了僧事僧治的最低自主性。但是這種對佛教的認知態度，到了明成祖時，則逐漸改變，以永樂五年，他拒絕禮部請求度僧的諭旨來看，純粹是財政上的因素。他說：「國家之民，服田力穡，養父母，出租賦，以供財用。僧坐食於民，何補國家？度民為僧，舊有禁令，違者必罪。」因此他對那些私自出家的處罰，也是財政上的，例如他在永樂六年（1408）六月：「命禮部，移文中外，凡軍民子弟僮奴，自削髮冒為僧者，并其父兄，送京師，發五台山輪作，畢日就北京，為田種田，及盧龍牧馬；寺主僧容剃，亦發北京，為民種田。」換句話說，成祖不但處分當事者，連相關者亦隨同處分。

從永樂（1403～1424）、洪熙（1425）、宣德（1426～1435）、到正統（1436～1449），可以說宗教的政策，一直在面對出家人口日增壓力。雖然度牒頒發次數和額數，都增加不少，卻依然不敷社會所需。相對的，私自剃度和自創寺院的情況，也愈增加惡化了。站在儒家官僚的立場，批評出家人口增加的不當，乃至激烈排佛論的送出，亦在意料中。而在明代因定「朱子學」為「官學」，而「朱子學」中的強烈排佛思想，自明初起即不斷地在朝廷的議論中出現，然自洪武迄宣德年間，由於佛教僧侶的影響力仍在，而佛教人口亦未過度增加，所以其自主性的地位，勉強可維持。到了代宗景泰年間，更基於財政上的需要，開始販賣「空名度牒」，而在憲宗成化年間，因氣候異變，造成江北淮揚、山東等地的嚴重水患，遍及華北、西北和東南沿海，都需救災和賑濟饑民，於是奏准大量頒發空名度牒來換米糧和銀兩。由於次數頻繁、人數眾多，雖是以天災為藉口，但叢林湧入這些失控的眾多人口，其將引發的弊端，是不難想像的。佛教的急遽腐化，叢林被譏為罪惡的巢窟，就從此開始。如舉武宗正德年間，進士林希元的奏文來看，他向朝廷奏道：「……南方之僧，雖於貧乏，而所圖者易，頭髮一落，田園連阡，富擬封君，坐享輕肥間。有身居僧寺，心在塵垢。陽雖削髮為僧，陰置妻生子。又有置典僧田、營植利產。家計既立，僧籍遂除。是利其富腴然也。」這些出家人其實大有來頭，是「富鹽匠籍人家長子」，藉出家「爭趨其利，冒禁詭籍」，並且「越州縣而為僧，不可禁遏」，可見彼等皆非泛泛之輩。而到世宗嘉靖十八年（1539）乾脆

准許每一名納銀十兩，以取得度牒。在兩京（南京、北京）由工部辦理；在外則由各布政司辦理。過去赴京考試請牒這一套就免了。然而出家的條件，一旦放鬆，相對的出家環境、僧人的素質亦大幅低落，毋怪乎湛然圓澄在《慨古錄》說：「高皇帝（明太祖）之《欽錄》猶在；高皇帝之聖旨絕不之行！既無利於僧，僧不肯內牒者，毋怪其然也。」涉及到的，就是這種「宗教政策的性格轉變。」

為什麼圓澄要如此感慨呢？主要是朝廷在頒發「度牒」時，並未附有當初「度牒」在政策上所保證的優待條件，例如稅賦丁役的減免，寺產獨立性的維持，乃至出家人格之政治保障。因此，「度牒」在晚明時期，有如無購買力的「通貨」，其不為佛教有識之士所重視，乃理所當然。而一些購買此「度牒」者，其實是利用了佛教在中國社會的潛在信仰力量，以出家人的形象，來換取社會的供養。

於是晚明叢林真是弊端叢生，其大概情形為：

1. 師徒之誼不治

《慨古錄》中提到：「前輩師資之間，親於父子。今也動輒譏呵，自行不端，學者疑憚。」「今為師徒者，一語呵及，則終身不近矣。」

2. 新出家者，為自立門戶不擇手段

《慨古錄》指出：「有不屑之徒，不知大體所關。才出家來，苟圖聲譽，以為己任。急急於名利之場，或私創山居，或神廟家祠，男女共住；或典賃民房，漫不可稽。」

3. 出家眾中龍蛇混雜

《慨古錄》指摘說：「或為打劫事露而為僧者、或牢獄脫逃而為僧者、或妻子鬥氣而為僧者、或負債無還而為僧者、或夫為僧而妻戴髮者，謂之雙修、或夫妻皆削髮，而共住庵廟，稱為住持者、或男女路遇而同住者。以至姦盜詐偽，技藝百工，皆有僧在焉。」晚明出家人的複雜狀況，於此可見。

4. 師資水準低落，缺乏實學真悟，而冒作權威

《慨古錄》揭發真相說：「諸方各剎，上堂小說，概之不聞。間有一二商榷者，不過依經傍教而已。其次皆世諦流布，不足聽也。懸說懸談，抽釘拔楔，舉世不聞。」「大抵叢林多有不識字者主之，其領徒不過三等；上者勸其作福；次者令其應務；再次者平交而已。……其不賢者，恐弟子處我之上，見其習學，怒云：你不老實修行，學此擬裝大漢耶？又云：學此口頭三昧奚為？何不老實修行！」「又有一等，宗教曾不之聞，出家又且不久，便去守山，或復坐關，稱善知識，誑誘人者。」

5. 雖號稱「宗師」，仍因無新意而遭譏

《慨古錄》責難說：「今之宗師依本談禪，惟講評唱，大似戲場優人。雖本欲加半字不得。學者不審皂白，聽了一遍，已謂通宗。……由是而推；今之談宗者，實魔所持耳。」類似批評，亦見之袾宏的著作。

6. 為謀衣食，而行為失檢

《慨古錄》提到幾種：（一）入外道屠膾之家者：「……今之沙門，毋論神廟天祠，乃至人家享堂，苟衣食可足，皆往住焉。是非不懼來生，為其徒黨眷屬。但云：火燒眉毛，且圖眼下無事。」（二）妄學古意而當街跪乞者：「……今時有等為法師者，不體古意，妄意效顰，嚴整法服，跪街乞錢。學者持樂吹打，人不為恥，彼以為得志。」（三）為謀衣食，不擇身份拜人為父母。「……今之流輩，毋論富貴貧賤，或妓女丐婦，或大士白衣，但有衣食可資、拜為父母。棄背至親、不顧廉恥，作忤逆罪。在明（名）教中，逆之大逆；在佛教中，割愛出家，當為何事。」（四）為得供養、即無學首座，亦作樣欺人：「……今之首座，不通一經，不識一字，師承無據。但有幾家供養，辦得幾擔米，設得幾堂供，便請為之。所言發揮蘊奧，勘驗學者，斥為閒事；一味不言，是其談柄。」總之，謀生重於一切！

7. 對戒律無知、忽視戒律者

《慨古錄》說：「今時沙門，視叢林為戲場，眇規矩為閑事。乍入乍出，不受約束。其猶如世人拼一死，而刑政無所復施矣。」又說：「今之沙門，多有傍女人住者，或有拜女人為師者，或女人為上輩，公然受沙門禮，而漫不知為非者。」

8. 徒弟凌辱師友者

《慨古錄》指控說：「或師範誡訓過嚴，或道友議論不合，便欲殺身以報之也。或造揭帖，或捏匿名，遍遞縉紳檀越，誘彼不生敬信，破滅三寶。」

佛教界到這種狀況，對其宗教形象與宗教影響力可說相當損害，僧人在一般人中的社會地位也降到了最低點，如果佛教界對這種狀況不加以改善話，後果真不堪設想。

二、晚明佛教的復興與融合

（一）晚明佛教的復興

中國佛教在唐代大師雲集，八宗盛弘之後，受到了唐武宗滅佛的影響，致使教

運衰落，一蹶不振，到了晚明〔註9〕才又現佛學的另一高峰。關於此一時期之佛教概況，茲略述如下：

甲、禪　宗

禪宗重視修證經驗，其所證經驗的眞僞及深淺，縱然已有自信，仍得經過先進禪德的勘驗與印可。凡是有能印證他人的人，必是自己也曾接受過上一代禪德的印可。爲人印證者，通常即是指導你修行的人，也可能僅在一面之間，便承認了你的修證功夫。不論如何，你受了何人的印可，便算接受了他的傳承，而成爲他下面的另一代傳人，稱爲法嗣。由於傳承的關係，代表了法統的延續，也證明了修證經驗的可靠性；所以自宋朝的《祖堂集》、《景德傳燈錄》〔註10〕之後，有《天聖廣燈錄》、《續燈》、《聯燈》、《普燈》、《五燈會元》等諸書〔註11〕，記述禪宗諸家的系譜，經元朝，迄明初，又出了《續傳燈錄》及《增集續傳燈錄》〔註12〕。正如明初玄極的《續傳燈錄序》所敘述的史實一樣：

> 吳僧道原，於宋景德間，修《傳燈錄》三十卷，眞宗特命翰林學士楊億等，裁正而序之，目曰《景德傳燈錄》，自是禪宗寖盛，相傳得法者益繁衍。（宋）仁宗天聖中，則有駙馬都尉李遵勗，著《廣燈錄》。建中靖國初，則有佛國白禪師，爲《續燈錄》。淳熙十年，淨慈明禪師，纂《聯燈會要》。嘉泰中，雷菴受禪師述《普燈錄》。宋季（紹定間）靈隱大川濟公，以前五燈爲書頗繁，迺會粹成《五燈會元》。〔註13〕

以上序中所敘六種燈錄，除了《廣燈錄》之外，餘均被收在《大正藏》及《卍續藏》的「史傳部」。然後，經過一百六十年，至明初（1401年），玄極輯出《續傳燈錄》，

〔註9〕所謂晚明，主要是指明神宗的萬曆年間（1573～1620），其活躍之人物，有些雖生於萬曆之前，卻活躍於萬曆初年；有些人生於萬曆年間，亦活躍於萬曆年間；有些人生於萬曆末期，卻活躍於萬曆之後，這些人物其生歿年代則自一五〇〇～一七〇二年，最遲的時代雖及清代，仍是生於萬曆年代的人。有關這一年代活躍之佛教人物甚多，聖嚴法師所著之《明末佛教研究》已有詳細之研究，此處不及詳列，其主要人物乃以四大師：雲棲袾宏、達觀眞可、憨山德清、藕益智旭爲代表。

〔註10〕《景德傳燈錄》三〇卷，宋之道原，纂成於一〇〇四年，現存於《大正大藏經》五一卷。

〔註11〕一、《建中靖國續燈錄》三〇卷，宋之《惟白集》。二、《聯燈會要》三一卷，宋之《悟明集》。三、《嘉泰普燈錄》三〇卷，宋之正受編。四、《五燈會元》二〇卷，宋之《普濟集》。以上現均存於《卍續藏經》之史傳部。

〔註12〕一、明初之玄極所輯《續傳燈錄》三六卷，序於一四〇一年，存於《大正藏》五一冊及《卍續》一四二冊。二、明初之文琇所集《增集續傳燈錄》六卷，存於《卍續藏經》一四二冊。

〔註13〕見《卍續藏經》一四二冊，213頁。

又過一百九十年，至明末的萬曆二十三年（1595），瞿汝稷集《指月錄》（1631年），有《教外別傳》、《禪燈世譜》、《居士分燈錄》。1632年至1653年間，有《佛祖綱目》、《序燈存稿》、《五燈會元續略》、《繼燈錄》、及《五燈嚴統》等諸書〔註14〕，相繼問世，明末僅僅六十年間，竟比任何一個時期所出的燈錄更多，而且此一趨勢，延續到清之乾隆時代的一七九四年時，又繼續出現了《續指月錄》、《錦江禪燈》、《五燈全書》、《正源略集》、《揀黑豆集》等諸書〔註15〕。在明末及清的兩百年間，如果不是禪者中的人才輩出，豈會產生如此多的燈錄？那些禪者中的傑出者，不僅在修證的禪境上各有其突破處，且在文字經義的修養上，多半也有相當的造詣〔註16〕。故自一五九五至一六五三年的五十八個年頭之間，新出現的禪宗典籍，包括禪史、語錄，禪書的輯集編撰註解等，共有五十種計三八六卷，動員了三十六位僧侶及十位居士，平均不到十四個月即有一種新的禪籍問世〔註17〕。

乙、唯識宗

唯識思想在中國，主要是指玄奘（603～664）譯出了彌勒、無著、世親的諸書，特別是護法系統的成唯識諸論，由窺基（632～682）一一加以註釋，完成了中國唯識學的體系〔註18〕唯識宗在唐代期間，曾大為盛行，可是經唐武宗滅佛以後，直到明末時代為止的大約八百年間，除了在華嚴宗四祖澄觀的《華嚴經疏鈔》，以及華嚴思想的擁護者永明延壽的《宗鏡錄》之中，引用唯識思想之外，僅見到元人雲峰的《唯識開蒙問答》二卷〔註19〕。故到明代，已無人研究唯識，甚至被視為唯識要典的唐代唯識述記（即《成唯識論述記》）及三疏（即《成唯識論掌中樞要》、《成唯識論了義燈》、《成唯識論演秘》），既未編入藏經，也不流傳於當時的中國，即使有心研究唯識，也均無門可入。幸有魯菴普泰法師，於明武宗正德年間，從一位無名老翁處，以月餘的時間，盡傳其唯識學之後〔註20〕，便為《八識規矩頌》及《百法明門論》做註。即此二書，推動了明末諸家研究並弘揚唯識學的熱潮。以年代先後次

〔註14〕明末諸種燈錄資料，請參閱聖嚴法師著：《末佛教研究》，第一章所附《明末禪籍一覽表，明末諸家禪宗史傳》，頁32～33。
〔註15〕以上諸書的資料，請參閱《明末禪宗人物資料表》，同前註，頁9～24。
〔註16〕同註14，頁57～69。
〔註17〕同註14，參看《明末禪籍一覽表》。
〔註18〕由窺基大師註釋的則為：《成唯識論》、《百法明門論》、《唯識三十論》、《瑜伽師地論》、《攝大乘論》、《阿毘達磨集論》、《辨中邊論》、《觀所緣緣論》、《顯揚聖教論》、《異部宗輪論》，以及《因明入正理論》。窺基大師的全部著述，總共有四十一種，百六十六卷，範圍極廣，然以唯識為主。
〔註19〕收於《卍續藏經》九十八冊，四一五～五一二頁。
〔註20〕王肯堂序《唯識論集解》。《卍續藏經》八十一冊，三〇三頁上。

序，他們依序為普泰、真界、正誨、真可、德清、廣承、明昱、通潤、王肯堂、大眞、大惠、廣益、智旭、王夫之等，均有唯識的著述傳至現代，單從人數而言，明末的唯識風潮，遠盛於唐代，諸家所註釋的範圍大約皆為《成唯識論》、《百法明門論》、《唯識三十論》、《觀所緣緣論》，以及方法論書《因明入正理論》〔註21〕。

　　除上所舉禪宗與唯識宗之外，淨土宗、華嚴宗與天台宗亦逐漸興起，淨土宗更是明末居士間非常流行的法門。晚明佛教的復興與四大師（即：雲棲袾宏、紫柏眞可、憨山德清、蕅益智旭）的出現是有著密切的關連，例如雲棲袾宏，既是禪門的重鎮，更是淨土宗的尊宿，他以禪的觀念及方法，用來弘揚淨土，使禪者歸向淨土，也使修行淨土者，得到禪修的實益。在晚明淨土宗的人物中，有許多人是雲棲的弟子，那些人多半是由於接觸到了大師或讀了他關於淨土法門的著述之後，才歸向淨土的。他對於士人階級的知識份子，特具接引方便〔註22〕。大師四十餘歲出家，平生標榜死生事大，日夜勤於自策自勵，持戒念佛。隆慶五年，入於浙江杭州雲棲寺，勤於念佛三昧，藉華嚴教義說明禪、淨同歸之說，提倡諸宗互融之新佛教，並大力弘布，獲得僧俗同道千餘人支持，將念佛的宗風廣布至江南一帶，且其為肅正當時之僧風，除為僧團共同生活所設的「共住規約」外，又著作了《緇門崇行錄》、《禪關策進》、《竹窗隨筆》、《僧訓日記》等，以砥礪當時之僧風，並著作了〈自知錄〉以為學人反省之鏡，此對於整個佛教風氣之改變，有著非常大的影響，其弟子聞古廣印為做塔銘，而稱之曰：「一度弟子、得戒弟子，萬有餘人。」足證其化導之盛，且根據聖嚴法師對《居士傳》的資料整理，發現對晚明居士最能發揮影響作用的就是蓮池大師〔註23〕，因此，可以說雲棲袾宏是晚明佛教復興的第一功臣。而繼起之三大師，學行俱優，著述豐富，亦對晚明之佛教貢獻良多〔註24〕。在一股復興的趨勢中，晚明佛教與以前之中國佛教有顯著不同之特色，一為諸宗之互融，一為三教同源說之盛行，並因而造成居士佛教的興盛。

（二）晚明佛教諸宗的融合

　　關於諸宗互相融合風氣的形成，可能與禪宗的式微及其自覺有關，自唐宋以下的禪宗，多以不立文字，輕忽義學為風尚，以致形成沒有指標也沒有規式的盲修瞎煉，甚至徒呈口舌之能，模擬祖師的作略，自心一團漆黑，卻偽造公案、呵佛罵祖。所以有心振興法運的大師們，揭出了「禪教一致」的主張。而此思潮的源頭，則為

〔註21〕同註14，頁221～225。
〔註22〕同註14，頁263。
〔註23〕見聖嚴法師：《明末中國佛教之研究》，頁88。
〔註24〕同前註，頁57～84。

永明延壽的《宗鏡錄》。延壽以禪宗法眼的身份，接受華嚴思想，融會性相，統攝禪教，集各宗之說，撰成《宗鏡錄》百卷，對於明末佛教，影響極大。他憑著「心」的理念，而就天台與賢首的思想，以及性宗與相宗的主張，將之統合起來，而編集百卷的《宗鏡錄》。表達了性相融會與諸宗融通、禪教一致的主張。《宗鏡錄》序文云：

> 唯一眞心，達之名見道之人，昧之號生死之始。……（中略）……剔禪宗
> 之骨髓、標教網之紀綱。……（中略）……性相二門，是自心之體用。若
> 具用而失衡常之體，如無水有波。若得體，而闕妙用之門，似無波有水。
> 且未有無波之水，曾無不濕之波。以波徹水源，水窮波末。如性窮相表，
> 相達性原。須知體用相成，性相互顯。（《大正藏》卷四八頁 416）

其所論述，就是性相融會思想的要旨。這裡所謂的「唯一眞心」，就是人生界與宇宙界的本源，也就是萬法的根本，又是一切世間法與出世間的本體。於是，如果悟得這眞心的本來實際，就可能出離生死。假如這眞心迷惘了，那就是生死的開始。因此，這個眞心，可以說是禪宗的骨髓，又是一切教法的紀綱。而這眞心，實際上，是我們自己所本有的，又是恆有的，而佛法的作用，不過是爲了說明這個眞心而實施的方便法罷了。縱然如此，性宗之說，就是說明自我眞心的理體；而相宗之說，是在說明這自我眞心的作用。儘管體與用有所不同，其實只是原理與現象的差異而已，他的本質則完全是不可分的。譬如說，水與波儘管是不同，其實水與波的本質，都是由濕性所衍生的。不過從現象的作用看來，雖然確實是相異的樣子，但其原理的濕性，則完全是同一的。相宗唯識說的道理，既如上述，那是在說明水與波的心現象面的；而性宗的眞如與如來藏之說，是在解釋水稱濕性的眞心，其本質的方便施設。永明延壽的這項主張，是在調融性相二宗的矛盾之點，使令統一。

在中國的性相融會之說，是由地論宗的學者所肇興，但經天台宗和華嚴宗的學者們，尤其是清涼澄觀的《華嚴經疏》和圭峰宗密的《圓覺經大疏》都強烈地加以提倡。永明延壽的《宗鏡錄》則更爲向前推進，從而樹立起性相平等的理念。因此，蕅益師的思想，可能也是得自《宗鏡錄》的靈感而來。所以，蕅益師在五十五歲撰著的〈校訂宗鏡錄跋〉中，對《宗鏡錄》的價值與地位，做了如次的評估：

> 集三宗義學沙門，於宗鏡堂，廣辨臺賢，性相旨趣，而衡以心宗，輯爲宗
> 鏡錄百卷。不異孔子之集大成也。……（中略）……細讀宗鏡問答引證，
> 謂非釋迦末法第一功臣可乎。（《宗論》七，卷二頁 16～17）

永明延壽既能以「唯一眞心」，融通天台，賢首與法性、法相的差異之點，由之彙集

百卷的《宗鏡錄》，眞正可以稱是末法時代釋尊的第一功臣。如果以之與中國的儒教人物相較，可與《孟子・萬章》篇所說，集三聖大成的孔子，幾乎無何差異。這就是蕅益師對永明延壽的讚頌。

　　到了明朝末年，性相融會的需求，變成爲明末四大師的共同課題。以下當分別予以介紹。

甲、雲棲袾宏的性相融會說

　　在他的《竹窗隨筆》中，以「性相」爲主體，有如次的敘述：

> 相傳佛滅後，性相二宗學者，各執所見，致分河飲水，其爭如是。孰是而孰非歟。曰：但執支則皆非，不執則皆是。性者何，相之性也。非判然二也。……（中略）……或謂永嘉云：「入海籌沙徒自困」，又曰：「摘葉尋枝我不能」，似乎是性而非相矣。曰：永嘉無所是非也，性爲本而相爲末。故云：但得本，不愁末。未嘗言，末爲可廢也。是故，偏言性不可，偏言相尤不可。（《竹窗隨筆》）

由此加以考證，袾宏的性相融會說是「性爲本而相爲末」的理念。

乙、紫柏眞可的性相融會論

　　關於紫柏眞可的性相融會思想，在《紫柏尊者別集》卷一，有如次的敘述：

> 性宗通而相宗不通，則性宗所見，猶未圓滿。通相宗而不通性宗，則相宗所見，亦未精徹。性相俱通而未悟達摩之禪，則如葉公畫龍頭角，望之非不宛然也，故（欲）其濟亢旱興雷雨，斷不能焉。〔註25〕

在眞可而言，法性與法相二宗，被看做是平等的位置，在性宗的學者，也有必要去研習相宗；相對地，在相宗的學者，也必須修學性宗。把這性相二宗歸納起來，那就是《楞伽經》所說的「宗通」。從而，眞可的性相融會說，是站在性相平等上面，由此顯現其宗說俱通的《楞伽經》思想。

　　就這一點，以眞可的立場，因爲是與菩提達摩以《楞伽經》印心而爲禪宗初祖的情形。非常相似，所以蕅益師才以眞可作禪宗私淑對象的。

丙、憨山德清的性相融會論

　　關於憨山德清的性相融會論，憨山德清的《百法論義》中說：「嗟今學者，但只分別名相，不達即相即性歸源之旨，故使聖教不明。」又在他的《西湖淨慈寺宗鏡堂記》中，載有如次的性相融通說的論調：

> （永明）大師，愍佛日之昏也，乃集賢首、慈恩、天台三宗義學，精於法

────────────

〔註25〕見《卍續》一二七冊，46頁。

義者，百餘人，館於兩閣，博閱義海，更相質難。師則以心宗之衡準乎
之。……（中略）……雖性、相、教、禪，皆顯一心之妙，但佛開遮心病，
末後拈花，自語而自異，卒無以一之。……（中略）……是知大師，厥功
大矣。〔註26〕

但這只是對於永明延壽《宗鏡錄》的讚頌言詞，此外，幾乎並無德清本人的見解在
裡面。

丁、蕅益智旭的性相融會論

蕅益大師在二十五歲時，即已悟得性相融會的道理，他的理論根據，是從《占
察善惡業報經》發現的唯心識觀及真如實觀的兩種觀法。故在〈教觀要旨答問十三
則〉一文中，他說：「唯心是性宗義，依此立真如實觀。唯識是相宗義，依此立唯心
識觀，料簡二觀，須尋占察行法。」〔註27〕，又在他的〈刻占察行法助緣疏〉中說：
「此二卷（《占察善惡業報經》），已收括一代時教之大綱，提挈性相禪宗之要領。」
（《宗論》卷七之三），又在《觀心法要》的凡例之中，聲稱：「性之與相，如水與波，
不一不異，故曰性是相家之性，相是性家之相。今約不一義邊，須辨明差別，不可
一概儱侗；又約不異義邊，須會歸圓融，不可終滯名相。」〔註28〕，關於蕅益師的
「性相融會」與「諸宗之互融」的觀點，則待下文闡述。

晚明佛教的另一特色，即是三教同源論之盛行（關於四大師對三教同源的論
點，為了文章內容之連貫，移至下一章論述。）。三教同源論之盛行，則又促成了
晚明居士佛教之興起，我們從清代著名居士彭際清所著的《居士傳》中發現五十
六卷的篇幅中，從第三十七卷直到五十三卷，都是明朝居士的傳記。而且，從明
初到中明的居士人數，僅只有宋景濂、劉祖庭、萬民望、李文進四人而已。其餘
則是從明萬曆年間直到明朝滅亡時活躍於佛教界的在家居士的傳記。觀明末居士
的人數，其所以呈現急劇增加的原因之一，是因為陽明學派，對於佛教信仰的接
近；另一原因則是明末四大師極力提倡三教同源說的結果，使得儒教學者和道教
學者，轉身傾向佛教的人相當多。《二通》的著者趙大洲，他是袾宏的外護者，另
有《樂邦文類序》的著者嚴敏卿，原本也是儒教學者。另有王陽明的再傳弟子李
卓吾與焦弱侯，他們二人，在明末的學術界，是極富影響力的學者，即在佛教界，
當蕅益師為《論語點睛》做註解時，幾乎都常引用李卓吾的《四書評》；另在憨山
大師的《觀老莊影響論》，也常引用焦弱侯的《老子翼》。李卓吾的弟子，有袁宗

〔註26〕見《卍續》一二七冊，283頁，《憨山大師夢遊全集》卷二十五。
〔註27〕見《宗論》卷三之三。
〔註28〕見《卍續藏經》八二冊，頁392。

道、袁宏道、袁中道三兄弟。其中袁宏道的《西方合論》，是頗負盛名的淨土宗名著。更有《指月錄》的著者瞿汝稷，他曾與曾光亨、傅光宅、唐文獻、曾鳳儀、徐氮、于立玉、吳惟明、王宇泰、袁了凡等九人，共同發願雕刻，由紫柏大師推動的方冊本《徑山藏》，並傾全力以襄其成。這九人中的曾鳳儀，曾著有《楞嚴經宗通》十卷，王宇泰則著有《成唯識論證義》。在明末居士之間所流行的修行方法，除了念佛之外，血書經典的風氣也很盛行。而他們經常講述的經典有：《金剛經》、《法華經》、《華嚴經》、《唯識論》、《起信論》、《楞嚴經》等，尤其《楞嚴經》是當時最流行的經典。明末居士，主要可分成兩大類型：一類是親近出家的高僧而且重視實際修行的；另一類則信仰佛法，研究經教卻未必追隨出家僧侶修學的讀書人。後者大抵與陽明學派有關，所謂左派的陽明學者，便是理學家之中的佛教徒，而且這一批居士對明末佛教的振興，亦有不可磨滅的功勞，關於晚明居士佛教的詳細情形，聖嚴法師的《明末佛教研究》一書第四章〈明末的居士佛教〉有很周延深入的介紹，茲不再贅言。

　　佛教在中國，自從宋室南遷之後，漸漸式微，尤其經元朝蒙古族的統治以後更糟，而明朝開國君主朱元璋，雖曾做過沙彌，並未特別重視佛教，以致到了萬曆前的百餘年間，佛教的人才奇缺，勢力不振，直到萬曆年間始有復甦的氣象。此乃由僧侶人才的出現和居士佛教的活躍而來，正所謂紅花綠葉，當時的佛教因而顯得生機盎然。

第二章 《四書蕅益解》產生的經學背景

　　朱子《四書集註》自從元仁宗皇慶二年成爲科舉考試的定本之後，朱子學也成爲官方正統意識形態，因此，直到明代中期爲止，《四書》的解釋基本上籠罩在朱子集註之下。但從明代晚期以降，摒棄乃至批判朱註爲基調的新《四書》學日益興起，而形成與以往不同的風貌，整個從宋元以來的《四書》學史，可以說是從朱子《四書》學的繼承、發展，到揚棄的過程，其中明代的王陽明，居於分水嶺的地位，到了晚明的《四書》學則自由解釋大興，佛教思想也大量流入《四書》學解釋之中，形成了《四書》學史上的一種特色。

第一節　晚明以前之《四書》學

　　在明代《四書》學解釋史的脈絡中，眾所周知，明初是朱子學昂揚的時代，大儒宋濂及其門人方孝儒均是朱學傳人。朱子《四書集註》通過科舉考試與官方的提倡，而主導整個《四書》學的解釋方向，這時期的《四書》學著作大抵皆圍繞在朱子學的發揮，少有新意，這個時期可視爲朱子《四書》學的發展與繼承期。

一、《四書》學的形成

　　所謂《四書》即包含了《論語》、〈大學〉、〈中庸〉、《孟子》四部子書，其結集與編定，開始於朱子，但是對於《四書》的重視並不開始於朱子。《四書》各部份的由來與形成的過程簡述如下：

　　《論語》：《論語》是編輯孔子與弟子及時人之間的應答，或弟子等互相問答的語錄，或謂仲弓、子游、子夏等所撰。或謂是有子、曾子門人所作，或謂是孔子歿後，七十弟子等共同撰錄而成。在《四書》中，《論語》是最早被重視的書，漢人所尊的經典《詩》、《書》、《易》、《禮》、《春秋》，其中雖沒有論語，但是在漢朝時就有

三種異本，一是魯人傳的《魯論》、一是齊人傳的《齊論》、一是漢景帝之子魯恭王，由孔子故居的壁中所得之古論語〔註1〕。其後由張禹、鄭玄到何晏集解，皇侃、刑昺的疏、可以說明《論語》早就為人重視。

〈大學〉：或謂孔子之孫子思所作，或謂是孔子之弟子曾子及其門人所作。〈大學〉原與〈中庸〉同是《禮記》中的一篇。此篇主旨陳述儒家修齊治平之次第，名為〈大學〉是由篇首有「大學之道」故也。漢魏以來不受人重視，至唐韓愈，在〈原道〉中開始強調〈大學〉的道德修養方法，才逐漸被人重視〔註2〕。至宋司馬光時更抽出這兩篇，書所謂廣義註解，開單行之端，同時程顥、程頤兄弟甚表推崇，各為一書，傳授門人。百年後朱熹繼之，於《論語集註》、《孟子集註》、《學庸章句》等，各行註解，併合稱《四書》，此遂為學者必讀之寶典。

〈中庸〉：〈中庸〉是孔子之孫子思所做，此書亦是《禮記》的一篇，書中的主旨是講治國平天下之道，在「誠」之一字。稱「中庸」者是書中多此文字故也。在《漢志》中，除《禮記》之外，亦有〈中庸說〉兩篇，且在南北朝時因能與釋道相通之故，間接的開始受人重視，如《隋志》有戴顒《中庸說》二卷，梁武帝有《中庸講疏》一卷，則〈中庸〉在司馬光〈中庸廣義〉之前，早有別行之本。且唐李翱本〈中庸〉言復性，成為宋明理學的先導，宋張橫渠初謁范希文時，希文授以〈中庸〉，可見〈中庸〉在理學流行前已受重視。

《孟子》：《孟子》書中的主旨在王道、在仁義、說性善。在漢朝時屬子類，與淮南子、管子、墨子同等，到了唐韓愈時提出道統說，認為孟子獨能得孔氏之傳，他說：「自孔子歿後，群弟子莫不有書，獨孟軻氏之傳得其宗……故求聖人之道，必自孟子始。」《韓昌黎集卷二十》至此《孟子》的地位方被提高，而到了宋王安石時，又最尊《孟子》，宋禮部韻略所附條式，元祐中即以論、孟取士。可知尊孟不始於朱子。

《四書》開始並重的被提出與表彰，實濫觴於北宋的二程子，朱子〈跋臨漳刊四子書〉云：

> 河南程夫子之教人，必先使之用力於〈大學〉、《論語》、〈中庸〉、《孟子》
> 之書，然後及乎六經，蓋其難易遠近大小之序，故如此而不可亂也。

〔註1〕漢代《論語》的傳佈因其所傳地域不同及今古文體的區別，故有齊、魯、古三論之分，皇侃《論語義疏》序引劉向《別錄》云：「魯人所學，謂之魯論；齊人所學，謂之齊論；孔壁所得，謂之古論。」

〔註2〕朱子《大學或問》即云：
大學之條目，聖賢相傳，所以教人為學之次第，至為纖悉。然漢魏以來，諸儒之論，未聞有即之者。至唐韓子乃能援以為說，而見於《原道》之篇，則庶幾其有同矣。

朱子受二程子的影響最深，他後來的畢生學問，完全就是循著「用力於〈大學〉、《論語》、〈中庸〉、《孟子》之書，然後及乎六經」這一學習過程的。然《四書》之眞正集結則成於朱子，他取《禮記》中的〈大學〉、〈中庸〉，以配《論語》、《孟子》，編註《四書》，可以說是接受宋初理學家們（尤其是程子）表彰《四書》、重視《四書》的觀念而來。至此以後《四書》即對中國學術產生重大深遠的影響。

　　然而理學家們爲什麼那麼重視且積極提倡《四書》呢？尤其朱子特以畢生精力爲之作《四書集註》呢？其中最主要的動機即在於發揮儒學、維護道統、以與佛教相抗衡。我們知道代表儒家正統思想的經學，東漢末年以後，逐漸凋零。魏晉以降，玄學反而成爲學術的主流，此時佛學藉機與玄學合流而逐漸興起，到了隋唐時，佛學更在中國文化的土壤裡，開出璀璨的花朵，而有八宗之分。從佛教傳入流傳之際，儒者基於文化意識、社會問題、經濟因素、倫理觀念等種種因素，間有排佛主張〔註3〕，到了唐、宋時，排佛的風氣更達於頂端，前有韓昌黎、李習之開闢佛之先導，後有歐陽修、范仲淹以儒學自任，以後的學者更能以哲學義理的建構來與佛學抗衡，形成所謂的理學。而佛教之所以能在中國興盛的原因，即在於它有整套的心性修養論以及宇宙論，這是傳統儒學所最欠缺的，因此理學家們就必須從舊有的經典中，找尋足以對抗佛教的部份，來加以發揮，於是《四書》便應運而生了。爲什麼是提倡《四書》呢？其因有如下幾點：

　　（一）疑經的風氣：宋學的疑經風氣，動搖了傳統對於經書權威的尊奉〔註4〕，朱子對五經亦持著懷疑態度，進而隨意更訂經文，如重訂《大學章句》，將《孝經》分章分注，並刪去二百三十二字等，甚而更謂經書非絕對必要。如朱子語類云：

　　　藉經以通乎理耳，理得則無俟乎經。又云：若曉得理，經雖無亦可。

經書的權威，至此已然喪失其傳統的地位。

　　（二）理學學風的驅使：宋代理學有別於漢學，漢學旨在研經，著重訓詁考證，而宋學乃以研究性命義理爲主，著重存養功夫；且經書之旨多於修齊治平之道、禮樂刑政之術，較少言及義理之學，故而宋儒轉於諸子求之，《四書》的內容除了儒家所重之王道綱領、倫常道德外，更有傳統經學罕言的性命義理之學，足以抗衡佛教、補前儒之不足。如：《論語》一書，主旨在於人道精神，注重入世的仁人胸懷，達成人與人之間和諧的關係，實踐道德人格以完成爲人的使命，這種精神亦是理學思想的標的。《孟子》一書注重心性修養，推廣其不忍人之心的善端，使

〔註3〕此時期的排佛主張及其對應可詳見，黃盛璟撰《從弘明集看魏晉南北朝儒釋道三家的詧應》一書，（東吳大學中文研究所碩士論文，民國73年12月）

〔註4〕詳見：葉國良《宋人疑經改經考》，（台北：台灣大學文學院印行，民國69年）。

浩然之氣充滿天地間，具有發掘心靈人格在天地間的巨大意義。〈中庸〉將「中」的意義提升到本體論核心的高度，又與心性結合，〈中庸章句〉序說這部書「始言一理，中散爲萬事，末復合爲一理。放之則彌六合，卷之則退藏於密。其味無窮」，「理」正是程朱哲學思想的最高範疇，也是他們對宇宙本體的說明，足見其意義之重要。〈大學〉一書更可作爲《四書》綱領，修身齊家，治國平天下，內外兼修，爲內聖外王的集中體現。綜此四部書，正是這種精神的展開，藉由古代哲學書中的智慧涵養，體現爲人的價值尊嚴，而得以安身立命於天地間。如此，自可不必依傍外來佛教的指導，挽救當時人學佛的陷溺。因此《四書》和理學是有一而二，二而一的密切關係。《四書》的重視和理學的開啓，也是緊緊聯繫的。這兩者都開始在宋初，也都集成於朱子，絕不是一件偶然的事。宋初理學家們漸漸重視《四書》，正可以反映宋人理學方面的一種見解與認識。他們拿《四書》來作爲建設理學的基礎，這種見解與認識則凝定於朱子。

（三）研讀《四書》較易得力，且更能接近聖人本意：朱子的語錄中屢次稱說他從《四書》得益最多，其中尤其《論語》、《孟子》更是他常常提到而且常勸人去讀的，他說：「某自卯角讀《論》《孟》，自後欲一本文字高似《論》《孟》者竟無。」「今欲直得聖人本意不差，未須理會經，先需於《論語》。《孟子》必專意看他，切不可忙，虛心觀之。」「某生平也費了些精神理會《易》與《詩》，然其得力則未《語》《孟》之多也。《易》與《詩》所得似雞肋焉。」甚至更言「《易》與《春秋》難看，非學者所當先。」（《朱子語類》）「《春秋》是學者末後事。爲是珠明義精。方見得《春秋》是言天下事。今不去理會己身上事，卻去理會天下之事。則理會得天下事，於己身上卻不曾處置得。所以學者讀書，先要理會自己本分事。」（《朱子語類》）而且「《語》《孟》功夫少，得效多，六經功夫多，得效少。」因此朱子便把自己的思想依著《四書》而發揮，務使其成爲學者必讀之書，以明修己治人之方，而收化民成俗之效。

二、朱子的《四書》學

朱熹字元晦，一字仲晦，亦稱晦翁，徽州婺源人。父松仕閩，以南宋高宗建炎四年，生熹於南劍之尤溪。憲宗慶元六年卒。享年七十有一。朱子學識廣博，著述豐富，而其一生的學問則是以《四書》（尤以《論》《孟》）爲中心基礎，再逐步地擴充及於他書。如他說「《論》《孟》用三年功夫看，亦須兼看〈大學〉及《書》《詩》，所謂興於《詩》，諸經諸史大抵皆不可不讀。」朱子注《四書》，也是用其畢生精力的。他在《論孟綱領》中說：「某於《論》《孟》四十餘年理會，中間逐字稱等，不

較偏些子，學者將注處宜仔細看。」朱子窮其一生精力著述《四書集注》，且因其年紀識見的增長，而不斷有增刪修訂，用力之勤，可謂至矣。《四庫提要》亦云：

> 大抵朱子平生精力殫於《四書》。其剖析疑似，辨別毫釐，實遠在《易本義》，《詩集傳》上。讀其書者要當於大義微言求其根本。

朱子在《四書集注》定稿之前曾經過幾個歷程：

（一）宋高宗紹興三十二年壬午，朱子寫成第一部《論語要義》，大約刊行於孝宗隆興元年癸未，流傳不廣，早就沒有傳本。但此書的序文仍保留於《晦菴文集》內：

> 熹年十三四時，受二程先生論說於先君，未通大義，而先君棄諸孤。中間歷師訪友，以爲未足。於是遍求古今諸儒之說，合而編之。誦習既久，益以迷眩。晚親有道，竊有所聞。乃慨然發憤，盡刪餘說，獨取二先生（據王懋竑增訂年譜補）及門人朋友數家之說，補緝訂正，以爲一書，目之曰：《論語要義》。

據陳鐵凡先生云，朱子這篇序顯示了朱子思想由迷離的階段，轉變到純正的伊洛之學的重要歷程。朱子少年時代，尊其父韋齋先生遺命，師事胡憲、劉子翬、劉子羽、劉勉之等，二十四歲見李侗，敬之以父執。三十一歲始受學延平（李侗）。蓋以籍溪（胡憲）、屏山（子翬），兼好佛老，不免欠純，朱子至此乃「意下自慊」，而延平爲龜山（楊時）之再傳弟子，學有本源，朱子乃棄其所學而師事焉。《論語要義》當成於受學延平之後，而「獨取二先生及其門人朋友數家之說」，成爲伊洛之學的正宗。故知《論語集注》的最初藍本，當是這部《論語要義》。

（二）《論語要義》寫成不久後朱子又作《論語訓蒙口義》，序曰：

> 予既敘述《論語要義》，以備觀覽，又以其訓詁略而義理詳，殆非啓蒙之要。因爲刪錄，以成此編。本之注疏，以通其訓詁；參之釋文，以正其音讀。然後會之於諸老先生之說，以發其精微。一句之義，繫之本句之下，一章之指，列之本章之左。又以平生所聞師友，而得於心思者，間附見一二條焉。本末精粗，大小詳略，無或敢偏廢也。然其本所以取便於童子之習而已。故名之曰《訓蒙口義》。

故知此書乃方便童子之習，當較爲簡略，且本義重義理，口義重訓詁，各有所長。

（三）孝宗乾道八年，朱子四十三歲，又作成《論孟精義》，初曰精義，後改名要義。又增訂爲集義。序曰：

> 《論》《孟》之書，學者所以求道之至要。古今爲之說者，蓋已百有餘家。宋興百年，河洛之間有二程先生者出，然後斯道之傳有繼。期於孔子、孟

子之心，蓋異世而同符也。其所發明二書之說，言雖盡而索之無窮，指雖遠而操之有要。所以興起斯文，開悟後學，可謂至矣。間嘗搜輯條疏，以附本章之次。既又取夫孝之有同於先生者，若橫渠張公、范氏、二呂氏、謝氏、游氏、楊氏、侯氏、尹氏凡九家之說，以附益之，名曰《論語精義》。…或曰：然則說之行於世而不列於此者，皆無取已乎？曰：不然也。漢魏諸儒，正音讀、通訓詁、考制度、便名物，其功博矣。

由序中可見，朱子雖是理學家，但仍不偏廢漢學所重知音讀、訓詁。

（四）淳熙四年丁酉，朱子年四十八歲，成《論孟集注》及《或問》，《朱子年譜》云：

先生既編次《論孟集義》，又作《訓蒙口義》，既而約其精粹妙得本旨為《集注》，又疏其所以去取之意為《或問》。然恐學者轉而趨薄，故《或問》之書未嘗出以示人。

《集注》一書為朱子關於《論》《孟》之作的定稿，且為朱子一生力作，許謙序《集注考證》云：「朱子深求聖心，貫宗白氏，作《集注》，竭生平之力，始集大成，誠萬世之絕孝也。」

（五）〈大學〉、〈中庸〉章句的寫成較遲，至淳熙十六年才寫好序文，而《章句》刊於何時，卻沒有正確時間記載，但朱子對於《章句》一直不斷修改，到他去世前三天－宋憲宗慶元六年，還在修改誠意章注。

陳鐵凡先生將朱子有關《四書》著作，分為三個歷程，附表以詳：

歷 程	書 名	寫 成 時 間	附 記
第一歷程	一、論語要義 二、論孟訓蒙口義	一、宋高宗紹興三十二年（西元 1162 年）	一、無傳本 二、無傳本
第二歷程	一、論孟精義 二、孟子要略 三、論孟集義（原名論孟要義）	一、宋孝宗乾道八年（西元 1172 年） 二、宋孝宗淳熙三年 三、宋孝宗淳熙七年（西元 1180 年）	二、無傳本 三、論孟精義之增訂
第三歷程	一、論語孟子集注 二、大學中庸章句	一、宋孝宗淳熙四年（西元 1177 年）	二、《章句》序文作於淳熙十六年

一般坊間流傳的《四書集註》本對於四部書的編排次序不盡相同，有的排列順序是〈大學〉、〈中庸〉、《論語》、《孟子》，這樣的順序，是以書籍的頁數排定的，如《四庫提要》云：「書坊刊本，以〈大學〉、〈中庸〉篇頁無多，並為一冊，遂移

〈中庸〉於《論語》前。」但照朱子的意思，是先〈大學〉，然後順序為《論語》、《孟子》、〈中庸〉。他說：「學問需以〈大學〉為先，次《論語》次《孟子》次〈中庸〉，〈中庸〉功夫密規模大」「某要人先讀〈大學〉以定其規模，次《論語》以立其根本，次讀《孟子》亦觀其發越，次讀〈中庸〉以求古人之微妙處。〈大學〉一篇有等級次第，總做一處易曉宜先看，《論語》確實，但言語散見初看亦難，《孟子》有感激興發人心處，〈中庸〉亦難讀，看三書後方宜之。」這種排列順序是以為學先後為準，其教人先讀〈大學〉，是因為由〈大學〉中可見古人為學首末次第，他說：「〈大學〉是為學綱目，先通〈大學〉立定綱領，其他經皆雜說在裏，許通得〈大學〉了去看他經，方見的此是格物致知事，此是正心誠意事，此是修身事，此是齊家治國平天下事。」換言之，進德修業，均以〈大學〉為入德之門，這依然是遵循著程子的意思，此種次第的安排，正可顯示出朱子對為學歷程的看法。

　　朱子集《論語》、《孟子》、〈大學〉、〈中庸〉成為《四書》，並施以集註，融合漢註唐疏並北宋諸老於一爐而治之，誠不朽之偉業。關於《四書集註》的內容特色，除了朱子自己說的字勘句酌的優點外，更有勝於前人之處，那就是每一段註解，其中的思想脈絡，都能貫徹明白。又能從許多解說之中，擷取精要，組成簡潔的新意，這些都是集註超出前人之處。除此之外，《四書集註》更有幾點作為影響後代的《四書》學甚鉅，茲分述於下：

　　（一）以己意改削，移易經文：如朱子注〈中庸〉，分全文為三十三章，將「素引行怪」改為「索隱行怪」，注〈大學〉，分經一章，傳十章，顛倒原次，移易本文，並添補「格物致知」一章，使得後來的學者大受影響〔註5〕。

　　（二）託經學以言其理學，使《四書》變為理學作品：二程子、朱子用了李翱以「心通」釋經的方法，把〈中庸〉推崇為「孔門傳授心法」，發揮他們的一套修養思想。（「傳授心法」這個概念不見於儒家經典，而來源於佛教。二程子首先提出這一說法，朱子把他進一步具體化了）。照朱子的解釋，這個「孔門傳授心法」就是「人心惟危，道心惟微，惟精惟一，允執厥中」十六個字。其實在〈中庸〉原書裡，根本找不到這十六個字的蹤影，但是這十六個字也確實最適合表述理學的修養思想，所以朱子要把他們附會到〈中庸〉中去。他說：「其曰天命率性，則道心之謂也。其曰擇善固執，則精一之謂也。其曰君子時中，則執中之謂也。」〈中庸章句序〉因此，理學家所發明出來的一套「存天理、滅人欲」的學說便在〈中庸〉裡找到了根據。通過二程子、朱子的發揮，〈中庸〉所說的那種封建倫常關係以及「禮儀三百，威儀

〔註5〕關於朱子對〈大學〉一書的改動及其影響，請詳見李紀祥著，《兩宋以來大學改本之研究》（台北：學生書局，1988年8月）。

三千」，儘管是普通平常，細小瑣碎，通通從本體論的高度重新作了論證，它們都是天理的體現，只能遵循而不能違反了。另外朱子對〈大學〉的發揮，主要是圍繞著「致知在格物」這個命題展開的。因為這個命題接觸到主體和客體的關係問題，但是又含混不清，能夠做出各種各樣的解釋，是建立性命之學的最合用的思想資料。而理學家既然把理說成是世界的本體，且理又是體現在萬事萬物之中，如何通過萬事萬物把理體認出來，就成了理學的一個特別重要的問題。於是他們就借用這個命題做為傳聲筒發揮了一套大大超出〈大學〉本意的理學的方法論、認識論、和體驗論的思想。如鄭玄注《禮記》，解釋「致知在格物」說：

> 知，謂知善惡吉凶之所終始也。格，來也。物，猶事也。其知於善深，則來善物。其知於惡深，則來惡物。言事緣人所好來也。

這是一種樸素的解釋，沒有理學氣味，比較契合〈大學〉本意。而在《大學章句》中，朱子則獨出心裁地補寫了一章《格物致知傳》，他說：

> 右傳之五章，蓋釋格物致知之義，而今亡矣。閒嘗竊取程子之意以補之，曰：所謂致知在格物者，言欲致吾之知，在即物而窮其理也。蓋人心之靈，莫不有知，而天下之物，莫不有理。惟於理有未窮，故其知有不盡也。是以大學始教，必使學者即凡天下之物。莫不因其已知之理，而益窮之，已求至乎其極。至於用力之久，而一旦豁然貫通焉。則眾物之表裡精粗無不到，而吾心之全體大用無不明矣。此謂物格，此謂知之至也。

朱子把「格物」解釋成「即物而窮其理」，認為「格物」的目的在於明「吾心之全體大用」。「理」和「全體大用」這些範疇是理學的產物，朱子把這些範疇加於〈大學〉身上，則已把〈大學〉理學化了。

朱子把〈大學〉、〈中庸〉說成是「孔門傳授心法」並與《論語集註》、《孟子集註》合為《四書集註》而積極傳佈，於是這套理學觀點便漸漸的取得了儒家經典的權威，在與佛道二教的鬥爭中起了重要的作用（這套理學觀點把儒家的宗法思想宗教化，也把佛道二教的宗教思想宗法化，充分地滿足了封建統治者的需要）。於是經過宋寧宗、元仁宗、明太祖的推行，《四書集註》便在南宋末至清朝以來的政治統治和學術思潮上起了重大的影響。

三、元明以來之《四書》學

朱子《四書集註》自從元仁宗皇慶二年成為科舉考試的定本之後，朱子學也成為官方正統意識形態，到了有明立國之後，明太祖、明成祖亦都提倡理學。明太祖詔天下立學，以朱子的《四書集註》和五經命題試士，《明史》卷七十〈選舉

志〉記載：

> 頒科舉定式，初場試《四書》義三道，經義四道。《四書》主朱子集註，
> 《易》主程傳，朱子本義，《書》主蔡氏（沈）傳及古注疏，《詩》主朱
> 子集傳，《春秋》主左氏、公羊、穀梁三傳及胡安國、張洽《傳》，《禮記》
> 主古注疏。

明成祖亦敕胡廣等纂修《五經大全》、《四書大全》、《性理大全》，輯宋元理學諸學說。因此，直到明代中期爲止，《四書》的解釋基本上籠罩在朱子集註之下，朱子《四書集註》通過科舉考試與官方的提倡，主導整個《四書》學的解釋方向，大儒宋濂及其門人方孝儒均是朱學傳人，曹端、吳與弼、薛瑄、胡居仁等，亦皆主朱學。這時期的《四書》著作大抵皆圍繞在朱子學的發揮，少有新意。例如，薛瑄說：

> 《四書集註》、章句、或問，皆是朱子萃群賢之言議，而折衷以義理之權
> 衡，至廣至大，至精至密，發揮先聖賢之心，殆無餘蘊，學者但當依朱子
> 精思熟讀，循序漸進。（《讀書錄》卷一）

薛瑄這一段話，可說是代表當時知識份子心中的看法，而如趙順孫甚至把朱子的註當經一般來看，他在其所著《四書纂疏》的序中說：

> 子朱子《四書》註釋，其意精密，其語簡嚴，渾然猶經也。順孫舊讀數百
> 過，茫若望洋，因徧取子朱子諸書及諸高弟講解，有可發明注者，悉彙于
> 下，以便觀省，閒亦以鄙見一二附焉，因名曰纂疏。

在趙順孫心目中，朱子的註已經「渾然猶經也」！朱註的權威地位是不容置疑的。因此從元、明以降對《四書》的解釋就一直籠罩在朱子集註的影響之下，如趙順孫的《四書纂疏》、胡炳文的《四書通》、倪士毅的《四書輯釋》、楊守陳《論語私抄》，范謙等《二刻禮部增補訂正四書合註篇主意》、許獬《四書合喙鳴》、顧夢麟《四書說約》、自翔《四書群言折衷》、張居正《四書集註直說解約》、莫如忠《四書程朱繹旨》、呂柟《四書因問》、張一陽《四書正學淵源》等，皆以朱註爲依歸。其中也有能抒己見者，如景星《四書集說啓蒙》、孫肇興《直解說約》、孫應鰲《四書近語》、戴宗華《四子書塵言》等，於朱注外，頗能發明己見，不盲從附和。此時期可說是朱子《四書》學的發展與繼承期。明永樂十二年，胡廣、楊榮、金幼枚等人奉敕修《五經大全》、《四書大全》，其中《四書大全》採宋元人經說而成，並訂爲科舉考試用書，遂使士子棄古注疏不觀，逐功利而忘經義。且《四書大全》乃「因元倪士毅《四書輯釋》一書，稍加點竄以成編」（《鄭堂讀書志》卷十三），是爲剽竊之作，因此也造成剽竊的學風。《四書大全》以後，學者著述多爲舉業而作，如楊松齡《四書廣炬訂》、黃汝享《論孟語錄》、陳際泰《四書讀》、徐養原、趙漁《四書集說》等，

都是為舉業而作之書，其中以蔡清《四書蒙引》、林希元《四書存疑》較有成就。之後，又有輾轉因襲他人之作者，如陳琛《四書淺說》，合蔡清之《蒙引》、林希元之《存疑》；邱舜《四書摘訓》、管大勳《四書三說》也是折衷蔡、林二書以為己意而成；王守誠《四書傳三義》輯《蒙引》、《存疑》、《淺說》三書而成，諸如此類剿襲之作，皆無多大價值，顧炎武言「八股行而古學廢，大全出而經說亡」（《日知錄》卷十九〈書傳會選〉頁 802），實有深意。刁包亦云：

> 大全而後惟蔡文莊《蒙引》專以發明朱注為主。注者，《四書》功臣，《蒙引》又朱注功臣也。（《經義考》卷二百五十六引）

這種學術風氣則要到陳獻章、王陽明的學說提出後，方有明顯改變。如《明史》·〈儒林傳〉云「學術之分，則自陳獻章、王守仁起」，《明儒學案》亦云：

> 有明之學，至白沙始入精微，其喫緊功夫，全在涵養，喜怒未發而非空，萬感交集而不動，至陽明而後大。兩先生之學，最為相近。（卷五，頁 78）

第二節　《四書》學轉變的關鍵

一、陽明學的興起

「朱子學常常用一定的準則或定理等名稱稱呼理，此種理所具有的安定性格，正是把主體的實踐意欲加以限制，而成為阻礙思想流動性發展的泉源。當然在朱子學，對於理之膠著化，定有細心的準備。但是規定為性即理，而以追求一物之定理的格物致知為實踐中心的作法，即使如何地注意終究，也難免使思想停滯，進而招致活潑的人性之喪失」〔註 6〕。及至朱子學被採用為科舉之標準而國教化後，其傾向更加厲害。但是明初以來諸儒卻以為朱子學本身是毫無缺點的圓滿教理，而朱子的著述是「至廣至大，至精至密，發揮先聖先賢之心，殆無餘蘊」（《讀書錄》卷一）因此可以說不但認為接觸儒教以外之教理是無用且有害，就連謀求儒教本身獨創性的開展餘地亦被封閉了。這種情況發展至明代中葉以後，變為士大夫溺於訓詁詞章之學，把程朱學說當成獵取名利的工具。此種學術風氣則要到了王陽明的「心學」提出以後才有改變，對這一轉變的記載，顧炎武在《日知錄》卷十八中說：

> 蓋自弘治、正德之際，天下之士，厭常喜新，風會之便，已有其從來，而文成以絕世之資，倡其新說，鼓動海內。

〔註 6〕見荒木見悟著，如實譯：〈陽明學與明代佛學〉，《中國近世佛教史研究》（台北：華世出版社，1985 年 8 月），頁 381。

王守仁（1427～1528）字伯安，浙江餘姚人，曾築室於故鄉陽明洞，世稱陽明先生。
弘治進士，受刑部主事，改兵部主事，早歲因反對宦官劉瑾，被謫爲貴州龍場驛丞，
又起官吏部主事，南京太僕寺少卿，南京鴻臚寺卿，官至南京兵部尚書，卒諡文成。
王陽明對上述情形至爲不滿，在《傳習錄》上說：

> 從冊上鑽研，名物上考索，形跡上比擬，知識愈廣，而人欲愈滋；人才愈
> 多，而天理愈蔽。

針對這一時弊，他提出心學以對治之。他在《紫陽書院集》序裡說：

> 德有本而學有要。不於本而泛焉以從事，高之而虛無，卑之而支離，終亦
> 流弊失宗而無所得矣。是故君子之學唯求得其心，雖至於應天地得萬物，
> 未得出於吾心者也。

他所說的心，也叫「良知」，又稱「天理」。他的理學思想突出成就，是將禪學與陸
氏心學結合起來，創立自成一家的心學思想體系，沈重打擊了當時佔統治地位的程
朱之學，有力地批判了舊權威舊教條的言論，從弘治、正德之際開始，陽明學成爲
時代的號角，他打開了人們心靈與感情的閘門，使人們從程朱理學存天理去人欲，
以倫理綱常壓抑感情的禁錮中釋放出來，掀起了一股反對宋代理學的新思潮，而成
爲以後的學術主流，影響天下至鉅。

王學的興起，對明中葉以後的學術界有著兩個重要的影響，第一點在於打破了
百年來朱注的權威，開啓了廣闊的《四書》注疏空間；第二點在於拉近了三教間的
疆界，給與了三教合一，乃至儒佛合流的新契機。茲分述於下：

第一點：就經學註釋的歷史來說，歷來學者幾乎都是依附經書來表達自己的思
想，其中以宋、明學者的著作最爲明顯。宋明儒者所重視的是《論語》、《孟子》、〈大
學〉、〈中庸〉、《易傳》等書。把這幾部書作爲發揮自己思想的素材。他們並不重視
經書中一章章、一句句的考據、訓詁，而是選擇其中幾個足以建構自己思想體系的
概念，來大加發揮。陽明既然對朱子「性即理」的理學觀有所不滿，而產生其「心
即理」的「心學」學說，自然的，其學說的主旨，及其對程朱之學的不滿，就反映
在《四書》學的注釋上面來。首先他對《大學章句》的版本提出質疑，《年譜》云：

> 先生在龍場時，疑朱子《大學章句》非聖門本旨，手錄古本，伏讀精思，
> 始信聖人之學，本簡易明白，其書止爲一篇，原無經傳之分；格致本於誠
> 意，原無缺傳可補。以誠意爲主，而爲致知格物之功，故不必增一敬字；
> 以良知指示至善之本體，故不必假於見聞，至是錄刻成書，傍爲之釋，而
> 引以爲敘。（《王陽明年譜》，頁24）

就《年譜》所說，陽明於是刊刻《古本大學》，加以旁釋，即今傳《古本大學注》，

或稱《大學古本旁釋》，而對流行數百年的《大學章句》中的注釋一概不取，且作序
（即《大學古本旁釋》）曰：

> 《大學》之要，誠意而已矣；誠意之功，格物而已矣；誠意之極，止至善
> 而已矣。……是故不務於誠意，而徒以格物者，謂之支；不事於格物，而
> 徒以誠意者，爲之虛；不本於致知；而徒以格物誠意者，謂之妄；支與虛
> 與妄，其於至善也遠矣。合之以敬而益綴，補之以傳而益離；吾懼學之日
> 遠於至善也；去分章而復舊本，傍爲之什，以引其義，庶幾復見聖人之心，
> 而求之者有其要。（《文集》，卷一）

此一段序，有數個要點：其一，陽明以爲〈大學〉的要旨在「誠意」一事，「格物」
是誠意的功夫，既如此，朱子先「格物」後「誠意」，實非〈大學〉之本旨。其二，
「誠意」和「格物」不可相離，離誠意而專事格物，則流於「支」；離格物而專事誠
意，則流於「虛」。然「誠意」和「格物」，都應本於「致知」。能「致知」，則可免
支、虛、妄之病。其三，朱子之《大學章句》即有支、虛、妄之病，則應回復〈大
學〉古本，聖人作〈大學〉之本意也才能突顯出來。

陽明恢復〈大學〉古本的用意，自是因朱子《大學章句》無法彰明聖人作〈大
學〉的本旨有以致之。然此一事，更徹底表明朱子經說雖懸爲功令，但義理上的矛
盾卻也不少。對朱子的權威確實造成很大的打擊。且爲了要讓一般人對《大學》本
旨有透徹的理解，則非有更簡易的解說不爲功。所以陽明又在嘉靖六年作《大學問》
以指引後學。《大學問》是就《大學》首章加以申釋，全文首在論釋大人和小人之學，
以爲「大人者，以天地萬物爲一體者也。」大人所以能以天地萬物爲一體，是因爲
他有「與天地萬物爲一體」的「仁心」，且認爲格物、致知、誠意、正心、修身，就
自我昇進的過程來說，自有其一貫性，所以說，格、致、誠、正、修者，其實只是
一事。《大學問》最後強調格、致、誠、正是孔門的「心印」，即傳心的準據。由於
陽明學的興盛及普遍的流傳，打破了元、明以來程朱理學及《四書集註》在學術上
的權威，讓《四書》學的發展，不再侷限於程朱理學的藩籬，而有更廣闊的揮灑空
間，且隨著陽明派學者的相繼興起，陽明所秉持的「經學即聖人之心學」的思想，
就形成一股以心學注經的風氣，而反映在明中葉以後的《四書》學上了。

第二點：由於陽明學說與佛、道的關係相當密切 [註7]，且王陽明本人對佛、
道的態度比程朱學者更爲開放，影響後來陽明學派學者的態度，爲三教合一說開啓
了新頁。雖然宋代理學本身即是受佛、道二教影響下的產物（此點前賢多已言之），

[註7] 詳見柳存仁：〈王陽明與佛道二教〉（《清華學報》新十三卷一、二期，1981年12月）。

如近代學者周予同言：

> 吾人如謂無佛教即無宋學，決非虛妄之論。宋學之所號召者，曰儒學，而
> 其所以號召者實爲佛學。要言之，宋學者，儒表佛裏之學而已。（中國經
> 學史論文選集，頁114）

但是，宋之理學家大都主張排佛，或以夷夏之辨繩之，或以滅棄人倫責之，其中尤
以朱子爲烈。如朱子曰：

> 禪學最害道。莊老於義理絕滅猶未盡，佛則人倫已壞，至禪則又從頭將許
> 多義理掃滅無餘。（《朱子語類》一二六）

又曰：

> 異端之學，不察氣質情欲之偏，率意妄行，便謂無非至理，此尤害事。近
> 世儒者之論，亦有流入此者，不可不察。（《朱子語類》一二）

對儒教而言，主張虛無寂滅的佛教，乃是最可惡的異端，而接近佛教，是污辱儒者
顏面之事，此種宋代程朱學狷介的佛教觀，及至明初尚繼續不變地保持著其大勢。
例如邱濬（1419～1495）云：

> 秦漢以來，異端之大者，在佛老。必欲天下之風俗皆同，而道德無不一，
> 非絕去異端之教不可也。（《大學衍義補》卷七十八）

彼又評佛教初傳中國之史實而歎曰：「嗚呼，自天地開闢以來，夷狄之禍，未有甚於
此者也。」（《世史正綱》卷七）對此，薛瑄（1392～1464）則憂世態而云：「如佛老
之教，分明非正理，而舉世趨之。雖先儒開示精切，而猶不能袪其惑。」（《讀書錄》
卷七）；胡居仁（1434～1484）認爲「禪學絕滅物理，摒除思慮，以謂心存。是空其
心，絕其理。內未嘗有主，何以具天下之理哉。」（《居業錄》卷七）而責言曰：「楊
墨老佛莊列，皆名異端，皆能害聖人之道，爲害尤甚者，禪也。」（《胡敬齋集》卷
二〈歸儒峰記〉）在這種以佛、老爲異端的精神風尚中，一般儒者對佛、老的思想是
避之唯恐不及，而遑論其他了。這種情況到了王陽明以後，則逐漸改觀。一方面由
於其心學受了禪學很大的影響，其學說與禪學有很類似而互相可通的地方，一方面
由於其心學性格開放，且其本人曾出入釋、老〔註8〕，因此在對佛、老的態度上較
爲柔和，對異端的觀念較淡薄，而給與了三教融合的新契機。關於其心學受佛教影
響的地方甚多，例如，其心學的具體內容，是無心外之理，無心外之物。所謂無心
外之理，良知是心之本體。良知的功能，「見父自然知孝，見兄自然知弟，見孺子入
井自然知惻隱，此便是良知，不假外求」（《傳習錄》上）。所謂心外無物，「良知」

〔註8〕詳見秦家懿著：《王陽明》一書，第二章，頁37至42。

不僅是社會賴以存在的原則，也是自然界天地萬物賴以存在的根據。須知「人的良知就是草木瓦石的良知。若草木瓦石無人的良知，不可以草木瓦石矣。蓋天地萬物與人原是一體，其發竅的最精處，是人心一點靈明。」（《傳習錄》下）這種心外無理的內容，則是套用《楞嚴經》的思想來加以引申和發揮的〔註9〕，《楞嚴經》卷二說：

> 如來常說，諸法所生，唯心所現。一切因果，世界微塵，因心成體。

他說的「一點靈明」，也是從《楞嚴經》「元清淨體」移植過來的〔註9〕。而他的四句教「無善無惡心之體，有善有惡意之動，知善知惡是良知，為善去惡是格物」與《起信論》眾生心具體、相、用義，是如出一轍。〔註10〕柳存仁先生即言：「王學之包融佛教者其事多方，……抉其大而可尋者，竊以為實有（一）明覺自然義；（二）無所住義；（三）無善無惡義；（四）萬物一體義及（五）破生死義。五者皆佛也。然王陽明思想中如去此五事，則不惟其思想之光芒大為減色，即其體系亦將受影響。」〔註11〕此點陽明自亦不諱言而云：

> 覺悟之說，雖有同於釋氏，然釋氏之說亦自同於吾儒而不害其為異者，惟在於幾微毫息之間而已。亦何必諱於其同，而遂不敢以言？（《傳習錄》·〈答徐成之〉）

又云：

> 無所住而生其心，佛氏曾有是言，未為非也。明鏡之應物，妍者妍，媸者媸，一照而皆真，即是生其心處。妍者妍，媸者媸，一過而不留，即是無所住處。（《傳留錄》）

又云：

> 不思善不思惡時認本來面目，此佛氏為未識本來面目者設此方便。本來面目即吾聖門所謂良知，……隨物而格，是致知之功，即佛氏之常惺惺，亦是常存他本來面目耳。（《傳習錄》中〈答陸原靜書〉）

除學說的性質相近外，王學的修養方法、接引後學的技巧亦皆受禪家影響。如某次蕭惠問：「己私難克，奈何？」陽明曰：「將汝己私來替汝克」（《傳習錄》上），此即菩提達摩「將心來與汝安」（《五燈會元》卷一）之做用。又有問功夫不切者，陽明曰：「學問功夫，我已曾一句道盡。如何今日轉說轉遠，都不著根？」對曰：「致良知，蓋聞教矣。然亦須講明。」陽明曰：「既知致良知，又何可講明？良知本是明白。實落用功便是。不肯用功，只在語言上轉說轉糊塗。」曰：「正求講明

〔註9〕詳見方興著：《王守仁的理學與佛學》一文。（《內明》，一八四期，民國76年7月）
〔註10〕同前註。
〔註11〕同註7，頁39。

致知之功。」陽明曰：「此亦須自家求。我亦無別法可道。昔有禪師，人來問法，只把塵尾提起。一日，其徒將塵尾藏過，試他如何設法。禪師尋塵尾不見，又只空手提起。我這個良知，就是設法的塵尾。捨了這個，有何可提？」少間又有請問功夫切要者。陽明旁顧曰：「我塵尾安在？」此禪師故事出處不詳。然陽明之採用禪法，此其著也。且陽明每用禪語，又引禪門故事〔註12〕。如謂心爲「虛靈不昧」，又謂省察克己之功，應『常如貓之捕鼠，一眼看著，一眼聽著』（均《傳習錄》上）等等之例，在《傳習錄》中，則屢見不鮮。平心論之，吾人或可從陽明自己之辯說，謂陽明之心學與佛、道在修養方法方面，相同之處甚多，陽明自言：「夫禪之學與聖人之學，皆求盡其心也，亦相去毫釐耳。」可謂不易之論。

另一方面，由於其心學性格開放，包容性較廣，給與三教融合新的契機。如其發揮二氏與儒門相通之說云：

> 道一而已，仁者見之謂之仁，智者見之謂之智。釋氏之所以爲釋，老氏之所以爲老，百姓日用而不知，皆是道也，寧有二乎？（《傳習錄》·〈答鄒謙之〉）

又：

> 聖人不得見之矣，……其能有若老氏之清淨自守，釋氏之究心性命者乎？……居今之時，而有學仁義求性命外記誦詞章而不爲者，雖其陷於楊、墨、老、釋之偏，吾猶且以爲賢。彼其心猶求以自得也。夫求以自得，而後可與之言學。（《別湛甘泉序》）

於是陽明學與禪之間的接近通路被開闢了，三教融會之觀念亦逐漸形成於不自覺之間。如王門大弟子王龍谿云：

> 儒學明，佛學益有所證。……道固並行不相悖也。（《王龍谿集》卷六，〈答五台陸子問〉）

至於楊起元（1547～1599）則述曰：「二氏在往代則爲異端，在我明則爲正道。」（〈正學篇〉上）這與程子所言：「學者於釋氏之說，直須如淫聲美色以遠之。」（《二程全書》，卷二）之間，可看出很大的思想變遷的跡象，於是「儒學盛則佛學衰，佛學盛則儒學衰」這種站在朱子學觀點的儒佛對立之想法崩潰，而「儒學興盛，同時佛學亦盛」這種事成爲可能的了。

二、三教合一論的盛行

「三教合一」的觀念，在中國已經有比較悠長的歷史。在佛教傳入中國後，由

〔註12〕同註7，頁43。

於文化上的差異，首先即面臨了傳教的問題，而其中最大的問題，即是來自傳統文化的阻力－儒家的思想及人物的對抗，針對這一點，在東漢末、三國初時，佛教中的牟融在《理惑論》中即提出了三教融合的觀點以為因應。牟子在《理惑論》序章自傳中，即自謂：

> 銳志於佛道，兼研老子五千文。含玄妙為酒漿，翫五經為琴簧。世俗之徒多非之者，以為背五經而向異道。欲爭則非道，欲默則不能，遂以筆墨之間，略引聖賢之言證解之，名曰牟子理惑云。

是知牟子之作《理惑論》旨在「引聖賢之言」來銷解「世俗之徒」以佛、老、儒三家為對立的觀點。而在當時的爭論中，常被議論者，可綜為三類：夷夏之爭、禮俗之議、義理之辯。針對這些論題，各家依其所宗而進行無休止的爭議，足以令人目眩眼花，而牟子則本其調和三家之一貫作風來處理這些論題，例如，中國士人重視道統，嚴於夷夏之防，因此面對日益興盛之外來佛教，首先爭論的便是夷夏有別，主客當分，所以《理惑論》十四，難問者曰：

> 孔子曰：「夷之有君，不如諸夏之亡也。」孟子譏陳相更學許行之術，曰：「吾聞用夏變夷，未聞用夷變夏者也。」吾子弱冠學堯舜周孔之道，而今舍之，更學夷狄之術，不已惑乎。

牟子乃從道德之實質加以協調，以孔孟所言為有專對，而主張「金玉不相傷，精魄不相妨」，故答其難問曰：

> 此吾未解大道時之餘語耳。若子可謂見禮制之華。而闇道德之實；闚巨燭之明，未睹天庭之日也。孔子所言，矯世法矣。孟軻所云，疾專一耳。昔孔子欲居九夷，曰：「君子居之，何陋之有？」……傳曰：「北辰之星，在天之中，在人之北。」以此觀之，漢地未必為天中也。佛經所說，上下周極含血之類，物皆屬佛焉，是以吾復尊而學之，何為當捨堯舜周孔之道？金玉不相傷，精魄不相妨。謂人為惑。實自惑乎！

是牟子不捨周孔道統而尊佛，使之會通於道德的形上內涵之上，此一超越的意識形態，為三教融合之思想奠立了良好的基礎。接下來在兩晉南北朝期間，三教融合的風氣便開始蔓延，至宋、元而更盛。南北朝以來，儒者皈依佛、道，或佛徒兼修儒、道的例子，不勝枚舉。唐代官方舉行的三教講論活動，更促成了三教思想的交流和融合。宋代以後出現的「三教堂」，和一些寺觀安置供奉子、釋迦牟尼佛、老子的「三聖圖」、「三教圖」、「三教像」，說了三教合一風氣的流行〔註13〕。

〔註13〕酒井忠夫：《中國善書之研究》第三章，東京弘文堂，1960 年 8 月版，頁 245 引。

宋代的大儒，如張載、程顥、程頤、朱熹、陸九淵等，亦無不受佛、道思想的影響。可見佛、道二教已普遍地在思想家的腦海中植根。而宋、元期間三教調和論者的著作，如沙門契嵩的《輔教篇》、張商英的《護法論》、夏元鼎的《三教歸一圖說》、李純甫的《鳴道集說》、陶宗儀的《三教一源圖》、劉謐的《三教平心論》等；對明代三教合一思想的發展，亦有一定的開途作用。到了明朝（尤其是明中葉王學興起）以後，三教合一論的主張更爲盛行，蔚爲風潮。造成明代這種風氣的原因，除了上述歷史的因素外，最主要的還有以下三點原因：明初帝王的影響、明中王學的興起盛行、明末佛教的復興。

明太祖本爲皇覺寺小僧，即帝位之後，對佛道二教皆有所兼好，他更是三教合一論的支持者。他的〈三教論〉、〈釋道論〉、〈拔儒僧入仕論〉、〈宦釋論〉等諸篇，謂佛乃聖人生於西方，三教不可或廢。太祖的舉動，對三教的融合具有深遠的影響。明代提倡三教合一的思想家，如羅汝芳、管志道、楊起元、李贄等人，都徵引明太祖的話作爲典範。由此可看見明太祖的言論，對三教合一者的影響。太祖雖對三教抱著融合的看法，可是當時的學術主流程朱理學，確是極端排佛的。因此，在明初以來的學術界，三教合一是少被提及的，這種情況則要到王學的興起，才開始轉變（見上文）。由於王學的內涵與禪學相近，且其異端的思想淡薄，使得原本儒、佛間的鴻溝逐漸弭平，開創了三教融合的新契機。到了陽明的高徒王龍谿，其對儒釋之辨的問題，更有其獨特的看法。王龍谿基本上是平等看待儒釋道三教，並且各承認其價值意義〔註14〕龍谿反對輕易地排斥佛、道爲異端之說，〈三教堂記〉曰：

> 三教之說，其來尚矣。老氏曰虛，聖人之學亦曰虛；佛氏曰寂，聖人之學亦曰寂。孰從而辨之？世之儒者，不揣其本，類以二氏爲異端，亦未爲通論也。……佛氏始入中國，主持世教，思易五濁而還之純，圓修三德、六度、萬行，攝歸一念空性，常顯一切聖凡差別，特其權耳。洎其末也，欲盡棄去禮法，蕩然淪於虛無寂滅，謂之沈空。乃不善學者之過，非其教使然也。……良知者，性之靈，以天地萬物爲一體，範圍三教之樞。……學佛老者，苟能以復性爲宗，不淪於幻妄，是即道釋之儒也。〔註15〕

龍谿認爲虛、寂雖爲道、釋二教所常言，但是儒家也談虛、寂，不可單由字面上一見到虛、寂等字眼，就排斥爲異端。且龍谿在講說中，喜歡借用佛家的形式，如：

〔註14〕《語錄》，卷七，〈南遊會紀〉，龍谿曰：二氏之學與吾儒異，然與吾儒並傳而不廢，蓋亦有道在焉。

〔註15〕《全集》，卷十七。

> 徐子曰：鏡體本瑩，故黑白自辨。若鏡為塵垢所蔽，需用力刮磨，以復其
> 本體，刮磨正是致知工夫。苟執非樹、非台之説，只懸空談。……
> 先生曰：……非樹、非台，不是説了便休。然須認得本來無物宗旨，自無
> 塵埃可惹。終日徒執，只復此無物之體。〔註16〕

按：這段對話與著名的「天泉證道」，是法師五祖傳法時，惠能與神秀二偈的談論方式。

> （張氏）嘗問予：夫子良知之教與佛同異？
> 予謂：良知之靈，心之覺體，佛是覺義，即心為佛。致良知即開佛見知。
> 同異未暇論也。
> 問：觀音能度一切苦厄，有諸？
> 予謂：此是全憑念力。一念覺時，即是見佛，苦厄頓消，所謂自性自度也。
> 問：因果報應？
> 予謂：一念善因終成善果；一念惡因，成惡果，其應如響。此惡修善，不
> 昧因果，便是大修行人。一念萬年，無有生滅，即無輪迴。知生則死矣。
> 又問：六如之法？
> 予謂：人在世界，四大假合而成，如夢境，如幻相，如水上泡，如日中
> 影、草頭露，如空裡電，倏忽無常，終歸變滅，所謂有為法也。惟無為本
> 覺真性，萬劫長存，無有變滅。大修行人做如是觀，借假修真，即有為而
> 證無為，此世、出世究竟法。〔註17〕

按：此問答最後一段是用《金剛經》之四句偈：「一切有為法，如夢幻泡影，如露亦如電，應作如是觀。」前段則是《六祖壇經》〈般若品〉：「不悟，即佛是眾生；一念之悟，眾生是佛。」

　　隨著陽明心學的盛行，與其對三教間的看法漸漸演變成三教合一說的提出，在當時主張三教合一的學者如：祝允明、屠龍、王道、穆孔暉、薛惠、陸西星、袁黃、鄧球、王世懋、鄭曉數、林兆恩、李贄、羅汝芳、管志道、楊起元、焦竑、袁宏道等，大都是陽明派的學者，由此可看出陽明與其弟子對三教合一說是有多大的影響。

　　另一方面，晚明佛教的復興，更是促成三教合一論盛行的最主要因素，其人物可以明末四大師（雲棲祩宏、憨山德清、紫柏真可、蕅益智旭）為代表。由於四大師的德學俱優以及致力佛法的弘揚，他們的出現使得沈寂已久的佛教復興起來，受

〔註16〕《語錄》，卷六，〈與存齋徐子問答〉。
〔註17〕《全集》，卷二十，〈亡室純懿張氏安人哀辭〉。

到佛法盛行的風氣影響所及，許多學者（尤其是陽明派的學者）亦開始研習佛法並與禪師相往還，有的甚至身體力行而成為佛教的在家居士〔註18〕。有的更著力於經典的註解，如：李卓吾的《華嚴經合論簡要》、《般若心經提要》，焦竑的《法華經精解評林》、《楞嚴經精解評林》，袁宏道的《西方合論》，錢謙益的《楞嚴經疏解蒙鈔》等等〔註19〕四大師除了有極深的佛學素養之外，亦兼涉世學，其間蓮池大師（即雲棲袾宏）首開並論三教的風氣，其餘的三大師則主張三教融合，配合著陽明派在家居士的響應，三教融合的主張在當時則蔚為一股風潮。「三教合一」論盛行後，對當時的經學、思想、小說、戲曲、民間宗教都造成一股很大的影響，其表現在《四書》學的註釋則更快、更為明顯，蓋「明代儒生以時文為重，時文以《四書》為重」〔註20〕。關於明代「三教合一」論的內容主張，近代學者多所研究，此處僅就四大師的意見，加以探討，以見其融合的角度，而得知其在佛教方面的影響。首先蓮池大師在《竹窗隨筆》中有三則記載，即對三教有所評論，他說：

> 夫南華於世書誠為高妙，而謂勝楞嚴，何可笑之甚也。孔子之文正大而光明，日月也。彼南華佳者如繁星掣電，劣者如野燒也。震旦之書，周孔老莊為最矣。佛經來自五天，欲藉此間語而發明。……然多用其言，不盡用其義。

於此可見在蓮池大師的心中，佛書是居於第一優位，儒典其次，道書則是排在第三。然而，從印度傳來的佛書，偶爾也借用儒書或道書的術語，但這種情形，只是假借他的中國固有成語，來解析佛書的精義，絕對毫未採用儒道二教的教義。例如其在《起信論裂網疏》卷第三等，也曾引《莊子·逍遙遊》的寓言，但卻不接受莊子的思想。觀其動機，無非是想導引儒、道人士轉向佛教而已。

　　至於紫柏尊者則把佛教的五戒與儒家的五常解釋成名異實同的內涵，他說：「不殺即孔之仁，不盜即孔之義，不邪淫即孔之禮，不妄語即孔之信，不飲酒即孔之智。」（《紫柏尊者全集》卷七）更把佛陀的「如來」尊號理解為五常所說的五種美德，分別寫成五首偈誦，企圖借用一般中國人普遍接受的儒家倫理道德標準，來推廣佛法：

> 南無仁慈佛，愛人如愛己，此心常不昧如來即出世。
> 南無義氣佛，愛人必得所，臨事不苟且立地成正覺。

〔註18〕詳見聖嚴法師著《明末佛教研究》，第四章第五點明末居士與明代理學家的關係，頁267。

〔註19〕詳見聖嚴法師著：《明末佛教研究》，第四章第九點，明末居士的佛教著作，頁281。

〔註20〕《四庫提要》語，見《四庫全書》總目提要，經部，四書類存目，四書人物考下。

> 南無禮節佛，事事要明白，長幼序不亂世尊即是你。
>
> 南無智慧佛，變通無滯礙，扶正不扶邪化苦而爲福。
>
> 南無信心佛，眞實無所改，一念與萬年始終常若一。

紫柏尊者爲順應時代的潮流，亦喜套用理學家論說的形式及常用的語言。尤其是對於理學家所喜歡探究的心性問題，他則以性、心、情、理，四者來排列組合，有時甚至摻雜陰陽五行之說或《易經》六十四卦的理論，如他說：

> 情即心也，以其應物有累但可名情不可名心。心即情也，以其應物無累但可名心不可名情。然外性無應與不應、累與不累耳。若然者，情亦性也，心亦性也，性亦心也，情亦心也。有三名而無三實，此乃假言語而形容之。至其眞處大非言語可以形容彷彿也。〔註21〕

儘管他使用了許多理學家的名詞或觀念，但是他眞正的思想內涵並沒有離開佛法。〔註22〕至於尊者所認爲的儒釋道三家相同之處則在「三教聖人皆教眾生脫離身心」，如他在其〈七佛偈示眾〉一文中說：

> 老氏云：「吾有大患爲吾有身，及吾無身吾有何患。」又曰：「介然有知，行於大道，唯施是畏。」又顏子心齋坐忘，則曰墮肢體黜聰明。墮肢體得非老氏以身爲患之意。黜聰明得非老氏以心爲畏之意哉。三教聖人皆教眾生脫離身心，寧唯釋氏乎？

與紫柏尊者同時代的憨山大師，在他的《憨山大師夢遊全集》卷第四十五中，有關三教同源的論說，收錄有《觀老莊影響論》、《道德經解發題》和《大學綱目決疑》，此外，並著有《中庸直指》二卷、《老子解》二卷、《莊子內篇註》七卷。他是以「唯心識觀」的理念，來理解諸法的現象，認爲一切諸法只是影像與音響的幻現而已。而諸法實相的本體，就是吾人的心識，稱之爲法界的眞心。亦即在《華嚴經疏鈔玄談》卷二所說「無不從此法界流，無不還歸此法界」的法界。從而老莊思想也是由此法界眞心所流演而來，是站在此一觀點，來釐定萬法同源和三教同源的義理〔註23〕。

關於蕅益大師的三教同源論，他在〈金陵三教祠重勸施棺疏〉中，有如次的認識：

> 儒以之保民；道以之不疵癘於物；釋以之度盡眾生。如不龜手藥，所用有大小耳。故吾謂求道者，求之三教，不若求於自心。自心者，三教之源，三教皆從此心施設。

〔註21〕見《紫柏尊者全集》卷一，卍續藏一二六冊，頁323。

〔註22〕見釋果祥著：《紫柏大師研究》，第二章第五點，頁70。

〔註23〕關於憨山大師的三教調和論及其實例可參看陳運星撰《儒道佛三教調和論之研究——以憨山清的會通思想爲例》，（中央大學哲學研究所，碩士論文，民國79年）一文。

由此可知蕅益大師認爲儒道佛三教，無非都是由我們的心中所顯現而已，只是在其適用範圍方面，有廣狹、大小的差異罷了，其所依的心，其實是相同的。因此，吾人所求之道，不必去求向心外的三教，不如向自己的心中去尋求，才最爲適當。

第三節　晚明《四書》學的新面貌

依據佐野公治的《四書學史の研究》言，晚明的《四書》學解釋立場，可區分爲三大傾向，即（一）朱子學註釋之尊重與敷衍，（二）反朱子學之註釋，開創《四書》學解釋之新方向，（三）舉業之參考書〔註 24〕。關於第一項與第三項是從明初以來就一直存在《四書》學的解釋史中，其共同點皆是以朱子《四書集註》的觀點爲其立場，而加以闡發，所不同者，前者尚能在義理上有所發揮，而後者則純爲科舉而作，沒有學術價值。在經過王學的盛興以及三教合一論流行的衝擊以後，以述朱爲主的《四書》學著作，與明代前期相比較，可說是相當程度地沒落。而隨著科舉的一直舉行，那些專爲科舉所用的《四書》學參考書，仍是大量的出產，例如：《四書八進士釋疑講義》、《四書千百年眼》、《四書主義心得解》、《四書考備》等等〔註 25〕，這些書很容易就能從其書名看出其爲科舉服務的屬性，其學術性可說是相當的低，很多都是轉相抄襲或剪裁他人著作而成，然後再掛以在當時比較有名氣者之名，以增加其權威與銷路。例如掛名余應科撰的《四書千百年眼》其書前凡例即言：

> 坊刻最可笑者，每歲講義，汗牛充棟，將數十年腐本，改頭換面，雷同抄襲，藉一二新貴名色，額之曰某元魁所輯也。而天下遂信耳。吠聲爭相購酬，自謂獲一佳珍。間有出於名宿眞本，窮玄測奧者，定是不類覽者，反以污下之識參勘，不到輒爲棄去，噫！坊弊益深，其誤天下世不淺矣。

因此，晚明《四書》學的主流，則是前面佐野公治所言之第二項，我們稱之爲「新四書學」。其產生的原因乃上一節所說，與王學興盛與三教合一論之流行有著密切的關係。其面貌主要有以下三個特徵：反朱子之《四書》學解釋、自由學風解放精神、三教融合乃至儒佛合流。其作者大都是陽明學派的學者與佛教之僧人及居士。茲分述於下：

一、反朱子的《四書》學

晚明新《四書》學的基調即是反朱子的《四書》學。「不讀朱註」幾乎是晚明知

〔註 24〕見佐氏著《四書學史の研究》，第五章第一節頁 284。
〔註 25〕這些書目前中央圖書館漢學研究中心收藏很多，其來源主要是從日本翻印而回。

識份子解讀《四書》時的共識。如黃宗羲在其〈孟子師說序〉就表明這種立場：

> 四子之義易易近人，非難知難盡也。學其學者，詎止千萬人千百年！而明
> 月之珠，尚沈於大澤，既不能當身理會，求其著落，又不能摒去傳註，獨
> 取遺經。精思其故，成說在前，此亦一述朱，彼亦一述朱，宜其學者之愈
> 多而欲晦也。

反朱子《四書》學的意見，彙總起來可從最基本的版本體例問題、內容註解方式、
到最核心的義理思想等等。茲略述如下：

甲、關於版本體例方面

朱子重訂〈大學〉章句，認為〈大學〉宜有經、傳之分，「經一章，蓋孔子之言，
而曾子述之；其傳十章，則曾子之意，而門人記之」（《大學章句》頁2）；再則，認
為構成經的部份，是「三綱八目」，必如此，經始「辭約而理備，言近而旨遠，非聖
人不能及」；[註26] 朱子改本中，有師於二程者，有自訂者；有移錯簡、有刪字、
有增補文句等 [註27]，這種見解，到了明中期以後則受到了相當的質疑，最先發難
的則屬王陽明，他並抬出《大學古本旁釋》以為因應（詳見本章第二節），晚明《四
書》學的註者，繼承了陽明的看法，對朱子的改訂持有相反的見解，紛紛主張恢復
〈大學〉古本。蕅益大師就是抱持著這種看法：

> 〈大學〉戴禮列為第四十二，所以章首在明明德承前章末，子懷明德而言。
> 本非一經十傳。舊本亦無錯簡，王陽明居士已辨之矣。[註28]

又曰：

> 親民、止至善，只是明明德之極致，恐人不了，一一拈出，不可說為三綱
> 領也。[註29]

對朱子的「格物致知」補傳，晚明之《四書》學者更是認為是多餘的，有些甚至只
在其「格物致知」補傳文末題「不必補」三字 [註30]，晚明學者除了反對朱子的〈大
學〉改本，主張恢復古本外，有些學者甚至自己改訂〈大學〉，例如，豐坊的《偽石
經大學》、王道的《大學億》、李才的《大學約言》、管志道的《重訂古本大學章句》、
顧憲成的《重定大學》等等造成一股風潮 [註31]。

[註26] 詹道傳《大學或問纂箋》，頁12引《通志堂經解》，冊三十八。
[註27] 詳見李紀祥著《兩宋以來大學改本之研究》，第二章第四節頁60。
[註28] 見蕅益大師原著，江謙補註：《四書蕅益解補註》（台北：佛教書局），頁2。
[註29] 同前註。
[註30] 例如，李卓吾的《四書評》、張汝英的《四書參》，等等。
[註31] 詳見李紀祥著《兩宋以來大學改本之研究》一書。

乙、關於內容註解方式

　　此時之學者對朱子《四書集註》的內容解釋方式與字義的訓詁亦表不滿，例如李卓吾的《四書評》解「此謂知本，此謂知之至也」時云：

> 朱文公既曰「明德」爲本，「新民」爲末，則第一章釋「明明德」，第二章釋「新民」，是「本末」已釋過了，何必又釋「本末」？無乃眉下添眉耶？況三綱領、八條目有傳，而「本末」二字不過經文中字眼，何必有傳？若「本末」有傳，「終始」、「先後」亦當有傳耶？都不可解。還是此篇釋「格致」耳。「大畏民志」，「使之無訟」，正是「格物」處。「物格而後知至」，故以「此謂知本，此謂知之至也」結之。文字明明白白，人自看不到耳。〔註32〕

這裡則明白指出朱註解「本末」之不當。又如「子張問崇德、辨惑。子曰：『主忠信，徙義，崇德也；愛之欲其生，惡之欲其死，既欲其生，又欲其死，是惑也。』（誠不以富，亦祇以異。）」（《論語·顏淵篇》）這一節，關於「誠不以富，亦祇以異。」（《詩·小雅·我行其野篇》）這二句的引文，朱熹引程頤之言而註曰：「程子曰：『此錯簡也，當在第十六篇齊景公有馬千駟之上，因此下文亦有齊景公字而誤也。』」〔註33〕，而《四書評》在此節則曰：

> 就在此處，有何不好，引來證其意耳，何必字字明白。宋儒解書，病在太明白。〔註34〕

這評語正呼應了其序文中對「講章」之反感，同時也表現出卓吾對朱子學注疏繁瑣的不滿。除此之外，甚至有人著書專門來討論朱子《四書集註》之缺失，例如高拱的《問辨錄》，就是專爲批判朱註而作。例如「士不可不弘毅」章（〈泰伯篇〉），《問辨錄》對朱註的評論：

> 問「弘毅」章。曰：「『道遠』，是足任重之意；『死而後已』，是足仁以爲己任之意。」曰：「註云：『非弘不能勝其重，非毅不能至其遠。』何如？」曰：「如此則破碎，破碎則支離而失其完理矣。何以故？曰弘而不毅，可以任重乎？毅而不弘，則道遠者何物耶？蓋曰士不弘毅，乃可以任重而道遠，非謂弘任重而毅致遠也。」（頁153）

這裡指出朱子的解釋太破碎，很容易失去整體的義理。關於對朱註註解形式與內容不滿的例子，可說是不勝枚舉。這可說是晚明新《四書》學，在註解《四書》時的

〔註32〕見《四書評》頁4，「此謂知本，此謂知之至也」註文。
〔註33〕見朱熹撰《四書集註》之〈大學章句〉頁136，學海出版社。
〔註34〕同註28，頁104。

一種態度傾向。

丙、關於義理方面

　　朱子《四書》學的特色乃是將其理學見解融入於《四書》當中,將《四書》理學化,而納入於自己的思想體系當中,並藉著《四書》的流行,影響後來的知識份子。等到王學興起,提出「心即理」與朱子的「性理」相抗衡時,自然要對已遭朱子理學化的《四書》做一番改造的工夫。首先陽明本人即主張恢復〈大學〉古本並著作《大學問》一書以為因應。後起之陽明派學者更是繼承了陽明的路線,以「陽明心學」取代「程朱理學」做為註解《四書》時的理論基礎。例如《中庸‧無息章》:「博厚配地,高明配天,悠久無疆。」朱註:「此言聖人與天地同體。」張岱則批駁說:「博厚六字是功,不可云同體,聖人與天地同體在至誠,不在博厚、高明、悠久。」就是說只要具備至誠之心,就可與天地同體。這和陽明「心是宇宙的本體」,陸象山「宇宙就是吾心,吾心便是宇宙」是一脈相承的。除了堅守「心即理」之一元論立場外,並據以對朱學的「性即理」、「理一氣殊」的二元論展開批判,例如,黃宗羲的《孟子師說》言:

> 「性猶杞柳也,義猶桮棬也」,告子之意,以為人生所有,唯此知覺,理則在於天地萬物,學者必當求天地萬物之理,使與我知覺為一,而後為作聖之功。……此與先儒知是知此事,覺是覺此理,故必格物窮理以致此知;其徒特此知覺者,則釋氏本心之學,亦復何殊?第先儒言「性即理」也,既不以性歸之知覺,又不可以性歸之天地萬物,於是謂性受於生之初,知覺發於既生之後。性,體也;知覺,用也……靜是天性之真,動是知覺之自然,因惻隱羞惡辭讓是非之在人心,推源其上一層謂之性,性反墮於渺茫矣。告子不識天性之真,明覺自然,隨惑而通,自有條理,即謂之天理也;先儒之不以理之歸於知覺者,其實與告子之說一也。仁義之性,與生俱來,率之即是;若必欲求之於天地萬物,以己之靈覺不足恃,是即所謂戕賊也。(《孟子師說》卷下,〈性杞柳章〉,頁 132)。

梨洲在此,一舉批評朱學二個觀點:一謂「性即理」之說是把人心向上推於一渺茫之境;二是力主天理、條理都在「靈明」、或「明覺自然」之中,朱子不以「理」歸於知覺而在萬物,故向外格物窮理,是為戕賊。諸如此類的見解,在晚明《四書》中,是常常可見的,晚明學者幾乎都是以陽明心學做為註解《四書》時的核心思想,並據以批判朱子的《四書》學立場。

二、自由學風、解放精神

　　從明初以來，以朱註為《四書》學主流的情形受到陽明心學提出的衝擊以後，《四書》學的解釋可說是擺脫了朱註的藩籬而呈現百家爭鳴，自由解釋大興的狀況。很多人表達了對朱註以降《四書》注疏繁瑣的不滿，如李卓吾就這樣說：

> 千古善讀書者，陶淵明一人而已。何也？以其「好讀書不求甚解」也。夫讀書解可也；即甚解亦無不可者，只不可求耳。蓋道理有正言之不解，反言之而解者：有詳言之不解，略言之而解者。世之案頭講章之所以可恨者，正為講之詳，講之盡耳。（《四書評》序）

因此，李卓吾甚至將《四書》當成小說一般加以評點，這如在明初時可說是離經叛道的行為。在朱註權威日趨沒落當中，明末許多儒者解讀《四書》，都強調摒棄朱註，以己心解釋《四書》。張岱的《四書通》便是一個典型的例子：

> 六經四子自有註腳而十去其五六矣，自有詮解而去其八九矣。故先輩有言：六經有解不如無解。完完全全幾句好白文，卻被訓詁講章說得零星破碎，豈不重可惜哉！余幼尊大父教，不讀朱註。凡看書，未嘗敢以各家注疏橫據胸中。正襟危坐，朗誦白文數十餘過，其意義忽然有省，間有不能強解者，無意無義，貯之胸中，或一年，或二年，或讀他書，或聽人議論，或見山川雲物，鳥獸蟲魚，怳目驚心，忽於此書有悟，取而出之，名曰《四書》遇。（《四書遇》自序）

這種「朗誦白文數十餘過，其意義忽然有省」的研讀方法與晚明前學者之態度：

> 《四書》集註、章句、或問，皆是朱子萃群賢之言議，而折衷以義理之權衡，至廣至大，至精至密，發揮先聖賢之心，殆無餘蘊，學者但當依朱子精思熟讀，循序漸進。（《讀書錄》卷一）

簡直是天壤之別。張岱對其書名中的「遇」字，有一段很傳神的描寫：

> 蓋遇之云者，謂不於其家，不於其寓，直於途次墨之中邂逅遇之也。古人見道旁蛇鬥而悟草書，見公孫大娘舞劍器而筆法大進，蓋有以遇之也。古人精思靜悟，鑽研已久，而石火電光，忽然灼露，其精神攝合，正不知從何處著想也。舉子十年攻苦，於風簷寸墨之中構成七藝，而主司以醉夢之餘忽然相投，如磁引鐵，如珀攝芥，相悅以解，直欲以全副精神注之，其所遇之奧竅，真有不可得而自解者矣。推而究之，色聲香味觸發中間，無不可遇之。一竅特留，以待深心明眼之人，邂逅相遇，遂成莫逆耳。

張岱強調讀《四書》必須讀者與經典「相悅以解」、「邂逅相遇，遂成莫逆」，以今語釋之，可以說是建立讀者自己的「主體性」，再與經典的精神相「遇」，達到互為主

體性的境界。張岱在解釋《孟子》(〈盡心〉上，四一) 時說：

> 康節子學於李之才，請曰：「願先生微開其端，毋竟其說。」蓋道理要自己理會出來，方有無窮妙處，若自己未曾見得到那地位，教者就容易與他說盡，則我自說我的，與學者有何干涉？

在解釋《孟子》(〈盡心〉上，四) 時說：

> 題之血脈有從上章來者，「萬物皆備於我」題，重仁、重誠、重我。紛紛作者，皆非也。上章既說「求在我」，而「求」之一字，卻說得渾淪未破，故此章直指個「我」體出來，令人從「強恕」下手，正「求我」著落處也。

這類說法，都指向「主體性」的建立。張岱所謂的「遇」，正是以個人的「主體」，去詮釋經典的精神，張岱這種以己心任意解經的行為，可說是晚明學者中的一個典型例子，充分展現明末「新四書學」自由解釋的學風。這種自由解釋的精神，反映在《四書》學上的面貌，除了版本的任意更改，註解方式的解放，最主要的還是內容的多樣性，因為大家都強調以心解經，而每個人對心學的理解卻又未必一樣，因而造成了各種性格的《四書》學作品了。我們現在就從《四庫提要》中，略窺當時之面貌：

> ◎《論語商》二卷，明周宗建撰，……其學則沿姚江之末流，乃顧近於禪。如云人心之樂，非情非趣、非思非為；虛中之影、水中之相。如斯之類，殆似宗門語錄。
>
> ◎《論語學案》十卷，明劉宗周撰，……其解性相近章，謂氣質還他氣質，如何扯著性，性是就氣質中指點義理者，非氣質即為性也。雖與朱子之說稍異，然亦頗分明不苟，蓋宗周此書，直抒己見，其論不無純駁。
>
> ◎《大學管窺》一卷，明廖紀撰，……(是書) 其後依大學古本次序，採輯眾說，加以己意而疏解之。
>
> ◎《中庸管窺》一卷，明廖紀撰，是書不用朱子章句，亦不從鄭元舊註，分中庸為二十五段，……(其文) 特自抒其一人之見而已。
>
> ◎《大學千慮》一卷，明穆孔暉撰，……其書就章句或問，引伸其說，中引佛遺教經，以為儒釋一本。
>
> ◎《孟子訂測》七卷，明管志道編，……是書詮解孟子，分訂釋、測義二例，訂釋者，取朱子所釋而訂之。測義則皆自出臆說，恍惚支離，不可勝舉。
>
> ◎《元晏齋困思鈔》三卷，明孫慎行撰，……是書乃其自萬曆庚戌至甲寅積年鈔存，其中頗多心得之語，然亦不免好出新論，如解鄉黨色斯舉矣節，

以虞廷歌舞志聖之隆，山梁雌雉志聖之逸。又以中庸致曲之曲，爲即經禮三百曲禮三千之曲。雖才辨縱橫，足以自暢其說，然非本經之旨矣。

◎《四書通義》三十八卷，明魯論撰，……其解大學……專爲明末時事而發……，全書大旨往往雜引史事，以相發明，固不主於闡釋精義也。

◎《三經見聖編》一百八十卷，明譚貞默撰，……說殊穿鑿，至其詮釋支離，類皆因言求事，如以論語孝弟章，爲有子譏刺三家，巧言章爲孔子評論老聃，皆率其胸臆，務與程朱牴悟，可謂敢爲異說者矣。

◎《四書則》明桑拱陽撰，……其書取諸家講章立說不同者，刪定歸一，間以己意參之。

◎《圖書衍》五卷，喬中和撰，……凡《四書》所言皆以五行八卦配合之也。如說大學明德爲火，新民爲水，至善爲土之類，皆穿鑿無理，不足與辨。

從上舉諸條中，可發現晚明諸人不受拘束，各自解經，而呈現當時《四書》學的多樣貌。

三、三教合流之傾向

　　晚明《四書》學的內容是多樣性的，而在各種風貌的《四書》學中，三教合流乃至以禪解經的傾向是晚明《四書》學最主要的面貌。其作品如下：
著錄於《四庫全書》者：
　　◎《論語商》二卷　明萬曆　周宗建撰
存目於《四庫全書》者：
　　◎《大學千慮》一卷　明弘治　穆孔暉撰
　　◎《孟義訂測》七卷　明隆慶　管志道撰
　　◎《四書疑問》十一卷　明萬曆　姚舜牧撰
　　◎《論語義府》二十卷　明萬曆　王肯堂撰
　　◎《中庸點綴》一卷　明　方時化撰
　　◎《大學中庸讀》二卷　明萬曆　姚應仁撰
　　◎《四書湖南講》九卷　明萬曆　葛寅亮撰
　　◎《四書測》六卷　明萬曆　萬尚烈撰
　　◎《四書說叢》十七卷　明萬曆　沈守正撰
　　◎《四書說約》明萬曆　鹿善繼撰
　　◎《四書酌言》三十一卷　明萬曆　寇愼撰

見於《續修四庫全書提要》者：

◎《大學古本》一卷、《大學述》一卷、《大學述問》一卷　明萬曆　許孚遠撰

◎《四書小參》一卷附或問一卷　明　來斯行撰

◎《空山擊碎》一卷　明泰昌　陸鴻漸撰

◎《古本大學釋論》五卷　明萬曆　吳應賓撰

◎《大學綱目決疑》一卷　明萬曆　釋德清撰

◎《四書鞭影》二十卷　明天啓　劉鳳翔撰

其他資料：

◎《四書評》、《說書》　明萬曆　李贄撰

◎《中庸直指》　明萬曆　釋德清撰

◎《四書蕅益解》　明　釋智旭撰

◎《四書遇》　明　張岱撰

◎《四書正義》　明　林兆恩撰

◎《四書一貫》　明　樊問仁撰

◎《論語訂釋》十卷　明隆慶　管志道撰

◎《近溪子論語答問篇》　明　羅汝芳撰

以上這些著作成書之年代約為萬曆前後，其作者也大多是陽明心學的繼承者，由這些作品可看出其產生與王學的興起及三教合一論的流行有著密的關係。這些作品大致可分成兩類：一類作品呈現三教合流之傾向，另一類作品則完全是以禪解經。茲分述於下：

第一類作品：前面書目中所列之作品大皆屬之。其產生主要是受時代風氣所影響，把三教合一的主張反映在其著作裡，並沒有特殊的動機。其著作主要思想核心仍是「陽明心學」，其援佛或老莊入儒的地方，多半止於詞彙的引用、行為的比擬、觀念的託付或表面文意之比附，較少涉及義理層次。茲舉例以說明之：

甲、詞彙的引用

此點出現甚多，許多的《四書》著作在詮釋文字中，或多或少夾雜著佛、道之語罷了。如：《論語》·〈憲問篇〉：「子曰：『莫我知也夫！』子貢曰：『何為其莫知子也？』子曰：『不怨天、不尤人，下學而上達，知我者其天乎！』」《四書評》曰：「不做誑語。」「誑語」乃佛家名詞，此處只是用來形容孔子的話是真實的罷了。像這種用法在晚明的《四書》學著作中，是時常出現的。

乙、行為的比擬

例如，《論語》·〈憲問篇〉：「子貢方人。子曰：『賜也賢哉乎？夫我則不暇。』」李卓吾則評曰：「好棒喝。」又《論語》·〈公冶長篇〉：「子謂子貢曰：『女與回也孰愈？』對曰：『賜也何敢望回？回也聞一知十，賜也聞一以知二。』子曰：『弗如也，吾與女弗如也。』」李卓吾則評曰：「夫子造就子貢處，大有禪機。」這裡很顯然地李卓吾是把孔子對子貢的教化比成當頭棒喝的禪師。

丙、文意之比附

例如，《論語》·〈雍也篇〉：「子曰：『中庸之為德也，其至矣乎，民鮮能久矣。』」評曰：「大道甚夷，而民好徑。」又《論語》·〈子罕篇〉：「子在川上曰：『逝者如斯夫！不捨晝夜。』」評曰：「亦動人不捨也。與道家『流水不腐』之意同。」這裡上一則以《老子》之文解孔子之意，可說相輔相成，但是第二則就有點偏離孔子之意。這種比附有時就顯的牽強附會，例如張岱《四書遇》：

> 夫子自言「無可無不可」，與此旨同。劉元城曰孔子佛氏之言，相為表裡。
>
> 孔子之言「毋意、毋必、毋固、毋我」，而佛言「無我，無人，無眾生，無壽者」其言若出一人。（《四書遇》，頁208）

張岱這裡以佛教的「無我」比附孔子的「毋我」，俱取其表面之文意，忽略兩者之根本差異：佛教之「無我」乃在捨離世界的脈絡中言之；孔子之「毋我」，乃是在個體的「小我」融入群體的「大我」的脈絡中，而使「小我」的意義在「大我」生命的綿延之中彰顯，兩者的意義是不可混為一談。

第二類作品：這種作品的形成，乃是刻意將三教合一乃至儒佛融合的理論落實在其著作裏，其所用的方法乃是完全以禪為思想中心來融合儒、道之思想，將三教合一論的主張，從義理會通方面落實到《四書》學裡，其作品有：方時化的《中庸點綴》、萬尚烈的《四書測》、來斯行的《四書小參》、陸鴻漸的《空山擊碎》、釋德清的《大學決疑》《中庸直指》、釋智旭的《四書蕅益解》等。現在我們就來看看大概面貌。例如憨山大師在《中庸直指》中即這樣解釋「中庸」二字：

> 中者，人人本性之全體也。此性，天地以之建立，萬物以之化理，聖凡同稟，廣大精微，獨一無二，所謂惟精惟一，大中至正，無一物出此性外者。故云中也。庸者，平常也。乃性德之用也。謂此廣大之性，全體化做萬物之靈，即在人道日用平常之間，無一事一法不從性中流出者。故吾人日用行事之間，皆是性之全體大用顯明昌著處，以全中在庸，即庸全中，非離庸外別有中也。

這裡憨山大師把「中」解釋成聖凡同稟，人人本俱的「性體」天地萬物皆從此建立；「庸」解釋成「性德之用」，即吾人日常施為，應機接物之妙德。簡而言之，即是以「自性本體」解「中庸」二字，「中」表「佛性」之體、「庸」表「自性本體」之用，如六祖壇經云：「定慧一體不是二。定是慧體，慧是定用；即慧之時定在慧，即定之時慧在定。」〈定慧品〉憨山大師即是以「自性本體」為中心思想來融攝儒、道兩家的思想。例如其解〈大學〉之「至善」云：

> 今言至善，乃是悟明自性本來無善、無惡之真體。只是一段光明，無內無外，無古無今，無人無我，無是無非。所謂「獨立而不改」，此中一點著不得，蕩無纖塵。若以善破惡，惡去善存。此猶隔一層，即此一層，原是客塵。不是本主，故不是至極可止之地，只需善惡兩忘，物我跡決，無依倚，無明珠，無去來，不動不搖，方為到家時節。到此，在己不見有可明之德，在民不見有可新之民，渾然一體，乃是大人境界。

由這一段引文知道憨山大師以「自性本體」融貫了陽明「無善無惡心之體」與老子「獨立而不改」之觀念來註解「至善」，並以此為中心思想逐步地把整部〈大學〉禪化。這種現象到了蕅益大師時，表現的更為徹底，他不用儒家與道家的思想，而純以佛理來解《四書》。例如，其注〈大學〉云：

> 大者，當體得名，常遍為義，即指吾人現前一念之心，心外更無一物可得。無可對待，故名當體：此心前際無始，後際無終，生而無生，死而不死，故名為常；此心包容一切家國天下，無所不在，無有分劑方隅，故名為遍。學者覺也，自覺覺他，覺行圓滿，故名大學。大字即標本覺之體，學字即彰始覺之功。本覺是性，始覺是修，稱性起修，全修在性，性修不二，故稱大學。

這段文字，涵蓋了整部〈大學直指〉的意趣。由此可看出貫穿整部〈大學直指〉的中心思想即其所謂「現前一念心」，「此心包容一切家國天下，無所不在，無有分際方隅」。蕅益大師即以此「現前一念心」作為其註解《四書》時的中心思想，逐步地把《四書》佛化。蕅益大師曰：「學者，覺也。」以覺訓學，則所謂「大學之道」，即成為「大覺之道」，而〈大學直指〉的宗旨，也就即著這個成就究竟大覺的過程來鋪陳發揮，換言之，〈大學直指〉乃是就〈大學〉這部儒家的典籍，來開示「成佛的大道」。許多儒家之基本概念，到了《四書蕅益解》時，則轉變成佛教的觀念或修養方法。例如，〈大學〉：「所謂誠其意者，毋自欺也。」〈大學直指〉云：「直心正念真如，名為誠意，妄計實我實法，名為自欺。」又〈大學〉：「是故君子有大道，必忠信以得之，驕泰以失之。」〈大學直指〉云：「大道，即大學之道。君子不以位言，

忠信即誠意之異名,直心正念眞如,名至誠心,亦名爲忠;了知心佛眾生,三無差別,名之爲信。……」這裡蕅益大師即把儒家的「誠意」、「忠信」解爲佛家的「直心正念眞如」。至此,儒家維持人倫之德目,轉換成佛家之觀心法門,整部儒家「內聖外王」的經典因而徹底的禪化,變成學佛者的修行寶典了。關於這一部份則是本論文的核心,留待到下文再詳細探討。

第三章　《四書蕅益解》之作者及其書

第一節　蕅益大師的生平及思想

關於大師的生平及思想所保留最完整的原始資料,首推佛教書局蒐集出版的《蕅益大師全集》,而其中將之做最為詳細的研究,則屬聖嚴法師的《明末中國佛教之研究》。今根據以上的資料及其他的研究成果,略述於後。

一、大師的生平

蕅益師的生存年代是從明神宗萬曆二十七年(1599)到永明王永曆九年,即滿清世祖順治十二年(1655)的五十六年期間。蕅益師的祖先,原來是汴梁地方的一族。汴梁,就是河南開封縣的古地名。他的家族後來便遷移至南方江蘇地方。蕅益師的出生地,是瀕臨江蘇太湖北濱的木瀆鎮。這個地方因為是古昔的吳國,所以亦稱「古吳」。師生於明神宗萬曆二十七年(1599),父親鍾之鳳,字岐仲,母親金大蓮,當生蕅益師時,他的雙親已經四十歲了。在大師四十五歲那年,亦即順治元年(1644),明朝的正統便已完全滅亡。蕅益師就是成長在明朝即將滅亡時,所產生的邊患、流寇、飢饉、諸王的作亂等等混亂、恐慌的時期。這時明末的政治紊亂,朝廷官僚對待佛教高僧,濫扣罪名的事例層出不鮮。例如,偏融眞圓就在穆宗時代刑部尚書的牢獄,遭受到「苦逼萬端」的肉刑〔註1〕,又在神宗萬曆二十五年,由於政府的命令,使得憨山德清身陷牢獄,並在八個月後,被驅逐到廣東的雷州〔註2〕。另在神宗萬曆三十一年,紫柏眞可也因莫須有的妖書事件,同樣也由皇帝下詔而繫

〔註1〕見《錦江禪燈》卷九,〈燕京大千佛寺偏融眞圓禪師傳〉,《卍續藏》一四五冊,614頁。

〔註2〕見《宗統編年》卷三十,《卍續藏》一四七冊,226頁。

身牢獄，且在獄中了卻殘生〔註 3〕。在如此迫害佛教的同時，明朝末年的社會，亦呈現著混亂紛擾的現象，此起彼落，熹宗天啓二年，即蕅益師二十四歲出家之年，正是白蓮教暴徒徐鴻儒作亂之年，蕅益師三十歲時，陝西地方流賊蜂起暴亂。此後，接續便有高迎祥、李自成、張獻忠等匪寇流賊，在各地方策動兵亂，蜂火四起。同時，各地也連年發生水災、旱魃、疫癘、飢饉等不幸事件。出家為僧的蕅益師，面對社會的苦難，民眾的悽楚，只有滿懷著宗教情懷的感慨及同情心相待，在〈鐵佛寺禮懺文〉中即言：

> 目擊時艱。倍增愀愴。斗米幾及千錢。已歎民生之苦。病死日以千計。尤驚業報之深。

又在〈禮千佛告文〉中亦曰：

> 疾疫饑荒洊至。已至寒心，干戈兵革頻興，尤堪喪膽。父母妻孥首分離。百骸潰散。誰思一性常靈。萬鬼聚號、肯信三緣自召。悠悠長夜、淚與血而俱枯。漠漠荒郊、魂與魄而奚泊。

由於疾病與飢荒，物價飛漲，尤其食米更為昂貴，導致民生凋弊。而因為兵亂而戰死、病死的人數，更日呈直線上昇的狀況。對於這種狀況，他也只能從宗教的禮懺及功德迴向，來悼念這些罹難的眾生，祈願浩劫餘生者，得以脫離苦境；已亡故的先靈，往生佛國淨土。其〈占察行法願文〉言曰：

> 又祈江南、江北乃至震旦域內。近日遭兵難者。種種債負消除，一一怨嫌解釋；脫幽冥之劇苦、胎蓮蕚以超昇。

蕅益師便是在這種動亂的社會環境中成長的。也因為這種動亂的環境，養成他悲天憫人的宗教情懷；官府對佛教的迫害，更促使他一生不夤緣攀附達官顯貴。

在蕅益師的從學過程中，自幼即受到程朱學派的影響，如他說：

> 余少時，亦拘虛於程朱。(〈示范明啓〉)

又曰：

> 十二歲，就外傅、開聖學、即千古自任、誓滅佛老；開葷酒、作論數十篇、闢異端。夢與孔顏晤言。(〈八不道人傳〉)

蕅益師在十二歲時，即接觸到程朱之學〔註 4〕，並以誓滅佛、老自任。然雖自小就受到科舉之學的薰陶，可是他卻不曾有透過科舉的管道，而進身為官僚的企圖。因

〔註 3〕見《宗統編年》卷三十，《卍續藏》一四七冊，228 頁。
〔註 4〕蕅益師的師承，可能是東林書院或劉宗周的證人書院的成員之一。見聖嚴法師的《明末中國佛教之研究》第一章，第一節頁 17。

為他是拘持著「天子不得臣、諸侯不得友」〔註5〕的理想。十七歲時，師讀了蓮池大師（即雲棲袾宏）的《自知錄》序文及《竹窗隨筆》之後，深有感悟〔註6〕，於是從程朱學派的追隨者，轉而為佛教的信仰者。二十歲時，因父親過世，聽聞了《地藏菩薩本願經》的緣起後，發出世的心〔註7〕。二十三歲時，聽《大佛頂經》，而決定出家〔註8〕。二十四歲時，夢受教於憨山大師，可是因路途遙遠而未能往學，乃依雪嶺峻（憨山弟子）出家。出家後，他便到處參學（蕅益師遊學的地區，主要在福建、浙江、江西、江蘇、安徽等長江以南的五個省分。）〔註9〕如他自己說：

> 予自壬戌出家，於今十九年已。學無常師、交無常友。（〈贈純如兄〉。《宗論》，卷二，頁12）

首先，他即兩度到徑山修習坐禪，結果在悟境上得到很大的體會，其言曰：

> 予初志宗乘。苦參力究者數年。雖不敢起增上慢，自謂到家。而下手工夫得力。便謂「淨土可以不生」（〈刻淨土懺序〉）

在二十五歲時的冬季，到蓮池大師的道場雲棲寺，稟受比丘戒；又在翌年的冬季，在同一地點求菩薩戒。爾後漸漸由禪道轉身成為一位持律的淨土念佛行者。其轉變的關鍵則在於「逮一病濱死，平日得力處，分毫俱用不著。乃一意西歸，然猶不捨本參，擬附有禪有淨之科」（見〈刻淨土懺序〉）這一轉變的心路歷程，他自己這樣說的：

> 今夏兩番大病垂死，秋季閱藏方竟，仲秋一病更甚。七晝夜不能坐臥、不能飲食、不可療治、無術分解。唯痛苦，稱佛菩薩名字，求生淨土而已。具縛凡夫，損己利人，人未必利，己之受害如此。平日實唯在心性上用功，尚不得力，況僅從文字上用力哉。出生死、成菩提，殊非易事。非丈室，誰知此實語也。（《宗論》，卷二，頁20）

爾後蕅益師的修行法門，依聖嚴法師的歸納可分為以下三段：

（一）從三十一歲到三十九歲，是以持咒行為中心的階段。蕅益師受持的密咒約有八種，其中尤以地藏菩薩滅定業真言、觀音菩薩大悲咒、大佛頂首楞嚴咒等為主〔註10〕。（二）由三十三歲到四十八歲之間，是以禮懺行為中心的階段。蕅益師

〔註5〕與〈行恕書簡〉，《宗論》五、卷一。
〔註6〕見〈八不道人傳〉：「十七歲閱〈自知錄〉序及《竹窗隨筆》，乃不謗佛，取所著闢佛論焚之。」；自像贊：「十七聞佛言，幡然始改惡。」
〔註7〕見〈八不道人傳〉。
〔註8〕同上。
〔註9〕同註4，頁165～177。
〔註10〕見《明末中國佛教之研究》第三章第三節，頁236～237。

禮懺的回數，佔第一的是大悲懺，第二是占察經行法，第三是金光明懺，第四才是淨土懺〔註11〕。（三）由三十九歲起終其一生，都是專心致志，從事於念佛的階段。

觀其以持咒、禮懺、念佛的法門為其一生的行持，乃是因為蕅益師少年時，曾造謗法重罪，而有著很大的罪惡感，在其文集中屢屢提及，茲舉幾例為證：

◎ 不肖智旭，少時無知，毀謗三寶，罪滿虛空。（〈復九華常往〉）

◎ 旭十二三時，因任道學而謗三寶，此應墮無間地獄，彌陀四十八願所不收。（〈與了因及一切緇素〉）

◎ 智旭少年，謗三寶業，今尚憶知，誠心懺悔，願盡消除。（〈祖堂結大悲壇懺文〉）

而懺悔與持咒，都具有除障滅罪的功能，所以他才由持咒行而入懺悔行，希望：

> 一切罪障，悉皆消滅，一切十惡五逆、謗人、謗法、破齋、破戒、破塔、
> 壞寺、偷僧祇物、污淨梵行，如是等一切惡業重罪，悉皆滅盡。
>
> （《大正藏》二十卷 107 頁）

除了在宗教行為有著精勤的修持外，他在教義上，亦下了一番功夫。查證他讀書的記錄，可知他曾閱讀律藏三遍、大乘經典二遍、小乘經典二遍、大乘論一遍、小乘論一遍、西土選述一遍、《宗鏡錄》三遍〔註12〕。其在閱讀如上的三藏經典後，隨即編輯成《閱藏知津》和《法海觀瀾》兩種閱藏的指導書籍。有關《閱藏知津》的優點，在望月信亨的《佛教經典成立史論》的序論，以及《佛教大辭典》第一卷中均曾予以介紹。並且以「應該說：這是一本在藏經編成史上，構成了一項新的紀元。」〔註13〕加以讚賞。但是如此偉大的佛教學者，卻是岑寂孤高地結束了一生。其在詩偈中，即常如是感慨：

◎ 千年學脈憑誰寄，萬古秋懷祇自知。（〈丙戌春幻遊石城隨緣閱藏詩〉）

◎ 五十餘年夢幻身，寥寥斯世久無鄰。（〈癸巳元旦過秋曙拈花庵詩〉）

◎ 法門寥落少知音，偶與維摩論古今。（〈作狖浪樓詩〉）

與蕅益師同一時期中，傑出的佛教學者，較為稀少。而在學養程度上能與其相匹儔者，可謂絕無僅有，更何況其為使佛門興盛，而常對時下人物有著強烈的批判，使得許多人都對他持反感的態度〔註14〕。從這些詩偈中，真可以瞭解，其做為一代大師，而「半世傾腸腑，寥寥有幾知」（〈獨坐書懷詩〉）。

〔註11〕見《明末中國佛教之研究》第三章第二節，頁 229。

〔註12〕見《明末中國佛教之研究》第五章第五節，頁 482。

〔註13〕見《佛教經典成立史論》頁 7。

〔註14〕《宗論》十，卷三，頁 9。

二、大師的思想

依據聖嚴法師的分類，蕅益師的思想層面，可以分爲四期。是即：變化多端的青年期（十二歲～三十歲）、思想成長期的壯年前期（三十一歲～三十九歲）、思想成熟的壯年後期（四十歲～四十九歲）、乃至思想大成的晚年期（五十歲以後）〔註15〕。而我們這裡所要探討的是大師一生思想的核心，以瞭解其佛教事業及種種著作所依據的中心思想。他的思想雖有著如此的轉變，但是，其思想的立足點始終是禪，而其禪思想的根本經典，則是《楞嚴經》。《楞嚴經》的思想是蕅益師的思想核心，他從《楞嚴經》中，開展出他的「現前一念心」學說，並以之爲基礎，融合諸宗、更力主儒、釋、道三教的融合。他在二十七歲時，曾經兩次敷講《楞嚴經》，並在三十三歲時，結成楞嚴咒壇，以百日的時間，在此咒壇中專持首楞嚴咒，又在三十九歲時，於註釋《梵網經》的同時，也講說此《楞嚴經》的要旨。當時所述作的壇中十問十答之中，其五、六、七、八，四個題目，都是與《首楞嚴經》有關的問答。進而更在四十歲時，於新安陽山的止觀山房結夏安居，四度講演此經。翌年四十一歲，接著又脫稿本經的《玄義》和《文句》十二卷的卓越著作。他的思想，就是以此爲契機，而開展了以《楞嚴經》爲中心的佛教統一論，並進一步發展至儒釋道三教的融合。聖嚴法師即如是言：「智旭思想的大成者，不只是他作成的《教觀綱宗》與《法華會義》，而是性相、禪教的調和，是天台與唯識的融通，是天台與禪宗的折衷，也是儒教與禪的融通，進而統括律、教、禪、密以歸向淨土。」〔註16〕

而居於蕅益師思想核心地位的「現前一念心」，其性質又是如何呢？所謂吾人現前一念心性，即是指吾人現前一念知覺之性〔註17〕，亦即是吾人現前一念見聞之性〔註18〕。因此，蕅益師所謂的「現前一念心」，即是指吾人刹那之心，吾人當下之心，此現前一念心包括了吾人之知覺見聞等，亦即天台《摩訶止觀》的「介爾之心」〔註19〕。如《彌陀要解》云：

> 吾人現前一念心性，不在內，不在外，不在中間；非過去，非現在，非未來；非青、黃、赤、白、方、圓；非昏，非昧，非觸、非法。覓之了不可

〔註15〕見氏著：《明末中國佛教之研究》，頁407～466頁。

〔註16〕同前註，頁472。

〔註17〕如蕅益師《盂蘭盆經新疏》云：「只此眾生現前一念知覺之性，非內非外，不在中間。……欲言其有，則毫無朕跡，欲言其無，則不可斷滅」見蕅益師：《蕅益大師全集》（台北：佛教書局，1989年），第八冊，頁5109～5110。

〔註18〕如蕅益師《靈峰宗論》云：「只此現前一念見聞之性，本非內方外隅，亦非有情無量」。

〔註19〕如《摩訶止觀》云：「若無心而已，介爾有心，即具三千，亦不言一心在前，一切法在後；亦不言一切法在前，一心在後。」

> 得，而不可言其無；具造百界千如，而不言其有。離一切緣慮分別語言文
> 字相，而緣慮分別語言文字非離此別有自信。要之，離一切相，即一切法。
> 離故，無相；即故，無不相。不得已，強名實相。〔註20〕

此就現前一念心性而言，知吾人現前一念心性不在內、外、中間、不在……覓之了
不可得。此顯示現前一念心是無自性、空，所以離一切緣慮分別語言文字相。現前
一念心雖無自性、空，但不可言其無，因爲心能具造百界千如；雖具造百界千如，
但不可言其有，因爲覓心了不可得。總而言之，說現前一念心爲「無」（空），或爲
「有」（不空），皆屬不當。爲什麼呢？依蕅益師的看法，「有」「無」不外都是吾人
緣慮分別語言文字之產物，然而緣慮分別語言文字亦不能離吾人現前一念心而獨立
存在，即以爲語言文字之所依存，如引文中所言「而緣慮分別語言文字非離此（指
心或心性）別有自性」。

　　所謂「緣慮分別語言文字非離此別有自性」，此雖一方面顯示緣慮分別語言文字
依心而有，而以「離一切相，即一切法」來表達心性。此「離一切相，即一切法」
即是心性之體，亦即是實相，它包含自性三寶：

> 次觀心辨體者，只此眾生現前一念知覺之性，非內非外，不在中間，非過
> 非現，亦非未來，非青黃赤白，非長短方圓，豎無初後，橫絕邊涯。欲言
> 其有，則毫無朕跡；欲言其無，則不可斷滅。本自離諸戲論，但因覿體自
> 迷，雖九積沈迷，然終無減缺，是名佛寶。〔註21〕

此即就觀心釋自性佛寶，顯佛寶乃吾人現前一念之心性。接著蕅益師就現前一念心
所現十法界依正諸法，來說明自性法寶，其云：

> 現前一切十界依正諸法，皆此介爾心中之所顯現，如彼夢中所見諸法，終
> 不離於夢心，現前諸法，亦復如是。雖妄謂在我心外，各各實有，而實非
> 有，猶如夢未醒時，執夢爲實，醒後尋覓，了不可得，如此心中所現十界，
> 不離自心，名爲法寶。〔註22〕

所謂觀心釋自性僧寶，乃就心外無法，法外無心，心法不可分離而言，其云：

> 心外無法，法外無心，一任顛倒昏迷，分能分析，究竟離心覓法，無分毫
> 法相可得；離法見心，亦無少許心相可得。即心是法，即法是心，本自和
> 合，不可乖異，名爲僧寶。〔註23〕

〔註20〕同前註，第四冊，頁2181～2182。
〔註21〕同前註，第八冊，頁5109～5110。
〔註22〕同前註。
〔註23〕同前註。

最後，對以上觀心所釋自性三寶，作一總結：

> 此介爾一念之中，圓具如此三寶體性，無欠無缺，猶如金剛不可壞滅。
> 一念既爾，一切諸念，亦復如是，一切諸佛依此得道，轉大法輪，入大
> 涅槃。〔註24〕

而對「現前一念心」的定義，聖嚴法師以爲：「在原則上，蕅益師的『現前一念心』
與《摩訶止觀》的『介爾一心』，同樣都是當下第六意識的刹那變異妄念心。天台大
師的介爾心，是當下一念心之中，具足十法界的性質。這就是所謂十界互具之心，
又是具足三千性相的心。此一思想源流，是以《法華經》和《華嚴經》爲中心的。
而蕅益師的現前一念心，固然是繼承於天台大師之說，卻是依《起信論》的「一心
眞如」說，甚至《楞嚴經》的「如來藏妙眞如性」說與之互有關聯，而構築成的：
即眞即妄，非眞非妄，亦眞亦妄、亦非眞亦非妄的心說。這是因爲我們的第六意識，
雖然是刹那變異的妄心，但卻是妄心無體，而體即眞如的。因此，妄念若有自性，
即是如來藏的妙眞如性，也是法性、佛性，或自性清淨的實相與實性。準此，這一
『現前一念心』的性，是非相、非無相的，只是統括百界千如而依然存在的意思。」
〔註25〕蕅益師所以特就「現前一念心」來論述佛性，用意在於觀破諸法皆心所現，
由此而離一切之執著，如《靈峰宗論》云：

> 須知一切了義大乘，諸祖公案，皆我現前一念註腳，說來說去，總不離我
> 一心。我今此心，全眞成妄，全妄即眞。若不能當下反觀，則靈知靈覺之
> 性，恆被一切法所區局。縱慧成四辯，定入四空，依舊迷己爲物，認物爲
> 己。若能直觀現前一念，的確不在內外中間諸處，無體無相，無影無蹤，
> 但有一法當情，皆心所現，終非能現，此能現者，雖云量同虛空，亦無虛
> 空形相可得，若有虛空情量，又是惟心所現之相分矣！一切時教歷歷明
> 明，空空蕩蕩，亦不認歷歷明明空空蕩蕩者爲心。以心體離過絕非，不可
> 思議故。了知一切惟心，心非一切，忽然契入本體，一切語言公案。無不
> 同條共貫矣。〔註26〕

因此，蕅益師對「現前一念心」之運用，吾人可以說此在蕅益思想理論中已臻於圓
熟的地步。吾人亦可得知蕅益師基本上亦以心性說來化解性相衝突問題，乃至以此
來解決禪教問題，由「現前一念心」而了知心不可得不可執著，而一切法皆因心而
現，所以性相、禪教等問題，可由此現前一念心中而得到化解、融合。首先，就性

〔註24〕同前註。

〔註25〕同前註，頁424。

〔註26〕同前註，第十六冊，頁10434～10435。

相與禪教的調和論，蕅益師在〈示何德坤〉的法語中，即有如是的見解：

> 心性無法不具，無法不造，而所具所造一切諸法，皆悉無性。明此無性之
> 法，一一皆非實我實法者，謂之慈恩宗。明此諸法無性，一一皆能遍具遍
> 造者，謂之法性宗。直指現前妄法妄心，悉皆無性，令見性成佛者，謂之
> 禪宗。是故臨濟痛快直捷，未嘗不精微，曹洞精細嚴密，未嘗不簡切，唯
> 識存依圓，未嘗不破遍計。般若破情執、未嘗不立諦理。護法明眞如不受
> 熏，未嘗謂與諸法定異。馬鳴明眞如無明互熏，未嘗謂其定一。(《宗論》
> 二，卷五)

這裏所說的「心性」就是《楞嚴經》的「如來藏妙眞如性」，亦即其「現前一念心」。
蕅益師便是以這「一念心」爲融合諸宗的理論依據，認爲諸宗的理論皆是以之爲基
礎而發展出來的，雖然各自的修法途徑及理論角度並不一樣，但是回歸這清淨的「現
前一念心」的目的，卻是一樣〔註27〕。

　　除了融合諸宗外，他更進一步以之來融合儒、釋、道。他對有史以來三教間的
互相批評，甚不以爲然。他認爲：

> 大道之在人心，古今唯此一理，非佛祖聖賢所得私也。統乎至異，匯乎至
> 同，非儒釋老所能局也。剋實論之，道非世間，非出世間，而以道入眞，
> 則名出世，以道入俗，則名世間。眞與俗皆跡也，跡不離道，而執跡以言
> 道，則道隱，故曰：形而上者謂之道，形而下者謂之器。又曰：君子上達，
> 小人下達。鳴呼！今之求道於跡者，烏能下學而上達，直明心性，迴超異
> 同窠臼也。夫嘗試言之，道無一，安得執一以爲道？道無三，安得分三教
> 以求道？特以眞俗之跡，姑妄擬焉，則儒與老，皆乘眞以御俗，令俗不逆
> 眞者也；釋乃即俗以明眞，眞不混俗者也，故儒與老主治世，而密爲出世
> 階；釋主出世，而明爲世間祐。(見《宗論》卷五，〈儒釋宗傳竊議〉)

其相異處，只在於作用大小不同罷了。其言曰：

> 儒以之保民，道以之不疵癘於物，釋以之度盡眾生。如不龜手藥，所用有
> 大小耳。故吾謂求道者，求之三教，不若求於自心。自心者，三教之源；
> 三教，皆從此心施設。(《宗論》卷四，〈金陵三教祠重勸施棺疏〉)

總而言之，其思想的形成、轉變，乃至成熟固定，從下面這段序言中，最可以明瞭：

> 蕅益子年十二，談理學而不知理；年二十，習玄門而不知玄；年二十三，
> 參禪而不知禪；年二十七，習律而不知律；年三十六，演教而不知教。逮

_____

〔註27〕見《明末中國佛教之研究》第五章第五節，頁473。

大病幾絕，歸臥九華，腐滓以爲饌，糠粃以爲糧，忘形骸，斷世故，萬慮
盡灰，一心無寄；然後知儒也、玄也、佛也、禪也、律也、教也，無非楊
葉與空拳也。隨嬰孩所欲而誘之，誘得其宜，則啞啞而笑；不得其宜，則
呱呱而泣。泣笑自在嬰孩，於父母奚加損焉？顧兒笑，則父母喜；兒泣，
則父母憂，天性相關，有欲罷而不能者，伐柯伐柯，其則不遠，今之誘於
人者，即後之誘人者也，倘猶未免隨空拳黃葉而泣笑，其可以誘他乎？（《四
書蕅益解》序）

蕅益師之意以爲儒、釋、道三教及佛教各宗，雖分派相爭；然原來目的則一，不外
乎明其自心而已。如其言曰：「佛祖聖賢之學無他，求盡其心而已。盡其心者，不外
心外別立一法，不外心內欠缺一法。」〔註28〕故唱三教融合、諸宗一致論；謂佛教
有教、禪、律三大區別；禪爲佛心，教爲佛語、律爲佛行，此三者具備，始爲完全
佛教；執一以相爭者，乃學者之誤謬；這種主張，即是以「現前一念心」爲基礎，
此蕅益師思想之大體也。

第二節　《四書蕅益解》的成書經過

一、著作之濫觴

在中國現有的文獻資料裏，最早將儒家經典與佛、道之理相交涉者，首推皇侃
的《論語集解義疏》，皇侃生於南北朝佛教最盛行的年代－梁朝，此時期的學術環境，
大皆瀰漫著佛教的氣息，不論是經學、思想、文章、或志怪小說，都染著佛教的色
彩。在這種環境下，皇侃的《論語集解義疏》，自亦受其影響。例如：

〈子罕篇〉，「智者不惑」句，《皇疏》云：「智以照了爲用，故於事無疑惑也。」
〈憲問篇〉，「智者不惑」句，亦云：「智者以照了爲用，是無疑惑也。」是皆以「照
了」釋智，明見世界，是佛家語，此與儒家之「是非之心，智也。」顯有不同。又：

〈子罕篇〉，「子絕四」章，「毋意」句，《皇疏》云：「聖人無心，泛若不繫之
舟，豁寂同道，故無意也。」〈顏淵篇〉，「愛之欲其生，惡之欲其死」句，《皇疏》
云：「猶是一人，而愛憎生死，起於我心。我心不定，故爲惑矣。」毋意解爲無心、
豁寂；欲生欲死解爲我心不定，實爲佛家語。

除以佛家語解經外，皇四侃亦以道家之說解經，例如：

〈先進篇〉，「回也其庶乎，屢空」句，《皇疏》云：「空猶虛也。言聖人體寂而

〔註28〕見《宗論》卷四，〈聖學說〉。

心恆虛，無累，故幾動即見；而賢人不能體無，不能見幾，但庶幾慕聖，而心或時而虛，故曰屢空。其虛非一，故屢名生焉。」又引顧歡之言曰：「夫無欲於無欲者，聖人之常也；有欲於無欲者，賢人之分也。二欲同無，故全空，以目聖；一有一無，故每虛，以稱賢。賢人自有觀之，則無欲於有欲；自無觀之，則有欲於無欲。虛而未盡，非屢而何！」屢空之空，解為體寂、心虛、見幾；聖賢之分，在於無欲、有欲，全空、每虛。此處即以老子之言解經，如老子言：「知幾其神乎！」無欲、有欲，亦老子中常言。又〈顏淵篇〉，「子帥以正，孰敢不正」句，《疏》引李充曰：「我好靜而民自正也。」同篇，「苟子之不欲，雖賞之不竊」句，又引李充曰：「我無欲而民自樸也。」此解源自《老子》五十七章：「我無為而民自化，我好靜而民自正，我無事而民自富，我無欲而民自樸。」

除了皇侃的《論語集解義疏》外，接下來對《四書蕅益解》有著前驅作用的，則屬明教契嵩的觀念及其著作。自唐韓愈之後，闢佛之論不一而足。其時儒家思想蓬勃發展，綿延不絕，及至宋，契丹、女真等北方民族大肆入侵中土，值此異族擾攘、險象環生之際，深具民族精神與憂患意識之宋儒，乃承韓愈之言，高揚排外心理，因此促成尊儒抑佛之思想。宋初，排佛之儒者主要有孫復、石介、歐陽修、李覯、張載、程顥、程頤等人。其以佛「為夷狄之法，亂我聖人之教」為大辱，力排佛教，其有言曰：

> 佛、老之徒橫行於中國……滅仁義以塞天下之耳；摒棄禮樂以塗天下之人。(《孫明復小集》，儒辱)

歐陽修亦曰：

> 佛法為中國患千餘歲，……使王政明而禮義充，則雖有佛，無所施於民。
> (《歐陽文忠公集》卷十七，〈本論〉下)

此類闢佛之言甚多，不勝枚舉，於此激烈之排佛運動中，「天下學者反不能自信其心之然，遂毅然相與排佛之說，以務其名」[註29]因儒者以文排佛，而佛法日衰，於是佛日契嵩禪師乃「作〈原教〉、〈孝論〉十餘篇，明儒釋之道一貫，以抗其說。諸君讀之，既愛其文，又畏其理之勝，而莫之能奪也。因與之遊，遇士大夫之惡佛者，仲靈無不懇懇為言之，由是排佛者浸止，而後有好之甚者」(北宋陳舜俞《鐔津明教大師行業記》)，如李覯即因之而皈依佛教，歐陽修亦留心佛學，自號六一居士，誦持《華嚴經》，以迄於終。若佛日契嵩禪師因應排佛論的對策，主要是會通儒佛，而提倡儒佛合一。其《鐔津文集》卷四，有五篇〈中庸解〉，均盛贊中庸之道，其有言曰：

〔註29〕「當是時，天下之士學為古文，慕韓退之排佛而尊孔子，東南有章表民、黃聱隅、李泰伯尤為雄傑，學者宗之。」見《鐔津文集》卷首，《大正藏》卷五二，頁648中。

> 夫中庸者，蓋禮之極而義之原也。禮、樂、刑、政、仁、義、智、信其八
> 者，一於中庸者也。

並盛讚〈中庸〉之重要性曰：

> 飲食可絕也，富貴崇高之勢可讓也，而中庸不可去也。其誠其心者，其修
> 身者，其正其家者，其治其國者，其明德於天下者，舍中庸其何以爲也。
> 亡國滅身之人，其必忘中庸故也。

其贊〈中庸〉之眞意乃在藉闡論〈中庸〉來彰顯佛道，其曰：

> 以中庸幾於吾道，故竊而言之。（〈中庸解〉第五）

更進一步指出〈中庸〉與佛經一貫：

> 若中庸曰：「自誠明爲之性，自明誠爲之教。」豈不與經所謂「實性一相」
> 者相似乎？（《萬言書》）

甚至還說〈中庸〉所道不及佛經盡理：

> 中庸但道其誠，未始盡其所以誠也。及乎佛氏，演其所以誠者，則所謂彌
> 法界、遍萬有、形天地、幽鬼神而常似；而天地鬼神不見所以者，此言其
> 大略耳。

所以契嵩認爲儒道還需佛教來發明之。這即是援儒入釋之法，並且還抬高了佛教的
地位。〈中庸解〉五篇便全用此法，第五篇云：

> 曰：「子能中庸乎？」曰：「吾之不肖豈敢也！亦嘗學於吾之道，以中庸幾
> 於吾道，故竊而言之，豈敢謂能中庸乎？」

明白指出〈中庸〉近佛教，而其所以能深知〈中庸〉，以有得於佛之故也。此無異暗
示學〈中庸〉必先學佛，同時亦在不露痕跡中，把〈中庸〉納入佛教了。

　　考契嵩特言《易》、〈中庸〉與佛教無異，亦非無的而發。蓋自唐以迄宋，儒者
之排佛論多就佛無益於國計民生之經濟觀點而發，從未能自其內蘊之玄妙排之。直
至李覯始，乃漸有轉向，其〈答黃著作書〉

> ……吾儒自有至要，反從釋氏而求之，然後乃曰及味。其言有可愛者，蓋
> 不出《易》、《繫辭》、〈中庸〉數句間。

可知李覯已看出可用《易經》、〈中庸〉的高深來對抗佛理的玄妙。然後至曾鞏乃有
更深入精采的發揮，《梁書目錄序》云：

> 自先王之道不明，百家並起，佛最晚出，爲中國之患，而在梁爲尤甚，故
> 不得而不論也。蓋佛之徒自以謂吾之所得者內，而世之論佛者皆外也，故
> 不可詘。雖然，彼惡睹聖人之內哉？

明白提示佛家所自我標榜的獨門之學，事實上儒家早已有之；而且更勝者，能應乎

外以化人，是天下之達道。曾鞏在此序中所闡述的論點甚有可觀：

> ……聖人者，道之極也。儒之說其有以易此乎？求其有以易此者，故其所
> 以爲失也。夫得於內者，未有不可行於外也；有不可行於外者，斯不得於
> 內矣。易曰：「智周乎萬物，而道濟乎天下，故不過。」此聖人所以兩得
> 之也。知足以知一偏而不足以盡萬事之理；道足以爲一方而不足以適天下
> 之用，此百家之所以兩失之也。佛之失，其不以此乎？則佛之徒自以謂得
> 諸內者，亦可謂妄矣。〔註30〕

條貫清楚，理致深刻，曾鞏清晰的揭示佛理的長處早已盡在儒道之中，而儒道的長
處則爲佛所無。這篇序論，在理辨上誠較前之排佛論有所突破；而以《易經》、〈中
庸〉之性理來抵制佛理，排佛論至此可謂進入新境界。因此契嵩才謂《易經》、〈中
庸〉與佛同，張其儒釋一貫之說；繼又言〈中庸〉不及佛經盡理，行其援儒入釋、
釋勝於儒之策，以爲因應。可是這種情形到了理學興起時，情況就又有所不同。理
學家吸收融合了佛、道之理，而發展出其理學思想後，更將此理論拿來成爲對抗佛
法的新武器，大加鼓吹其排佛之主張。尤其朱熹註解〈大學〉、〈中庸〉，並將之與《論
語》、《孟子》合爲《四書章句集註》，用以與佛學相抗衡。至此，儒者的排佛已能從
外在的經濟、文化風俗批評而進入理論思想的核心，儒者的排佛可說到了最高峰。
隨著朱熹《四書》學的成爲官學，佛教界則逐漸的感受到其排佛的壓力，因此必須
有所因應，這個重擔則需落到後起之秀完成了。

自從明初以來，朱熹的《四書》學一直是官學，其排佛之主張也一直在學術界
流行，受到這種情況的影響，佛教一直處於很沒落的狀況。這種狀況則要到王學的
興起以後，才有改觀。（詳見上文）王學的興起，使得三教之間的疆界逐漸拉近，三
教同源說有著重新升起的契機，並因而得到發展。這時許多陽明學的學者及佛教的
高僧與居士乘機鼓吹三教合一，以因應理學家的排佛，並將此主張落實在《四書》
學的註解上，因而產生《四書》學的新面貌（詳見上文）。在這一些《四書》學的著
作中，有些著作是受時代風氣影響所及，將三教合一論表現在其《四書》學的著作
中。其作品沒有完整的理論架構以及有系統的註解方法來合會三教。例如：管志道
的《孟義訂測》、《論語訂釋》，周宗建的《論語商》，李贄的《四書評》，張岱的《四
書遇》等等著作皆是。另一種著作，則是有主觀的動機以及核心理論來合會三道乃
至溝通儒、佛，例如：方時化的《中庸點綴》，萬尚烈的《四書測》，來斯行的《四
書小參》，釋德清的《大學決疑》、《中庸直指》等等，乃是以禪爲思想中心，來融合

〔註30〕詳見〈梁書目錄序〉。

儒、道之思想。而這些作品中，直接影響蕅益大師《四書蕅益解》的則有李贄的《四書評》與憨山大師的《大學決疑》、《中庸直指》。蕅益師即是在這個新《四書》學的風氣中，將合會儒釋的工作落實在其《四書蕅益解》中，以回應理學家的排佛論，完成佛教界的歷史使命，並藉此接引一些陽明學之在家居士，推廣佛法。

二、撰著之動機

如果就《四書蕅益解》本身來看，在自序中，蕅益師即明言其著作的動機爲：

> 維時徹因比丘，相從於患難顛沛，律學頗諳，禪觀未了，屢策發之，終隔一膜，爰至誠請命於佛，卜以數鬮，須藉《四書》助顯第一義諦，遂力疾爲拈大旨，筆而置諸篋中，屈指復十餘年，徹因比丘且長往矣，嗟嗟！

這是說《四書蕅益解》寫作的動機乃是爲了徹因比丘而作，徹因比丘對於律學有所心得，可是對於禪的瞭解，雖經過蕅益師的時加策勉，始終隔著一層，未能有所突破。於是蕅益師便以占卜的方法，請示佛菩薩，所得的結果顯示必須藉助《四書》以顯禪宗心法的第一義諦，於是蕅益師便開始了《四書蕅益解》的撰著。關於徹因比丘的資料背景，據聖嚴法師的《明末中國佛教之研究》可知，他是新伊大真的弟子，奉師命隨身親近於蕅益師。他之初次與蕅益師會面，是在蕅益師二十四歲的時刻，但他也是蕅益師在三十歲時說示《梵室偶談》的筆錄者。在蕅益師的文獻裏，與徹因有關的約有五篇〔註31〕，此中就徹因的資性與風格，除了上舉《四書蕅益解》序所言，在〈退戒緣起並囑語〉有言：

> 根性稍鈍，僅知開遮持犯條目，未達三學一貫源委。且福相未純，智慧力薄，缺於辯才，短於學問。〔註32〕

總而言之，是說徹因的爲人，雖然談不上聰慧，但卻非常誠實，可能是一種頭陀僧類型的人類。他就禪、教、律的三學之中，只是理解於戒律的開、遮、持、犯有關的條目，但對於戒律與禪定乃至教觀的連帶關係，無法理解融會。所以蕅益師在三十五歲和三十六歲的兩年中間，因爲是處身於特殊的困苦逆境，徹因則始終隨侍左右。因此，蕅益師便把高揚戒律的使命，付囑於徹因，而且把《毗尼事義集要》的手稿全帙，都付與徹因〔註33〕，至於徹因對禪觀的修學，雖然煞費苦心戮力以赴，

〔註31〕〈囑徹因比丘〉，《宗論》五，一卷 15～17 頁；〈寄徹因大德〉，《宗論》五，一卷 21 頁；〈退戒緣起並囑語〉，《宗論》六，一卷 6 頁；《四書蕅益解序》，《宗論》六，卷一，頁 23～25。

〔註32〕《宗論》六，卷一，頁 6。

〔註33〕蕅益師在三十八歲時，曾在退隱九華山之前，特意把手書的〈毗尼事義集要〉全帙，以涕淚悲泣的心情，付與徹因，其緣故就是因爲毗尼社的盟友紛紛離散而去。《宗論》

但總是不得要領，縱然經歷蕅益師的一再啓發教導，終歸還是無濟於事。後來終以占卜的方式，以《四書》內容，作爲他領會佛法第一義諦的輔助說明教材。因此，蕅益師基於他那獨特的三教同源論，把儒教的《論語》，〈中庸〉，〈大學〉、《孟子》，依照順序，依次加以注釋。但完成之後的十三年或十四年，蕅益師四十九歲時，又把這些舊稿加以補充、修正，而定稿之時，徹因卻已撒手遠離人世。

至於爲什麼蕅益師會以占卜的方式來決定對徹因比丘的教法呢？本來佛教徒，尤其是沙門釋子，是禁止涉獵於醫、卜、星、算等一切行爲的，否則，恐怕會被指責爲邪命外道。因爲佛陀示教的八正道中，正命就是正當的生存方式，避免這些醫、卜、星、算等行爲的路徑。因此，卜筮在印度雖已存在，但那絕不是佛教徒所應信行。另一方面，在中國的卜筮種類，則非常之多，在《左傳》、《史記》、《漢書》等史書中多所記載，其中有的是以月之所行爲占的，也有以日占事的，更有依時來占事，還有以觀天地之會，來辨別陰陽的氣象，乃至有以日月星辰，來占六夢的吉凶等等。這些在中國的卜筮理論基礎，該是《易經》的八卦六爻，這在《日知錄》卷四有言：

　　群物交集、五星四氣、六親九族、福德刑殺、眾形萬類、皆發生於爻。

既如上述，卜筮的原理，雖然是依據《易經》，但把《易經》哲學化，則是宋明時代儒教一樁大事件的契機。所以，少年儒士出身的蕅益師，於《易經》相連的卜筮信仰，大爲所好，也不足爲怪。在蕅益師的資料中，於卜筮信仰的記錄，當有以下幾點：（一）先是在二十一歲時，爲了想預知母親的壽命，而去造訪星象家；（二）爲盟友惺谷道壽的出家或參訪時所做的卜筮行爲。（三）在三十二歲註釋《梵網經》時，就其註解方法的探擇，頗爲困惑難決，終於採取卜筮信仰的佛前抽籤方式，決定私淑於天台教法。（四）三十五歲夏安居終了之日，作八個鬮抽籤，在佛像前以占卜的方式，占問戒體的有無，來決疑自己所得戒體的現況。（五）在三十八歲時依《占察經》的占卜方法，來決定他今後的生存方式。結果，終於抽到「著述宏經、先修觀智」的鬮。（六）四十六歲時依《占察經》行法，占察罪障，而得清靜輪相〔註34〕。上述資料中，我們可以見到許多重要的決定，蕅益師都是憑卜筮信仰決定，像這樣的佛教學者，在中國佛教史上，可說是極端的特例。

以上即就《四書蕅益解》本身的序言，來看蕅益師撰作的緣起，即是因徹因比丘而來。但若從歷史與時代的脈絡中觀察，蕅益師撰作的動機與當時的學術風氣有著密切的關連。明末初期的中國儒教學術界，仍然不過是程朱學派的延伸而已。何

六，卷一，頁6。
〔註34〕見《明末中國佛教研究》，第三章頁 247～250。

以至此呢？因為明朝科舉制度的應試基礎，是受程朱的影響，在明成祖永樂年間，以三大全書：《周易大全》二十四卷、《四書大全》三十六卷、《性理大全》七十卷，遴選應試的考生，縱使到了明朝末年，程朱學派的勢力，依然還是舉足輕重，三大全書仍是當時士子人人所必讀的科舉用書，《周易》、《四書》、《性理大全》是當時最熱門的學科，而在蕅益師的現存著作中，就有《周易禪解》、《四書蕅益解》、《性學開蒙》等三書。聖嚴法師認為，這就是受前述三大全書的影響而撰作，這三書的撰作動機都是一樣的，由下面這一段話中最可明白：

> 蕅益子結冬於月臺，禪誦之餘，手持韋編而箋釋之。或問曰：子所解者是易耶？余曰：然。復有視而問曰：子解非易耶？余曰：然。又有視而問曰：子解亦易亦非易耶？余曰：然。更有視而問曰：子解非易非非易耶？余曰：然。侍者笑曰：若是乎，墮在四句中也。余曰：汝不聞，四句皆不可說，有因緣故，皆可說乎？因緣者，四悉檀也。人謂我釋子也，通儒能解易，則歡喜焉，故謂易者吾然之，世界悉檀也。或謂釋子何解易以同俗儒？知所解之非易，則善心生焉，故謂非易者吾然之，為人悉檀也。或謂儒釋殆無分也，若知易與非易必有差別，雖異而同，雖同而異，則儱侗之病不得作焉，故謂亦易易非易者吾然之，對治悉檀也。或謂儒釋必有實法也，若知非易，則儒非定儒，知非非易，則釋非定釋，但有名字，而無實性，頓見不思議理焉，故謂非易非非易者吾然之，第一義悉檀也，侍者曰：不然。若所解是易，人謂亦可助出世法，成增益謗；若非易，則人謂師自說禪，何嘗知易，成減損謗；若亦易亦非易，人謂儒原非禪，禪亦非儒，成相違謗，若非易非非易，人謂儒不成儒，禪不成禪，成戲論謗，烏見其為四悉檀也。余曰：是固然。汝不聞，人參善補，而氣喘者服之立斃乎？大黃最損，而中滿者服之立瘥乎？春之育萬物也，物固有遇春而爛者，夏之長養庶品也，草亦有夏枯者，秋之肅殺也，而菊有花，冬之必藏也，而松柏青，梅英馥。如必擇其有利無害者而後為之，天地不能無憾矣。且佛以慈眼視大千，群機已熟，然後示生，猶有魔波旬亂之，九十五種妒之，提婆達多思中害之，豈為堯舜稱猶病哉！吾所由解易者無他，以禪入儒，誘儒知禪耳，縱令不得四益，起四謗，如從地倒，還從地起，置毒乳中，轉至醍醐，其毒仍在。遍行為外道師，薩遮為尼犍主，意在斯也。侍者拜謝曰：此非弟子所及也，請筆而存之。（〈周易禪解序〉）

經過一番對話，蕅益師終於說出了其撰作的動機：「吾所由解者無他，以禪入儒，誘儒知禪耳。」由於《周易》、《四書》、《性理大全》都是當時知識分子關心所在，因

此，蕅益師便以佛法對這三本書加以註解，「俾儒者道脈，同歸佛海」，其目的，則誠如印光大師所言：

> 如來大法，自漢東傳，至唐而各宗悉備，禪道大興，高人林立，隨機接物。由是濂洛關閩以迄元明諸儒，各取佛法要義以發揮儒宗，俾孔顏心法絕而復續，其用靜坐參究以期開悟者，莫不以佛法是則是傚。故有功深力極，臨終豫知時至，談笑坐逝者甚多。其誠意正心，固足為儒們師表，但欲自護門庭，於所取法者，不唯不加表彰，或反故為鬭駁，以企後學尊己之道，不入佛法。然亦徒為是舉。不思己既陰取陽排，後學豈無見過於師之人，適見其心量狹小，而誠意正心之不無虧漏也，深可痛惜。明末蕅益大師，係法身大士，乘願示生，初讀儒書，即效先儒鬭佛，而實未知佛之所以為佛。後讀佛經，始悔前愆，隨即殫精研究，方知佛法乃一切諸法之本，其有鬭駁者，非掩耳盜鈴，及未見顏色之瞽論也。遂發心出家，弘揚法化，一生註述經論四十餘種，卷盈數百。莫不言言見諦，語語超宗，如走盤珠，利益無盡。又念儒宗上焉者，取佛法以自益，終難究竟貫通。下焉者習詞章以自足，多造謗法惡業，中心痛傷，欲為救援。因取《四書》、《周易》以佛法釋之，解《論語》、《孟子》則略示大義；解〈中庸〉、〈大學〉則直指心源。蓋以秉法華開權顯實之義，以圓頓教理，釋治世語言，俾靈山泗水之心法，徹底顯露，了無餘蘊。其取佛法以自益者，即得究竟實益，即專習詞章之流，由茲知佛法廣大，不易測度，亦當頓息邪見，漸生正信。
>
> （〈四書蕅益解重刻序〉）

印光大師這裡指出了，自佛法傳入中國以後，對中國固有的文化有著一定的貢獻，可是有的儒者雖然「取佛法以自益，終難究竟貫通」；有的儒者卻因種種的理由，諸如門戶之見等，而持排佛的主張；有的「習詞章以自足，多造謗法惡業」，因此蕅益大師「中心傷痛，欲為救援，因取《四書》、《周易》，以佛法釋之」「俾靈山泗水之心法，徹底顯露，了無餘蘊。其取佛法以自益者，即得究竟實益，即專習詞章之流，由茲知佛法廣大，不易測度，亦當頓息邪見，漸生正信。」印光大師的見解可說相當精闢，現在我們從當時的環境來看，就可更清楚蕅益師的苦心，其「援佛入儒」的目的，即為消解排佛的壓力，使知佛法的廣大，並進而成為教的信仰者。茲略述如下：

第一點：就消解排佛論而言：佛教在傳入中國之後，就開始不斷地和中國本土原有的儒家文化發生交涉。從牟融的《理惑論》出，站在佛教立場為佛者解說答辯，此後，排佛論者與護法論者亦交替興起，往復辯訟。這種風氣到了宋朝尤烈（此點

前文已言之），而等到朱熹出來以後，排佛的主張更是進入了嶄新的境界。以前的排佛論，大都僅止於外圍的問題，諸如經濟問題、社會問題、人倫秩序、民族情感等等，但由於佛教有獨特的心性修養方法，是儒家所欠缺的，因此使得歷來的排佛風氣，並沒對佛教造成太大的影響。可是到了宋儒以後，則提出了理學與佛法相對抗，朱熹更將其理學心得融入到《四書》中，以與佛教抗衡。隨著朱熹的《四書集註》成為元明時期的官學，而為科舉的用書以後，其程朱學派的排佛主張，亦隨而擴散並影響著整個學術界。這從元明以後佛教界的沒落即可見一斑。這種以佛教為異端之學的主張，到了明朝以後，仍不變地保持著其大勢，如邱濬、薛瑄、胡居仁等人皆強烈的主張排佛，針對這種狀況，佛教界必須有以因應，否則情形真不堪設想。而這種情形一直要到王學的興起與三教合一論的提出，情形才有所改觀。蕅益師即是趁著三教合一論與新《四書》學之盛行，而合會儒、釋二道，「俾儒者道脈，同歸佛海」，以消解儒者之排佛，以完成佛教界的歷史使命。

　　第二點，就接引在家居士而言：在元、明交替之際，士大夫的文章中，儒書與佛典並陳兼用的情況，非常廣泛〔註35〕。縱然如此，這並不表示他們對佛教有何種程度的信仰；又有顯然自稱居士，但未必即已歸信了佛教。即使已對佛法有信仰的居士，如果要他否定原本的儒學基礎，也是絕對辦不到。因此與他們有書簡的往還，反覆討論佛法的高僧，以儒學的知識為佛法做媒介的情形很多。這種情形在蕅益師的作品中，已常有所顯現。例如，〈答唐宜之二書〉、〈致知格物解〉等文之中，都是儒佛並論，用以解釋佛教的真實義。這即是蕅益大師所說的：「以禪入儒，務誘儒以知禪。」（《周易禪解序》）另外，晚明士大夫好禪，多與禪師結納，形成一股居士佛教的風氣，或結社讀佛經、參禪，也重視持咒。明末的居士們，大多是自己接觸了佛教的書籍及修行方法，於是進一步訪問當時的高僧，求取更深入的認識和體驗，而當時對居世界影響力最大的，是雲棲袾宏大師，他極力主張「參究念佛」，原則是禪和淨土並重並修，但仍側重於念佛法門。所以當時的居士們，以念佛為主要的修行法門，而且由於袾宏大師力倡戒殺放生，所以當時的居士之中，組織放生會，設置放生池，大有人在〔註36〕。明末的居士中，有許多是儒學的健將，如李贄、焦竑、袁宏道等人，多和儒家泰州學派的羅汝芳有師友關係，而他們本身也多有佛學方面的著作，如李贄有《華嚴經合論簡要》、《般若心經提綱》、《淨土決》等，焦竑有《楞嚴經精解評林》、《楞伽經精解評林》、《法華經精解評林》，而袁宏道有《西方合論》

〔註35〕參見清彭際清著之〈居士傳發凡〉。
〔註36〕聖嚴法師：〈明末的居士佛教〉，收於《明末佛教研究》（台北：東初出版社，民76年）頁240、241。

等〔註37〕。爲因應這股居士佛教的風氣，使他們能對佛法有更深入的瞭解，並進而成爲佛教的擁護者與追隨者。因此將佛法高深義理，融入於時人所必讀的《四書》之中，乃不失爲悉檀益物之善巧。

以上兩點即薀益師所謂「援佛不儒，務誘儒以知禪」的兩個目的。至於其著作置身於明朝一窩蜂科舉應制之作中，大師特爲此澄清其著作動機乃是爲去掉眾生之執著，而不是爲科舉服務。其云：「佛祖聖賢，皆無實法繫綴人，但爲人解粘去縛，今亦不過用楔出楔，助發聖賢心印而己。若夫趨時制藝，本非予所敢知，不妨各從所好。」（《四書薀益解》自序）

第三節　《四書薀益解》的版本與體例

《四書薀益解》一書包含〈大學直指〉、〈中庸直指〉、〈論語點睛〉、〈孟子擇乳〉四個部分。現在市面所流通的本子大概有幾種：一、由佛教出版社發行，連同民國江謙的補註一起印行的單行本，名爲《四書薀益解補註》，書末附錄有清末楊仁山居士所著的《論語發隱》與《孟子發隱》。二、佛教書局印行的《四書薀益解》，收於《薀益大師全集》第十九冊。三、先知出版社印行的《四書薀益解》。四、高雄淨宗學會印行的《四書薀益解》，這幾種本子都是同一個版，只是第一種多加了江謙的補註。而另有一種本子，則是最近才由眾生文化出版公司所印行的新式標點本，分上、下兩冊，亦爲《四書薀益解補註》，其版亦與前述各書相同，只是其附的內容與《四書》的排列順序與前述諸書有所不同。此書除附有江謙的補註與楊仁山居士所著的《論語發隱》與《孟子發隱》外，並附錄有憨山大師的〈中庸直指〉與弘一大師所寫的〈薀益大師略傳〉。其《四書》各篇排列順序則依照薀益師原來的順序「首《論語》、次〈中庸〉、次〈大學〉、後《孟子》」（《四書薀益解》序）來編排，上冊爲〈論語點睛〉，下冊爲〈中庸直指〉、〈大學直指〉。與佛教書局的單行本順序（〈大學直指〉、〈中庸直指〉、〈論語點睛〉）有所不同。本論文所採用的本子則是佛教書局所印行的圈點本，其書前有序三篇，首爲《四書薀益解》，序一篇，敘述其著作的動機緣由，序末題「丁亥孟多九日古吳西有道人智旭漫識」可知《四書薀益解》成書時間爲順治四年。再來有〈四書薀益解重刻序〉一篇，序末題「中華民國九年庚申孟夏，常慚愧僧釋印光撰」，文中簡單介紹佛法與儒家的關係，其間人物互動之情形以及薀益大師著作《四書薀益解》的目的等等；最後有〈大學補註序〉一篇，言明〈大學〉之精義與〈大學直指〉的殊勝，序末題「民國二十三年甲戌孟夏，陽復子江謙謹述」

〔註37〕同前註，頁 253～255、268～269。

由這些序言可知，《四書藕益解》一書成書在順治四年，到了民國九年時，印光大師
曾予以重刻刊行，且由其重刻序言「孟子擇乳，兵燹後失傳，楊仁山居士，求之東
瀛，亦不可得，惜哉！」可知民國九年時〈孟子擇乳〉早已經因爲戰亂的緣故而失
傳，雖然經楊仁山居士努力搜尋於日本，仍不可得；而到了民國二十三年時，江謙
又爲《四書藕益解》做補註，而成爲今日所見之通行本。但本論文所探討的對象內
容則僅止於《四書藕益解》本身，而不旁涉於江謙的補註。藕益師註《四書藕益解》
時所採用的底本是古本，而其編排次序則是《論語》、〈中庸〉、〈大學〉、《孟子》，其
序言：

> 首《論語》，次〈中庸〉、次〈大學〉、後《孟子》；《論語》爲孔氏書，故
> 居首；〈中庸〉、〈大學〉，皆子思所作，故居次；子思先作〈中庸〉，《戴禮》
> 列爲第三十一，後作〈大學〉，《戴禮》列爲第四十二。所以章首在明明德
> 承前章末，予懷明德而言。本非一經十傳，舊本亦無錯簡，王陽明居士已
> 辨之矣。孟子學於子思，故居後。

由這段序言而言，藕益師以爲，〈大學〉是子思所做，而〈大學〉是承〈中庸〉「予
懷明德」一語而作；古本無錯簡，故不依朱熹《大學章句》一經十傳的編排方式，
而依王陽明復古本之舊而註解之；其《四書》的排列順序則是依作者及成書時代的
先後而排。可是今天通行的本子，其順序則已改爲〈大學〉、〈中庸〉、《論語》，這可
能是由於篇幅的關係吧。對於各篇的命名，藕益師亦有其見解與用意，其序云：

> 解《論語》者曰點睛，開出世光明也；解〈庸〉〈學〉者曰直指，談不二
> 心源也；解《孟子》者曰擇乳，飲其醇而存其水也。

由這裡藕益師解〈大學〉、〈中庸〉曰〈大學直指〉〈中庸直指〉，可見其以爲〈大學〉、
〈中庸〉與佛說之經典無異，〈大學〉、〈中庸〉，兩篇所言無非是直接吾人之自心，
從研究〈大學〉、〈中庸〉兩篇亦可明白自心自性：解《論語》曰〈論語點睛〉，可見
藕益師此書，乃是欲藉儒家這部經典，闡發出世思想，以世間儒書作佛教出世之階
也。解《孟子》曰〈孟子擇乳〉，藕益師以爲孟子所言，並不能直得孔子眞傳，必須
作一番篩檢的功夫。可惜由於戰爭的緣故，〈孟子擇乳〉已經失傳，今日我們無法得
知其內容。因此，《四書藕益解》雖然包括〈論語點睛〉、〈中庸直指〉、〈大學直指〉、
〈孟子擇乳〉四個部分，而本論文只能就〈論語點睛〉、〈中庸直指〉、〈大學直指〉
等三篇加以探討。在《四書藕益解》一書之前有一篇藕益師所寫的序言，對瞭解本
書有很大的助益，今全錄如下：

> 藕益子年十二，談理學而不知理；年二十，習玄門而不知玄；年二十三，
> 參禪而不知禪；年二十七，習律而不知律；年三十六，演教而不知教。逮

大病幾絕,歸臥九華,腐滓以爲饌,糠粃以爲糧,忘形骸,斷世故,萬慮
盡灰、一心無寄;然後知儒也、玄也、佛也、禪也、律也、教也,無非楊
葉與空拳也。隨嬰孩所欲而誘之,誘得其宜,則啞啞而笑;不得其宜,則
呱呱而泣。泣笑自在嬰孩,於父母奚加損焉?顧兒笑,則父母喜;兒泣,
則父母憂,天性相關,有欲罷而不能者,伐柯伐柯,其則不遠,今之誘於
人者,即後之誘人者也,倘猶未免隨空拳黃葉而泣笑,其可以誘他乎?維
時徹因比丘,相從於患難顛沛,律學頗諳,禪觀未了,屢策發之,終隔一
膜,爰至誠請命於佛,卜以數鬮,須藉《四書》助顯第一義諦,遂力疾爲
拈大旨,筆而置諸笥中,屈指復十餘年,徹因比丘且長往矣,嗟嗟!事邁
人遷,身世何實?見聞如故,今古何殊。變者未始變,而不變者,亦未始
不變,尚何存於一分無常一分常之邊執也哉!今夏述《成唯識心要》,偶
以餘力,重閱舊稿,改竄其未妥,增補其未備。首《論語》,次〈中庸〉、
次〈大學〉、後《孟子》;《論語》爲孔氏書,故居首;〈中庸〉、〈大學〉,
皆子思所作,故居次;子思先作〈中庸〉,《戴禮》列爲第三十一,後作〈大
學〉,《戴禮》列爲第四十二。所以章首在明明德承前章末,予懷明德而言。
本非一經十傳,舊本亦無錯簡,王陽明居士已辨之矣。孟子學於子思,故
居後。解《論語》者曰點睛,開出世光明也;解〈庸〉〈學〉者曰直指,
談不二心源也;解《孟子》者曰擇乳,飲其醇而存其水也。佛祖聖賢,皆
無實法繫綴人,但爲人解粘去縛,今亦不過用楔出楔,助發聖賢心印而已。
若夫趨時制藝,本非予所敢知,不妨各從所好。

　　丁亥孟冬九日,古吳西有道人,智旭漫識。(《四書藕益解》序)

由這篇序言,可以得知藕益師的爲學過程,其對佛教各宗以及三教彼此之間關係的
看法,其撰作本書之因緣,及對《四書》的基本態度與看法等等。至於其註解方式
採用傳統隨文夾注的方式,先引經文,然後再逐一訓解經文的方式進行,而其體例
則可分成〈大學直指〉、〈中庸直指〉與〈論語點睛〉兩部分來談。

一、關於〈大學直指〉、〈中庸直指〉的體例

　　這兩篇注文的體例,可說相當一致,篇首皆有一段注文,解釋篇名之意義。如
其解「大學」云:

大者,當體得名,常遍爲義,即指吾人現前一念之心,心外更無一物可得,
無可對待,故名當體。此心前際無始,後際無終,生而無生,死而不死,
故名爲常。此心包容一切家國天下,無所不在,無有分劑方隅,故名爲遍。

學者覺也，自覺覺他覺行圓滿，故名〈大學〉。大字即標本覺之體，學字
即彰始覺之功。本覺是性，始覺是修，稱性起修，全修在性，性修不二，
故稱大學。

其解「中庸」云：

中之一字，名同實異，此書以喜怒哀樂未發爲中，若隨情解之，只是獨頭
意識邊事耳。老子不如守中，似約第七識體，後世玄學，局在形軀，又非
老子本旨矣。藏教所詮眞理，離斷離常，亦名中道。通教即物而眞，有無
不二，亦名爲中，別教中道佛性，有名有義，而遠在果地，初心絕分，惟
圓人知一切法，即心自性，無非中道，豈得漫以世間中字，濫此極乘，然
既秉開顯之旨，則治世語言，皆順實相，故須以圓極妙宗，來會此文。俾
儒者道脈，同歸佛海。中者，性體；庸者，性用。從體起用，全用在體；
量則豎窮橫遍，具乃徹果該因。

蕅益師在註解〈大學直指〉、〈中庸直指〉時，亦如傳統僧人註釋佛經的方法，將全
文依其脈絡，加以科段分釋，使吾人更易得知全文綱領，例如其注〈大學〉與〈中
庸〉，皆將之科段爲：

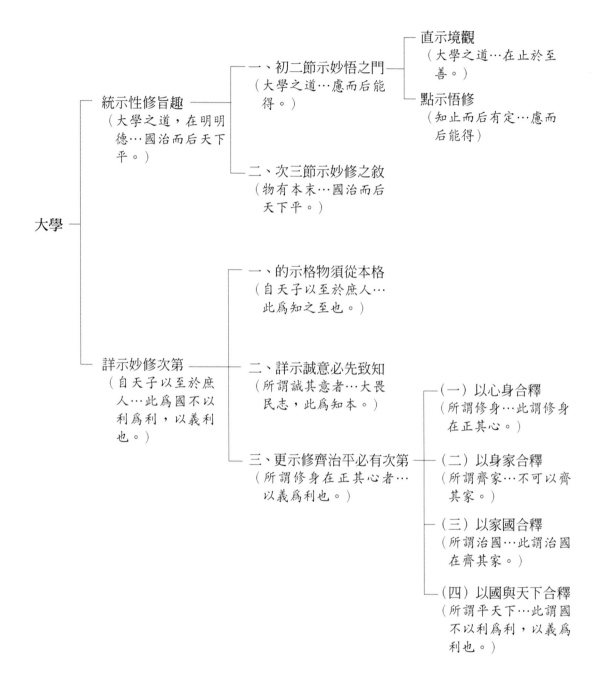

大學

統示性修旨趣
（大學之道，在明
德…國治而后天下
平。）

　　一、初二節示妙悟之門
　　（大學之道…慮而后能
　　得。）

　　　　直示境觀
　　　　（大學之道…在止於至
　　　　善。）

　　　　點示悟修
　　　　（知止而后有定…慮而
　　　　后能得）

　　二、次三節示妙修之敘
　　（物有本末…國治而后
　　天下平。）

詳示妙修次第
（自天子以至於庶
人…此爲國不以
利爲利，以義利
也。）

　　一、的示格物須從本格
　　（自天子以至於庶人…
　　此爲知之至也。）

　　二、詳示誠意必先致知
　　（所謂誠其意者…大畏
　　民志，此爲知本。）

　　三、更示修齊治平必有次第
　　（所謂修身在正其心者…
　　以義爲利也。）

　　　　（一）以心身合釋
　　　　（所謂修身…此謂修身
　　　　在正其心。）

　　　　（二）以身家合釋
　　　　（所謂齊家…不可以齊
　　　　其家。）

　　　　（三）以家國合釋
　　　　（所謂治國…此謂治國
　　　　在齊其家。）

　　　　（四）以國與天下合釋
　　　　（所謂平天下…此謂國
　　　　不以利爲利，以義爲
　　　　利也。）

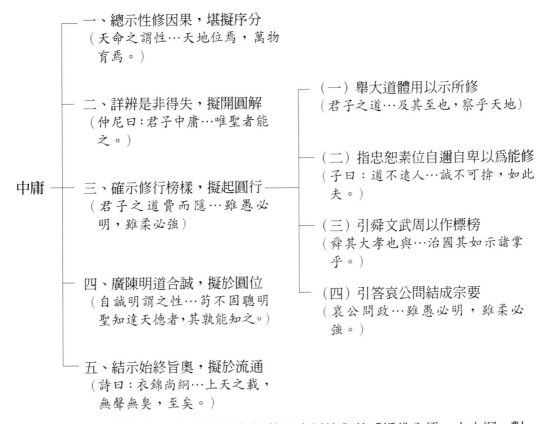

由這些科段就很容易看出《四書蕅益解》的全文脈絡與其「援佛入儒」之大綱，對瞭解《四書蕅益解》一書，有很大的助益。

另外這兩篇之註解方式亦與〈論語點睛〉有極大的不同，由於〈大學〉、〈中庸〉兩篇有很強的理論基礎與嚴密的架構，因此蕅益師在註解這兩篇時亦有其理論架構體系（詳見第四章）來行其「援佛入儒」之目的。因此，其註解的內容，理論性很強，主要以禪、天台、唯識三宗之思想，交互註解經文，如：

〈大學〉：**大學之道，在明明德，在親民，在此於至善。**

　　註文：道者，從因趨果所歷之路也。只一在明明德，便說盡大學之道。上明字，是始覺之修，下明德二字，是本覺之性。性中本具三義，名之為德，謂現前一念靈知洞徹，而未嘗有形，即般若德。現前一念雖非形象，而具諸妙用。舉凡家國天下，皆是此心中所現物，舉凡修齊治平，皆是此心中所具事，即解脫德。又復現前一念莫知其鄉而不無，位天育物而非有，不可以有無思，不可以凡聖異，平等不增不減，即法身德。我心既爾，民心亦然，度自性之眾生，名為親民。成自性之佛道，名止至善。親民、止至善，只是明明德之極致，恐人不了，一一拈出，不可說為三綱領也。此中明德、民、至善，即一境三諦，明、親、止，即一心三觀，明明德即自覺；

親民，即覺他；止至善即覺滿。自覺本具三德，束之以爲般若，覺他令覺三德，束之以爲解脫。至善自他不二，同具三德，束之以爲法身，不縱不橫，不並不別，不可思議。此理名爲大理，覺此理者，名爲大學。從名字覺，起觀行覺，從觀行覺，得相似覺，從相似覺，階分證覺，從分證覺，歸究竟覺，故名大學之道。

此處則以天台宗的說法，將「明德」解釋爲包含「般若德、解脫德、法身德」等三個意函。「明」明德之「明」乃是「始覺之修」，大學之道即是天台宗的修行歷程。名字覺起觀行覺，從觀行覺得相似覺，從相似覺，階分證覺。從分證覺，歸究竟覺，故名大學之道。此外並以其獨特的禪思想，「現前一念心」來融攝天台的般若、解脫、法身三德，以及〈大學〉的「明明德、親民、止至善」三個綱領。又：

〈大學〉所謂修身在正其心者，有所忿懥，則不得其正；有所恐懼，則不得其正；有所好樂，則不得其正；有所憂患，則不得其正。

　　註文：身者，前六識身也，忿懥、恐懼、好樂、憂患、即貪瞋癡等根隨煩惱也。現行熏成種子，故使第八識心不得其正。

此處則以唯識之第八識比擬儒家的「心」，以「前六識身」即「眼、耳、鼻、舌、身、意」比擬儒家的「身」。哀樂等情感之表現替換成唯識宗之專門術語。

二、關於〈論語點睛〉的部分

　　〈論語點睛〉的註解方式與體例和〈大學直指〉、〈中庸直指〉可說有相當的差異，〈論語點睛〉並沒有如前兩篇有精密的科判，只是隨文註解而已。且其注文方式，也沒有如前者有系統的理論架構，只是將《論語》如小說一般的加以評點而已。其篇名爲〈論語點睛〉，固然如其序云：「開出世光明也。」而點睛一詞亦正有點出關鍵所在，而能由此掌握住整體境界、整體精神之意，正所謂「畫龍點睛」之謂，亦即透過此一關鍵的點出，使美篇之精神昭然若揭，躍然紙墨之上。楊倫《杜詩鏡銓》凡例云：

　　詩貴不著圈點，取其淺深高下，隨人自領。然畫龍點睛，正可使精神愈出，

　　不必以前人所無而廢之。〔註38〕

這是說評點有時如畫龍點睛，正可使境界全出。此處說的雖然是詩，但對蕅益大師藉《論語》發揚佛教思想來說，理則同然。且評點之學，在當時是一種風氣，曾國藩〈經史百家簡編序〉：

　　自六經燔於秦火，漢世掇拾殘遺，微諸儒能通其讀者，支分節解，於是有

　　　　　　　　　　　　　　　　　　　　　　　　　　　

〔註38〕轉引自郭正宜：《方東樹詩學源流及其美感取向之研究》（台南：成功大學歷史語言研
　　　　究所碩士論文），頁94。

章句之學。劉向父子勘書祕閣，刊正脫誤，稽合同異，於是有校讎之學。
梁世劉勰、鍾嶸之徒，品藻詩文，褒貶前哲，其後以丹黃識別高下，於是
有評點之學。三者皆文人所有事也。前明以《四書》經藝取士，我朝因之，
科場有勾股點句之例，蓋猶古者章句之遺意：試官評定甲乙，用硃墨旌別
其旁，名曰圈點，後人不察，輒仿其法，以塗抹古書，大圈密點，狼籍行
間。故章句者，古人治經之盛業也，而今專以施之時文；圈點者，科場時
文之陋習也，而今反施之古書，末流之邅變，何可勝道。〔註39〕

這段記載說明了評點之學的由來與流變，評點之學到了明朝，因為以《四書》經藝
取士，所以成為科場時文影響下的一種風氣，而反過來施於《四書》等經書。每鄉
會試，主司喜於文卷之佳者，圈點標示其旁，又加評語於其上，以別妍媸，影響所
及，書肆所刻《四書》文，莫不有評點〔註40〕，而蕅益師〈論語點睛〉所參考的李
卓吾的《四書評》正是這一風氣之下的著作。且《論語》一書多記載孔子和他的弟
子之間的生活言談、舉止等事，較沒有嚴密的理論架構，異於〈大學〉、〈中庸〉之
有三綱八目，及天命與心性的遙契相貫作為其思想骨架。如就佛家的典籍來說，《論
語》的性格較像經，而〈大學〉、〈中庸〉較像論。經是佛所說，呈顯出來的性格是
較為具體、活潑、舒朗而開擴的心胸；而論是菩薩所造，目的在闡明佛經之義理，
故理論性較強〔註41〕。因此，蕅益師在註解《論語》一書時，不論是臧否人物或即
事論理，其所用的註解方式，則呈現活潑而多樣式之性格。例如：有時將佛法之義
融入於《論語》之中：

子曰：「仁遠乎哉！我欲仁，斯仁至矣。」（〈述而篇〉）

　　註文：欲二即仁，仁體即是本來至極之體，猶所云念佛心即是佛也。

此處以「本來至極之體」比擬仁體，亦即以佛性喻仁體。又：

子曰：「吾十有五而志於學，三十而立，四十而不惑，五十而知天命，六十而耳順，
七十而從心所欲而不踰矩。」（〈爲政篇〉）

　　註文：只一學字到底。學者，覺也。念念背塵合覺，謂之志。覺不被迷情所動，
謂之立。覺能破微細疑網，謂之不惑。覺能透真妄關頭，謂之知天命。覺六根皆如
來藏，謂之耳順。覺六識皆如來藏，謂之從心所欲不踰矩。此是得心自在。若欲得
法自在，須至八十九十，始可幾之。故云：若聖與仁，則吾豈敢。此孔子之真語實
語。若做謙詞解釋，冤卻大聖一生苦心，反聞聞自性。初須入流亡所，名之為逆，

〔註39〕同前註，頁90。
〔註40〕尤信雄：《桐城文派學述》（台北：文津出版社，民78年），頁113。
〔註41〕牟宗三：《中國哲學十九講》（台北：台灣學生書局，民國80年）頁287。

－75－

逆極而順，故名耳順。即聞所聞盡。分得耳門圓照三昧也。

此處則以佛法修行工夫融入《論語》之中，將禪宗之保任工夫與《楞嚴經》之觀音菩薩耳根圓通法門來比擬孔子一生的爲學境界。有時則不註文義，而以感情語、感嘆語代替，如：

子曰：「夏禮吾能言之，杞不足徵也，殷禮吾能言之，宋不足徵也，文獻不足故也。足則吾能徵之矣。」（〈八佾篇〉）

　　註文：無限感慨。

或以寥寥數語，將《論語》之義以及人物之神情樣貌點出，充分展現畫龍點睛之妙，如：

季氏使閔子騫爲費宰。閔子騫曰：「善爲我辭焉，如有復我者，則吾必在汶上矣。」（〈庸也篇〉）

　　註文：有志氣，有節操，羞殺仲由、冉求。

子曰：「非其鬼而祭之，諂也。見義不爲，無勇也。」（〈爲政篇〉）

　　註文：罵得痛切，激動良心。

關於〈論語點睛〉之註解特色，則在第五章說明。

第四章 《四書藕益解》之「以佛入儒」

　　藕益大師的《四書藕益解》一書，採取中國學者傳統的注經解經方式，依章句逐節註解之，並且就從註解的文字中，發揮佛教的義理、思想，使得儒佛二家的思想，透過藕益師此一註解的過程而得以會通，而就如前文所言，《四書藕益解》成書的最大動機與目的，即是「以佛入儒，務誘儒以知禪」，「俾儒者道脈同歸佛海」，如何合會儒、釋二教，以及其所顯現的成果，乃是本書成敗之關鍵。因此本章節即順著前文脈絡，分析《四書藕益解》合會儒釋二教之方法與成果，以觀其概。本章共分三節，將〈大學直指〉、〈中庸直指〉、〈論語點睛〉三篇分開作解析研究。每節之間列出其以佛入儒之處，以見其貌。並以此為基礎，深入研究其「以佛入儒」的基礎。其用什麼方法來合會儒、釋，以及其所顯現融合之後的面貌。

第一節　〈大學直指〉研究

一、〈大學直指〉之「以佛入儒」

經　文	註　文
大	常、遍為義；即指吾人現前一念之心，心外更無一物可得。
學	覺。
大學	常覺、遍覺。
大學之「道」	從因趨果之路。
大學之道	只一在明明德便說盡大學之道。
「明」明德	始覺之修。
明「明德」	本覺之性。具般若德、解脫德、法身德；分心、意、知三名。

明明德	致知、致、誠、正，明明德之別名。
親民	度自性之眾生，名爲親民。
止至善	成自性之佛道，名止至善。親民、止至善只是明明德之極至，不可說爲三綱領。
知「止」	明德本體。
「知」止	妙悟。
定	動、靜二相了然不生名能定，外境不擾故。
靜	聞所聞盡，名能靜，內心無喘故。
安	覺，所覺空，名能安，煩惱永寂故。
慮	空所空滅名能慮，寂滅現前，如鏡現象故。
得	忽然超越名能得，獲二殊勝故。
「物」有本末	蓋迷明德而幻成身及家國天下名爲物。
「事」有終始	反迷歸悟之功名爲事。
正其心	轉第八識爲大圓鏡智也。
誠其意	轉第七識爲平等性智也。
致其知	轉第六識爲妙觀察智。
致知在「格物」	作唯心識觀。
「物格」而后知至	我法二執破，則物自格。
「知至」而后意誠	二空妙觀，無間斷也。
「意誠」而后心正	由第六識，入二空觀，則第七識不復執第八識之見分爲內自我、法也。
「心正」而后身修	由六、七二識無我執故，第八識捨賴耶名。由六七二識無法執故。第八識捨異熟名，轉成菴摩羅識，亦名大圓鏡智，相應心品也。
「身修」	第八識既成無漏，則一切五陰、十二處、十八界，皆無漏也。
家齊、國治、天下平	一身清靜故，多身清靜，乃至十方三世圓滿清淨也。
所謂「誠其意」者	眞心正念眞如名爲誠意。
毋自欺也	妄計實我實法名爲自欺。
君子必愼其「獨」也	心外本無實我、實法名之爲獨。
君子必「愼」其獨也	斷意中我法二執，斷無不盡，修良知二空妙觀，修無不圓，名之爲「愼」也。

小人「閒」居	閒居即慎獨之「獨」字，雖在大庭廣眾，亦名閒居。
小人閒居「爲不善」	爲不善者，即是妄起我法二執，二執爲眾惡根本。
湯之盤銘曰：苟日新、日日新、又日新	苟者斬然背塵合覺也。日日新者，不肯得少爲足；又日新者，不肯半途而廢。又苟日新者，斷分別二執；日日新者，斷俱生二執。又日新者，斷二障種子。
詩云：「穆穆文王，於緝熙敬止。」爲人君，止於仁……止於信	明德一理耳。對臣下則名爲仁，對君上則名爲敬，對父母則名爲孝，對子孫則名爲慈，對國人則爲信。
無所不用其極	極即至善，至善即明德本體。
「無情」者不得盡其辭	不達人我一體，則有爭有競，便名之爲無情。
身有所忿懥，則不得其正。有所恐懼，則不得其正。有所好樂，則不得其正。有所憂患，則不得其正。	忿懥、恐懼、好樂、憂患即貪、嗔、癡等，根隨煩惱也。
「心」不在焉，視而不見	第八識體，本自無所不在，亦無所在。
一家「仁」，一國興仁	堯舜之仁，不過是格物致知，誠意正心以修身耳。
是故君子先「慎乎德」，有德此有人	正顯明明德之工夫，全在慎獨也。
唯仁人，爲能愛人，能惡人	唯仁人，無愛無惡，亦唯仁人，能愛能惡。仁是性體，無愛無惡是性量，能愛能惡是性具。
君子有大道，必「忠信」以得之	「忠信」即誠意之異名，直心正念眞如名至誠心，亦名爲忠。了知心、佛、眾生，三無差別，名之爲信。

二、其基礎、方法及面貌

（一）基　礎

　　蕅益師注〈大學〉，其所用的手段，乃是以其獨特的「現前一念心」爲核心思想，然後將〈大學〉逐步地佛化，達到「以佛入儒」的目的。在〈大學直指〉卷首，蕅益師即開宗明義注〈大學〉二字云：

> 大者，當體得名，常遍爲義，即指吾人現前一念之心，心外更無一物可得。無可對待，故名當體；此心前際無始，後際無終，生而無生，死而不死，故名爲常；此心包容一切家國天下，無所不在，無有分劑方隅，故名爲遍，學者覺也，自覺覺他，覺行圓滿，故名大學。大字即標本覺之體，學字即彰始覺之功。本覺是性，始覺是修，稱性起修，全修在性，性修不二，故稱大學。（頁7）

這段文字，涵蓋了整部〈大學直指〉的意趣。蕅益師曰：「學者，覺也。」以覺訓學，則所謂「大學之道」即成為「大覺之道」，而「大學直指」的宗旨，也就即著這個成就究竟大覺的過程來鋪陳發揮，換言之，〈大學直指〉乃是就著〈大學〉這部儒家的典籍，開示「成佛的大道」。

然而吾人應如何邁向成佛的大道呢？就從吾人之「現前一念心」著手。蕅益師所謂：「現前一念心」，與天台宗所說的「一念三千」、「介爾一心」差不多，都是在當下的一念之中，具足十法界的性質。這一念心，同樣都是指當下第六意識剎那變異的妄念心〔註1〕，但相對於天台宗強調的「具足」義，蕅益師的「現前一念心」卻更強調即此一心中，即妄即真，即真即妄的呈顯。這是依於《起信論》的本覺隨染，無明、覺性不相捨離說〔註2〕，及《楞嚴經》的眾生心，見聞覺知本如來藏，如來藏隨眾生心應所知量〔註3〕而來。因為，我們如果認為第六意識只是單純的妄心，那就是唯識宗的解釋；假若理解到真如心只是單純不變的真實心，這又成了性宗的觀念。蕅益師的「現前一念心」說，本著真如是妄念心的隨緣不變與妄念心是真如的不變隨緣的理路，圓融地將二者統一起來〔註4〕。

理解了蕅益師「現前一念心」的定義之後，我們可以發現，這「現前一念心」具有雙重性格：

甲、「常」、「遍」為義的當體，也就是「本覺之性」，前際無始，後際無終，生而無死，死而不死（常）；而又包容一切家國天下，無所不在，無有分際方隅（遍）。這相當於《起信論》中的「心真如門」。

乙、自覺覺他的菩提道，由此向上一直到達覺性圓滿的「始覺之修」，這相當於《起信論》中的「心生滅門」，如蕅益師釋「物有本末，事有終始」一節云：

蓋迷明德，而幻成身及家國天下，名之為物；既已迷德成物，且順迷情，

〔註1〕見聖嚴法師著《明末中國佛教之研究》第五章有關「現前一念心」部分，頁424。又，天台宗的「一念三千」，這一念心為妄，是天台宗的原義，其後山家派亦沿用此意。山外派則以此一念為真心，這是受了華嚴宗的影響，以華嚴思想來說天台。

〔註2〕《起信論》曾以風動大海水波為喻，說明本覺隨染相，云：「此義云何？以一切心識之相皆是無明，無明之相，不離覺性，非可壞，非不可壞。如大海水，因風波動，水相風相不相捨離，而水非動性。若風止滅，動則相滅，濕性不壞故。如是眾生自性清淨心因無明風動，心與無明俱無形相，不相捨離。而心非動性，若無明滅，相續相滅，知性不壞故。」《大正藏》第三十二卷576頁下。

〔註3〕《楞嚴經》卷三：「阿難，汝性沈淪，不悟汝之見聞覺知，本如來藏。……汝曾不知如來藏中，性見覺明，覺精明見，清淨本然，周遍法界，隨眾生心，應所知量。」《大正藏》第十九卷118頁下、119頁上。

〔註4〕同註1、頁424，有關「現前一片心」的定義部分。

> 辨其本末，反迷歸悟之功，名之爲事，既向生滅門中，商榷修證，須知有
> 終始。（頁10）

而此二門，又統攝之於一心，所謂「現前一念心」是也。並由此「心眞如門」稱「性」，由「心生滅門」起「修」，在統攝於一心的意義下，「稱性起修」而「全修在性」。無明、覺性不相捨離，因此彰顯蕅益師「性修不二」之教，由此邁向「大學（覺）之道」。蕅益師即是以此「現前一念心」統合禪、天台、唯識三宗之義，並以此爲基礎，靈活的使用禪、唯識、天台三家的教法，逐步合會〈大學〉之文，使「儒者道脈，同歸佛海」。

（二）方　法

蕅益大師之註解《四書》，雖然他採用的方法是傳統學者隨經文章句逐文註解的經學形式，但這並非所謂「注不悖經，疏不悖注」的嚴謹守著先儒說法，不違師說的舊有注疏之學傳統。所謂「注不悖經，疏不悖注」的原則，其實是反映了一種「神聖的作者觀」，也就是作者是神聖的，聖者作，其他人便來傳述之、彰明之。因此，在傳統學者的人文箋釋活動中，一直存在著追求「作者本意」的觀念，由於經書是載聖人之道的，聖人之道有其神聖性、超越性、普遍性，故經書只有聖人才能創作，而其箋釋者最主要的工作，是在追求「作者本意」，對箋釋經書來說，就是發明「聖人本心」。因此，箋釋者的地位都是「述者」，「述而不作」成爲傳統學者箋釋經書的態度。

「注不悖經，疏不悖注」的原則，反映了傳統學者的解經活動中追求「作者本意」的基調，同時由於經書是聖人所作，具有神聖性，因此引發了尊經思想，這種尊經思想說明了何以傳統的解經模式是採取跟隨原典逐章逐句的加以註釋疏解，而不是解經者以範疇、命題爲中心而建立有系統、有組織的思想體系之部分原因。因爲就一個「述者」的立場來說，前者的模式無疑是較能照顧到「述而不作」的宗旨，同時箋釋經書仍是以經書爲主，箋釋者不過是附於經文之後加以說明、傳述而已，由此達到了尊經的效果。但是由於蕅益大師之著作並非是想發揮《四書》之精義成一家之言，而乃是欲「藉《四書》助顯第一義諦」，要如何將〈大學〉之經文，解釋成佛理，而融入於其「現前一念心」的思想架構中，乃是其首先要克服的關鍵問題，對此蕅益大師則跟隨著時代風氣潮流，採取「以己心注經」的方法自由解釋《四書》之經文，俾能把佛理巧妙地融入於《四書》精義之中，而不顯得突兀。觀其所使用之方法，有如下幾種：

甲：將儒家之基本德目與觀念詮釋成佛家之意涵

　　即以佛法之概念意涵詮釋儒典之基本觀念，其方法最重要的是將儒家思想之德目與重要概念改爲佛家之意涵，然後順此解釋轉變成爲佛教之思想體系。

1. 德　目

經文：**大學之道，在明明德，在親民，在止於至善。**

　　註文：……明德二字，是本覺之性。性中本具三義，名之爲德。謂現前一念靈知洞澈，而未嘗有形，即般若德。現前一念雖非形象，而具諸妙用舉凡家國天下，皆是此心中所現物。舉凡修齊治平，皆是此心中所具事，即解脫德。又復現前一念莫知其鄉而不無，位天育物而非有。不可以有無思，不可以凡聖異，平等不增不減，即法身德。我心既爾，民心亦然。度自性之眾生，名爲親民；成自性之佛道，名止至善。……

按：此處將「明德」解釋爲佛家之「本覺之性」亦名「現前一念心」，具有「般若德、解脫德、法身德」三種性質，而「親民、止至善」即覺性之圓滿過程。

經文：**所謂誠其意者，毋自欺也。如惡惡臭，如好好色，此之謂自謙，故君子必慎其獨也。**

　　註文：直心正念眞如，名爲誠意；妄計實我實法，名爲自欺。蓋稍習聞聖教，未有不知我法二執之爲惡。未有不知二空妙觀之爲善者，但其惡我法二執，不能如惡惡臭，好二空妙觀，不能如好好色，所以名爲自欺，不自謙耳。夫臭必知臭，色必知色，可喻良知。知臭必惡，知色必好，可喻致知。今知二執之惡而不力破，知二空之善而不力修，豈可謂致知乎？心外本無實我實法，名之爲獨。斷意中我法二執，斷無不盡，修良知二空妙觀，修無不圓，名之爲慎也。

按：此處將「誠意」、「自欺」解爲「直心正念眞如」、「妄計實我實法」等佛教內涵，並以「我、法二執」之去取，作爲善惡之標準。又將「獨」解爲「心外本無實我實法」之佛性，「慎」則爲修行功夫。

經文：**唯仁人，放流之，迸諸四夷，不與同中國，此謂唯仁人，爲能愛人，能惡人。**

　　註文：唯仁人，無愛無惡，亦唯仁人，能愛能惡。仁，是性體；無愛無惡，是性量；能愛能惡，是性具。

按：「仁」是性體，即指「佛性」。「佛性」的現量是無愛無惡的，而其作用則能愛能惡。所謂「性具」乃天台宗的術語，即指吾人本有之眞如本性。天台宗主張法界中之一一事法，本來圓具十界三千迷悟因果之諸法，此稱「性具」。亦即各個現象世界，皆具有善有惡，彼此完全具足，且彼此互不混淆。

經文：**是故君子有大道，必忠信以得之，驕泰以失之。**

　　註文：大道，即大學之道。君子，不以位言；忠信，即誠意之異名。直心正念

真如，名至誠心，亦名爲忠。了知心、佛、眾生，三無差別，名之爲信。自恃爲驕，驕則不忠；輕他爲泰，泰則不信。

按：此處以「直心正念真如」為「忠」，「了知心、佛、眾生，三無差別」為「信」，儒家基本之人倫德目轉為佛家修行觀念。

2. 基本概念

經文：大學。

　　註文：大者，當體得名，常遍爲義；即指吾人現前一念之心，心外更無一物可得。無可對待，故名當體，此心前際無始，後際無終，生而無生，死而不死，故名爲常；此心包容一切家國天下，無所不在，無有分劑方隅，故名爲遍，學者覺也。自覺覺他、覺行圓滿，故名大學。

按：以「現前一念心」解「大」、「覺」解「學」，於是「大學」變爲「本性的圓滿覺悟」，儒家的知識論轉爲佛家的本體論。

經文：心不在焉，視而不見，聽而不聞，食而不知其味，此謂修身在正其心。

　　註文：第八識體，本自無所不在，亦無所在，唯其受染法熏，持染法種，隨彼染法所起現行，爲視、爲聽、爲食、而見聞知之妙性。遂爲彼所覆蔽矣，蓋其光圓滿得無增愛者。名之爲見，既有所視，便不名見。十方擊鼓，十處齊聞者，名之爲聞。既有所聽，便不名聞。舌根不動，淡性常在者，名爲知味。既有所食，便不知味。故前一節，深明現行熏種子之失：此一節，深明種子生現行之失。身心相關若此，故必格物致知，以誠其意。然後心正而修也。有所忿懥等，只是不能格物，故意不誠：不見不聞等，只是不能致知，故心不正，而身不修。…

按：此處以唯識宗的「第八識」解釋儒家的「心」；而「心」的見聞覺知，通通是「第八識」的作用。

經文：物有本末，事有終始，知所先後，則近道矣。

　　註文：此起下文兩節之義，蓋迷明德，而幻成身及家國天下。名之爲物，既已迷德成物，且順迷情，辨其本末，反迷歸悟之功，名之爲事。……

按：薀益師以爲儒家所謂的「身、家、國、天下」等觀念的產生，都只是「明德」（即覺性）被蒙蔽以後才產生的幻象而已，亦即佛家所謂的「萬法唯心造」。把這些幻相去除的修道功夫，就稱爲「事」了。

經文：所謂修身，在正其心者，身有所忿懥，則不得其正；有所恐懼，則不得其正；有所好樂，則不得其正；有所憂患。則不得其正。

　　註文：身者，前六識身也。忿懥、恐懼、好樂、憂患，及貪瞋癡等，根隨煩惱

也。現行熏成種子，故使第八識心，不得其正。

按：唯識宗認爲「心王」總共有八識，前六識分別爲：「眼識、耳識、鼻識、舌識、身識、意識」，蕅益師這裡把儒家的「心」解爲「第八識」，「身」則包括前六識。

經文：君子無所不用其極。

　　註文：無所不用其極，無二極也。極，即至善。至善，即明德本體。……

按：此處把「極」解釋成「至善」、「明德」亦即是「覺性」。

經文：小人閒居爲不善，無所不至，見君子，而后厭然。揜其不善，而著其善，人之視己，如見其肺肝然，則何益矣。此謂誠於中，形於外，故君子必愼其獨也。

　　註文：此明小人亦有良知，但不能致知，故意不得誠也。閒居，即愼獨之獨字，雖在大庭廣眾，亦名閒居。爲不善者，即是妄起我法二執。二執，爲眾惡根本。故一有二執，便無所不至，見君子而後厭然，正是良知不可昧處，揜不善而著善，是不能誠於中，如見其肺肝然，是不能形其外，故使人得窺其中也。

按：此處以佛家「妄起我法二執」作爲儒家「善惡」觀念的標準，儒家人倫內涵轉變成佛家功夫內涵。

經文：子曰：聽訟，吾猶人也，必也使無訟乎。無情者，不得盡其辭，大畏民志，此謂知本。

　　註文：世人不知心外無物，妄謂仁敬孝慈信，可以對君臣父子良民，不可以化頑惡。殊不知只是物未格、知未至，意未誠耳。如文王之使虞芮息爭，何必別商聽訟之法，大凡不達人我一體，則有爭有競，便名之爲無情，非必告謊狀，而後爲無情者也。……

按：將「無情」解爲「不達人我一體」，換句話說即有「人、我二相」即是「無情」。

乙：將儒家「內聖外王」之功夫轉換成佛家修行過程之工夫

經文：大學之道，在明明德，在親民，在止於至善。

　　註文：道者，從因趨果所歷之路也。只一在明明德，便說盡大學之道。上明字是始覺之修，下明德二字，是本覺之性。性中本具三義，名之爲德，謂現前一念靈知洞徹，而未嘗有形，即般若德，現前一念雖非形像，而具諸妙用，舉凡家國天下，皆是此心中所現物。舉凡修齊治平，皆是此心中所具事，即解脫德。又復現前一念莫知其鄉而不無，位天育物而非有。不可以有無思，不可以凡聖異，平等不增不減，即法身德。我心既爾，民心亦然。度自性之眾生，名爲親民；成自性之佛道，名止至善。親民、止至善只是明明德之極致，恐人不了，一一拈出，不可說爲三綱領也。此中明德，民，至善，即一境三諦，明、親、止，即一心三觀，明明德即自覺；親民，即覺他；止至善，即覺滿。自覺本具三德，束之以爲般若；覺他令覺三德，束

之以爲解脫；至善自他不二，同具三德，束之以爲法身。不縱不橫，不並不別，不可思議，此理名爲大理。覺此理者，名爲大學。從名字覺，起觀行覺；從觀行覺，得相似覺；從相似覺，階分證覺，從分證覺，歸究竟覺，故名大學之道。

按：此處將儒家「內聖外王」的「大學之道」解爲佛家修行成佛的「大覺之道」，而〈大學〉的三綱領則是「自覺、覺他、覺行圓滿」之過程。「明、親、止」即「一心三觀」的功夫，「明德、民、止至善」即「一境三諦」的內容。

經文：知止而后有定，定而后能靜，靜而后能安，安而后能慮，慮而后能得。

　　註文：止之一字，雖指至善，只是明德本體。此節指點人處，最重在知之一字。《圓覺經》云：知幻即離，不作方便；離幻即覺，亦無漸次，當與此處參看。《大佛頂經》云：以不生不滅爲本修因，然後圓成果地修證，即知止之謂也。此中知，爲妙悟；定，靜、安、慮，爲妙修；得爲妙證。動靜二相，了然不生，名能定；外境不擾故，聞所聞盡，名能靜；內心無喘故，覺所覺空，名能安；煩惱永寂故，空所空滅，名能慮；寂滅現前，如鏡現像故，忽然超越，名能得，獲二殊勝故。

按：此處將儒家的修養功夫「定、靜、安、慮、得」轉爲《楞嚴經》觀音菩薩耳根圓通法門，而「知止」的「知」比擬爲《圓覺經》中的妙悟。

經文：古之欲明明德於天下者，先治其國；欲治其國者，先齊其家；欲齊其家者，先修其身；欲修其身者，先正其心；欲正其心者，先誠其意；欲誠其意者，先致其知，致知在格物。

　　註文：說個明明德於天下，便見親民止善，皆明德中事矣。正其心者，轉第八識爲大圓鏡智也；誠其意者，轉第七識爲平等性智也；致其知者，轉第六識爲妙觀察智也。格物者，作唯心識觀，了知天下國家，根身器界，皆是自心中所現物，心外別無他物也。是故若欲格物，莫若觀所緣緣。若知外所緣緣非有，方知內所緣緣不無。若知內所緣緣不無，方能力去內心之惡，力行心內之善，方名自謙，方名愼獨。又祇一明德，分心、意、知，三名，致知，即明明德。

按：此處將儒家「內聖外王」的歷程轉換成唯識宗「轉識成智」的修行過程。

經文：物格而后知至，知至而后意誠，意誠而后心正，心正而后身修，身修而后家齊，家齊而后國治，國治而后天下平。

　　註文：我法二執破，則物自格。猶大佛頂經所云：不爲物轉，便能轉物也。知至者，二空妙觀無間斷也；意誠者，由第六識入二空觀，則第七識不復執第八識之見分，爲內自我法也。心正者，由六七二識無我執故，第八識捨賴耶名。由六七二識無法執故，第八識捨異熟名，轉成菴摩羅識，亦名大圓鏡智，相應心品也。身修者，第八識既成無漏，則一切五陰，十二處，十八界，皆無漏也。家齊國治天下平

者，一身清淨故，多身清淨，乃至十方三世圓滿清淨也。

按：此處將「身、家、國、天下」都視爲「物」，其產生的原因則是有「我法二執」的關係，「格物」即是要格「我法二執」，「格」的功夫即是「二空妙觀」，將「第八識」轉爲「大圓鏡智」。如此則「知至、意誠、心正、身修、家齊、國治、平天下」亦即「一身清淨故，多身清淨，乃至十方三世圓滿清淨」。

經文：**湯之盤銘曰：苟日新，日日新，又日新。**

　　註文：欲誠其意，莫若自新。自新者，不安於舊習也。我法二執，是無始妄習，名之爲舊；觀我法空，是格物致知，名之爲新。苟者，斬然背塵合覺也；日日新者，不肯得少爲足；又日新者，不肯半途而廢。又苟日新者，斷分別二執；日日新者，斷俱生二執；又日新者，斷二障種子。

按：此處仍以唯識宗的證悟過程作比擬。

丙：將儒佛二家之觀念相互比擬融通

　　此即觀念的類比，儒家的觀念義涵，並未被轉換掉，只是同一種道理，放在儒家或佛教都可以講得通，而呈現出儒佛並列存在的情形，在文中則常用「觀心釋者」、「佛法釋者」、「猶如」等字眼。例如下列幾個例子：

經文：**詩云：殷之未喪師，克配上帝，儀監于殷，峻命不易，道得眾，則得國。失眾，則失國，是故君子先慎乎德，有德，此有人；有人，此有土；有土，此有財；有財，此有用。**

　　註文：是故二字，頂上三則字來，緊切之極，不曰明德，而曰慎德，正顯明明德之工夫，全在慎獨也。有德此有人，便爲下文用人張本；有土有財，便爲下文理財張本。若悟大道，則生財亦大道。不於大道之外，別商生財矣。用人理財，是平天下要務，而皆以慎德爲本，皆即慎德中事，誰謂明明德外，更有他道哉？觀心釋者，性具三千名爲天下。慎德，是先悟性體。。

按：此處「用人、理財」詮釋成「智慧莊嚴、福德莊嚴」，內涵一樣，說法不同罷了。

經文：**是故財聚，則民散；財散，則民聚。**

　　註文：民散，將何以守財？民聚，何憂乎不富。觀心釋者，一毫之善，施與法界眾生，則能成佛，而九界攸歸。

經文：**生財有大道，生之者眾，食之者寡，爲之者疾，用之者舒，則財恆足矣。**

　　註文：大道，亦即大學之道也。既有大道，何必聚斂哉？生之者眾，爲之者疾，只是民之所好好之；食之者寡，用之者舒，只是民之所惡惡之。觀心釋者，隨喜凡聖一毫之善，則生之者眾；不向三有，則食之者寡；勤策三業，修行五悔，則爲之者疾；不向二乘，則用之者舒；又不向二乘三有，皆是食之者寡；觀察三輪體空，

則是用之者舒。

經文：未有上好仁，而下不好義者也。未有好義，其事不終者也。未有府庫財，非其財者也。孟獻子曰：畜馬乘，不察於雞豚；伐冰之家，不畜牛羊；百乘之家，不畜聚斂之臣。與其有聚斂之臣，寧有盜臣，此謂國不以利爲利，以義爲利也。長國家而務財用者，必自小人矣。彼爲善之，小人之使爲國家，菑害並至，雖有善者，亦無如之何矣。此謂國不以利爲利，以義爲利也。

　　註文：此二節以用人理財合說，尤見二事只是一事，須是先慎乎德，方能用人，方能理財。大約賢臣，決以愛民爲務，聚斂，決定便是小人，故仁者只須得一賢臣，則不必聚財而恆足：不仁者只是一味貪財，則小人便得進用而致菑也。觀心釋者，由悟法身，方知性具緣了二因，由智慧力，方能熾然修習菩提資糧，而不成有漏有爲。

　　按：以上幾則詮釋例子，蕅益師並沒有把儒家的觀念內涵轉換成佛家的義理內涵，而是援引佛家之觀念與儒理可通者加以說明，以明儒、佛之共通處。

（三）面　貌

　　程子云：「〈大學〉，孔子之遺言也，學者由是而學，則不迷於入德之門也。」〔註5〕朱子在〈大學章句〉即云：「子程子曰：『〈大學〉，孔氏之遺書，而初學入德之門也。』」可見〈大學〉在程朱的眼中，即是進入「德業」的途徑。那麼「德業」的具體內涵是什麼呢？簡而言之，即是「內聖外王」，整篇〈大學〉所講的即是「內聖外王」的道理。〈大學〉從三綱領：「明明德、親民、止至善」，到八條目「格物、致知、誠意、正心、修身、齊家、治國、平天下」都是就「內聖外王」說的。「明明德」即是就自己而言，「親民」即是就自己與他人的關係而言，兩者推到極至，即是「聖」與「王」的境界。而「格物、致知、誠意、正心」即是「明明德」的功夫，「修身、齊家、治國、平天下」即是「親民」的具體內容。兩者的關係是以「明明德」爲本，「親民」爲末，所以〈大學〉云：「古之欲明明德於天下者，先治其國；欲治其國者，先齊其家；欲齊其家者，先修其身；欲修其身者，先正其心；欲正其心者，先誠其意；欲誠其意者，先致其知，致知在格物。」此即謂：「物有本末，事有終始，知所先後，則近道矣。」知道這個道理才能「知止而后有定，定而后能靜，靜而后能安，安而后能慮，慮而后能得」，得到什麼呢？即是「物格而后知至，知至而后意誠，意誠而后心正，心正而后身修，身修而后家齊，家齊而后國治，國治而后天下平」意即「內聖外王」。

　　〈大學〉從「康誥曰：『克明德。』太甲曰：『顧諟天之明命。』」一直到整篇

────────────

〔註5〕見《三程遺書》粹言，卷一。

經文最後：『此謂「國不以利爲利，以義爲利」也。』即就前面的三綱八目反覆論述，加以發揮。」所以朱子云：「前四章統論綱領旨趣，後四章細論條目功夫。」所以整篇〈大學〉的核心理論即「三綱八目」，「三綱八目」的核心則是「明明德」，「明明德」的功夫則在「格物致知」、「誠意正心」，所以朱子云：「其第五章乃明善之要，第六章乃誠身之本，在初學尤爲當務之急，讀者不可以其近而乎之也。」。「格物致知」既是儒者「內聖外王」的關鍵功夫所在，可是〈大學〉經文並沒明言，因此，朱子便爲〈大學〉作了一篇「格物致知補傳」，然而卻引發了後人路線之爭，造成了「程朱理學」與「陸王心學」的互相爭訟。蕅益師爲〈大學〉作註解，即從「格物致知」下手，以此爲核心從事一連串的「援佛入儒」的工作。他首先把「格物」解釋成唯識宗「唯心識觀」、「二空妙觀」的修法，然後以佛家「萬法唯心造」的觀念，認爲「蓋迷明德，而幻成身及家國天下，名之爲物。」以此解釋「身、家、國、天下」等等「皆是自心中所現物，心外別無他物。」，要格去這些「內心之惡」（亦名「我法二執」）才能「愼獨」、才能「致知」。至此，大學「內聖外王」的含意一變成爲只剩下「內聖」的目的了，且又認爲「明德分心、意、知三名，致知即明明德」，並把「明德」解爲「本覺之性」，包括「般若德、解脫德、法身德」三種性質，「明明德」的「明」則解爲「始覺之修」，並云：

> 度自性之眾生名爲親民，成自性之佛道，名爲止至善。親民、止至善，只
> 是明明德之極致……，不可説爲三綱領。（頁8）

於是〈大學〉的三綱領變成佛家「自覺、覺他、覺行圓滿」的過程，儒家「內聖」的含意再變成爲佛家「本覺之性」的圓滿達成。至此一部講如何「內聖外王」的儒家大學之道，變成了一部佛家如何「覺行圓滿」的經典了。

第二節　〈中庸直指〉研究

一、〈中庸直指〉之「以佛入儒」

經　　文	註　　文
中庸	中者，性體；庸者，性用。從體起用，全用在體。量則豎窮橫遍，具乃徹果該因。
天命之謂性	不生不滅之理，名之爲天；虛妄生滅之原，名之爲命。生滅與不生滅和合，而成阿賴耶識，遂爲萬法之本，故謂之性。蓋天是性體，命是功能，功能與體，不一不異。由波與水也，體則非善非惡，功能則可善可惡。

經　　　文	註　　　文
率性之謂道	道猶路也，路有大小，無人不由，故曰道二，仁與不仁而已矣。然善種發行時，性便舉體而爲善；惡種發行時，性亦舉體而爲惡。
修道之謂教	斷無性之惡，惡無不盡；積無性之善，善無不圓者，名爲修道也。
喜怒哀樂之未發謂之「中」	熾然喜怒哀樂時，喜怒哀樂不到之地，名之爲中。非以無喜怒哀樂時，爲未發也。
中也者，天下之「大本」；和也者，天下之「達道」也。	無不從此法界流，故爲大本；無不還歸此法界，故爲達道。
致中和，天地位焉，萬物育焉。	三千在理，同名無明，三千果成，咸稱常樂，故知位焉育焉，不必向效驗上說，自有真實效驗，……誰謂心外實有天地萬物哉。天地萬物皆心中影耳。
仲尼曰：君子中庸，小人反中庸。	君子背塵合覺，故直曰中庸。九界皆是背覺合塵，名爲逆修，故皆名反中庸。
人莫不飲食也，鮮能知「味」。	味，是舌識之相分，現量所得，非心外法。
執其「兩端」，用其中於民。	問，何名兩端。答，善惡是也。善惡皆性具法門，惟聖人能用善用惡，而不爲善惡所用，則善惡無非中道。
子曰：回之爲人也，擇乎中庸，得「一善」則拳拳服膺而弗失之矣。	言一善者，猶所謂最上一乘。
君子依乎中庸，遯世不見知而不悔，唯聖者能之。	真智、真仁、真勇三德，只是一心；一心具足三德。全修合性，故名爲依。……慈室忍衣是名不悔也。
子曰：道不遠人，人之爲道而遠人，不可以爲道。	世人安於卑陋，妄以君子之道爲遠，猶眾生妄以佛道爲遠，而高推聖境也。詎知法界不離一心，何遠之有。
故君子「以人治人」，改而止。	人人本具，故云以人治人，即指自治之法，非謂治他人也。
「忠恕」違道不遠	忠者，無人無我，道之本體也。恕者，以人例我，以我推人，修之方便也。
君子素「其位」而行，「不願乎其外」。	一切富貧等位，皆是自心所現境界。故名其位。心外別無少法可得，故不願其外。
素富貴，行乎富貴；素貧賤，行乎貧賤。	觀一切境，無非即心自性，富貴亦法界，貧賤亦法界。
無入而不自得焉	一心三觀，觸處圓明，不離境以覓心，故無境不入。善即境而悟心，故無不自得。
在上位不陵下，在下位不援上。	下合六道眾生，與諸眾生同一悲仰，故不陵，上合十方諸佛，與佛如來同一慈力，故不援。

經　　　文	註　　　文
正己而不求於人	知十法界，皆即我之本性，故正己而不求人。
君子「居易」以俟命	居易即是慎獨。
小人「行險」以徼幸	不慎獨便是行險。
夫微之顯，「誠」之不可揜，如此乎。	即是真如之性。
夫孝者，善繼人之志，善述人之事者也。	善繼善述，須與時措之宜參看。須從慎獨、時中處發源。
故君子不可以不修身，思「修身」不可以不事親；思事親不可以不「知人」；思知人，不可以不「知天」。	知天謂悟性真也。知人謂親師取友，以開智慧也。事親為修身第一務，即躬行之始也。知天為法身，知人成般若，事親修身為解脫。
智、仁、勇三者，天下之達德也，所以行之者，一也。	悟性具三德，則三非定三，而三德宛然。正顯圓行，必由圓解，解性行本一，隨以三德，而行五達也。
好學近乎智，力行近乎仁，知恥近乎勇。	智、仁、勇為真修，好學、力行、知恥為緣修，故但云近。
知斯三者，則知所以修身；知所以修身，則知所以治人；知所以治人，則知所以治天下國家矣。	緣修亦是全性所起，故悟性具緣修，則一了百當。
凡為天下國家有九經，曰修身也、尊賢也、親親也、敬大臣也、體群臣也、子庶民也、來百工也、柔遠人也、懷諸侯也。	九經無非性具。悟性方行九經，故曰行之者一也。
凡事「豫」則立，不豫則廢。	擬開圓解，隨起圓行，圓解不開，不名為豫。
果能此道矣，雖愚必明，雖柔必強。	所謂吾今為汝保任此事，終不虛也。古人云：但辦肯心，決不相賺。
自誠明謂之性	自誠明者，猶大佛頂經所謂性覺必明，此則但有性德，而無修德，凡聖平等，不足為貴，直須以始覺合本覺。
其次「致曲」	須觀介爾有心，三千具足，方是致曲，致字是妙觀之功；曲字是所觀事境。
曲能有誠，誠則形，形則著，著則明，明則動，動則變，變則化，為天下至誠，為能化。	誠字是所顯理諦，形、著、明三字是觀行位。即初、中、後三心。動字在相似位；變字在分真位；化字在究竟位。
誠者，自成也。	即所謂天然性德也。謂一切根身器界之物，無不從此誠出，無不還歸此誠。故誠乃是物之終始。
天地之道，可一言而盡也。其為物不貳，則其生物不測。	觀心釋者，觀一念中所具國土千法，名為天地為物不貳，正是一切惟心。若非惟心，則天是天，地是地，安得不貳。

經　文	註　文
故君子尊德性，而道問學。	性雖具德，由修方顯，以修顯性，名曰德性。
是故居上不驕，爲下不倍，國有道，其言足以興；國無道，其默足以容，詩曰：既明且哲，以保其身。其此之謂與。	不驕不倍，即是時措之宜。又下同悲仰，故不驕。上合慈力，故不倍。機熟，則爲聖說法。四悉益物，故足興。機生，則爲聖默然，三昧觀時，故足容。知實理爲明，知權理爲哲，自利利他爲保身。
子曰：愚而好自用，賤而好自專，生乎今之世，反古之道，如此者，災及其身者也。	佛法釋者，不知權實二智，不知四悉善巧，必有自害害他之失。
非天子，不議禮，不制度，不考文。	佛法釋者，禮是體義，擬法身德；度是方法，擬解脫德，又是能詮，擬般若德。
王天下有三重焉，其寡過矣乎。	佛法釋者，得法國土，王於三界；自悟三諦，而證三德，以此三諦，立一切法，破一切法，統一切法，方無過處。
上焉者，雖善無徵。無徵，不信；不信，民弗從。下焉者，雖善不尊，不尊，不信；不信，民弗從。	佛法釋者，過去諸佛，機感已盡，未來諸佛，機緣未熟，所以化導爲難，又約教釋者，單提向上第一義諦，契理而未必契機，名爲雖善無徵。單讚散善及戒定等，逗機而未必出世，名爲雖善不尊。
故君子之道，本諸身徵諸庶民，考諸三王而不謬，建諸天地而不悖，質諸鬼神而無疑，百世以俟聖人而不惑，質諸鬼神而無疑，知天也。百世以俟聖人而不惑，知人也。	本諸身者，身證三德祕藏，密藏乃本性所具也。徵諸庶民者，一切眾生，皆有三佛性也，考不謬者，過去諸佛道同也。建不悖者，依正無非三諦，又以性爲天，則修不悖性也。質無疑者，十法界無非一性也，舉鬼神爲言端，顯界異而理不異耳。俟不惑者，未來諸佛道同也。質鬼神，是約十法界同性，故曰知天。俟聖人，是約佛法界同修，故曰知人。
是故君子動而世爲天下道，行而世爲天下法，言而世爲天下則，遠之則有望，近之則不厭。	「動」即意輪不思議化，「行」即身輪不思議化。「言」即口輪不思議化，世爲天下，顯其豎窮橫遍也。
唯天下「至聖」，爲能聰明睿知，足以有臨也。	應知至聖至誠，皆吾人自心所具極果之名，不可看屬他人也。
唯天下至誠，爲能經綸天下之大經，立天下之根本，知天地之化育，夫焉有所倚。	既是至聖，則已究竟盡性，亦名至誠聖，約能證之智，即大菩提誠。約所證之理，即大涅槃。涅槃，名祕密藏，圓具三諦，大經，是俗諦；大本，是眞諦；化育，是中諦。經綸之、立之、知之，是一心三智也。舉一即三，言三即一，不著二邊不著中道，故無所倚。
肫肫其仁，淵淵其淵，浩浩其天。	三諦皆能立一切法，故皆肫肫。同名爲仁，三諦皆能破一切惑，故皆淵淵。同名爲淵，三諦皆能統一切法，故皆浩浩。皆名爲天，三個其字，正顯雖由修道而證，實皆性具也。
苟不固聰明聖知達天德者，其孰	聰明聖知而達天德，全悟眞因而成果覺。全以果覺，而

經　文	註　文
能知之。	爲眞因者也，惟佛與佛乃能究盡諸法實相。
君子之道，闇然而日章。	背塵合覺，守於眞常，始則不爲物轉。棄外守內，後則靜極光通，便能轉物，故闇然而日章。
小人之道，的然而日亡。	若不向眞妄源頭悟徹，不向圓通本根下手，而泛濫修習，即所謂的然而日亡也。
君子之道，淡而不厭。簡而文，溫而理；知遠之近，知風之自，知微之顯，可與入德矣。	正因緣境，名爲淡，一心三觀名爲簡；始終修習名爲溫。境中本具妙諦，故淡而不厭，三觀攝一切法門皆盡，故簡而文。修習從因至果，具足差別智斷，條然不亂，故溫而理。介爾有心，可謂至近也。三千具足，可謂遠矣。成佛而名聞滿十方界，可謂道風退布也。由悟圓理、圓修、圓證，以爲其本，可謂風所自矣。初心一念修習三觀，可謂至微也。即能具足一切究竟功德，可謂顯矣。此節重在三個知字，正是妙悟之門。
詩云：潛雖伏矣，亦孔之昭。故君子內省不疚，無惡於志。君子之所不可及者，其唯人之所不見乎。	此結示從妙悟而起妙修，即愼獨工夫也。
詩云：予懷明德，不大聲以色。子曰：聲色之於以化民，末也。詩曰：德輶如毛，毛猶有倫，上天之載，無聲無臭，至矣。	此總結示位天育物之中和，即是性具之德，雖復修至究竟，恰恰合於本性，不曾增一絲毫也。

二、其基礎、方法及面貌

（一）基　礎

　　蕅益師在〈中庸直指〉中仍是以「現前一念心」作爲融攝儒佛的思想基礎。在融攝過程中，蕅益師則用《大乘起信論》「一心開二門」的觀點逐漸融釋〈中庸〉之文，如卷末云：

> 章初天命之謂性，率性之謂道，是明不變隨緣，從眞如門而開生滅門也。
> 修道之謂教一語，是欲人即隨緣而悟不變，從生滅門，而歸眞如門也。一
> 部〈中庸〉，皆是約生滅門，返妄歸眞。（頁72）

這段文字，可說是蕅益師自敘其〈中庸直指〉之綱要與闡述之宗旨。不過在此篇卷首釋題之文字中，蕅益師特別言明：

> 中之一字，名同實異，此書以喜怒哀樂未發爲中，若隨情解之，只是獨頭
> 意識邊事耳。老子不如守中，似約第七識體，後世玄學，局在形軀，又非
> 老子本旨矣。藏教所詮眞理，離斷離常，亦名中道。通教即物而眞，有無

> 不二,亦名為中,別教中道佛性,有名有義,而遠在果地,初心絕分,惟
> 圓人知一切法,即心自性,無非中道,豈得漫以世間中字,濫此極乘,然
> 既秉開顯之旨,則治世語言,皆順實相,故須以圓極妙宗,來會此文,俾
> 儒者道脈,同歸佛海。(頁35)

可知蕅益師的〈中庸直指〉乃是秉法華開顯之旨,以「圓極妙宗」的角度來解釋中庸,「俾儒者道脈,同歸佛海」。不可說〈中庸〉的義理與佛經無別,在篇末蕅益師仍是反覆叮嚀此意:

> 此皆用法華開顯之旨來會全文,令成實義。不可謂世間儒學,本與圓宗無
> 別也。(頁72)

(二)方法及面貌

此篇用以「援佛入儒」的方法,仍是沿襲〈大學直指〉所用的方法,轉換〈中庸〉的原義代以佛家的義理,或儒佛兩家的義理俱存,互相比擬以顯其共通性。因〈大學直指〉中,已有比較詳細的舉例,因此這裡則不再作說明。〈中庸〉一書,原本是儒家重要的典籍,它為儒家建立了一套道德的形上學,使得孔孟所開啟的心性論與道德學,與〈中庸〉之形上學得以應合的發展,而圓滿的展示出來。牟宗三先生稱此為「內在的遙契」,這種「內在的遙契」,不是「把天命、天道推遠」,而是「一方把它收進來做為自己的性,一方又把它轉化而為形上學的實體」〔註6〕。依〈中庸〉卷頭開宗明義一語:「天命之謂性」來說,則天道為既超越又內在〔註7〕,如孟子所謂:「盡其心者,知其性也;知其性,則知天矣。」(〈盡心篇〉),超越的「天」與內在的「性」由「天命之謂性」這樣向下貫注而成為一體,人與人的距離也就消弭於無形了。從這裡來談「天人合一」、談「內聖外王」,而以一「誠」字做為樞紐〔註8〕,乃至人格的圓滿──合天道的聖人。儒者的理想境地,便由〈中庸〉揭示出來。

〈中庸〉一書的綱領,就是卷三句話:「天命之謂性,率性之謂道,修道之謂教」。人既秉受天命而有性,而此性又能自循自率而自成,所謂「誠者,自成也」、「誠者、天之道也」是也。此為道德實踐的超越根據─本體論;然吾人在現實中既有不率性之可能,是以人亦即有不誠之可能,因此率性與誠皆同具工夫義,此即所謂「誠之

〔註6〕牟宗三:《中國哲學的特質》(台北:台灣學生書局,民國76年)第六講。
〔註7〕同前註,第四講
〔註8〕如高柏園:《中庸形上思想》第四章第四節;又如鄭琳:《中庸翼》第七、八章;吳怡《中庸誠字的研究》第四、五章,都討論到以「誠」作為貫樞而帶出的天與人的關係,及人與萬物的關係。

者，人之道」的展開，也就是道德實踐的超越根據之證成－工夫論（註9），亦即「修道之謂教」一義的呈現。因此，綜觀一部〈中庸〉，既有道德的超越的形上根據，亦須由道德實踐來證成，也就是本體論與工夫論兼備，二者不可偏廢。由文中「誠者」、「誠之者」的相對言，以及「天之道」、「人之道」的相對言，二者透過「誠」字來貫通，人乃能上契於天，合聖人之道於天地之道，這便是〈中庸〉一書的思想綱領及脈絡。而蕅益師欲融攝「中庸之道」於佛海中，亦順著這個綱領脈絡而為之。首先他把中庸的本體論轉換成其「現前一念心」的內涵，如其解「中庸」一義為：

> 中者，性體；庸者，性用。從體起用。全用在體。量，則豎窮橫遍；具，
> 乃徹果該因。（頁35）

從體用關係上來闡明，無疑是從「性具」、「本具」的立場，融攝涵蓋了一切，使得「中」字不僅是不落兩邊的中道正見，更使「中」字蘊含了一切本有功德善法，而能夠「從體起用，全用在體」，全體大用無不明，表現出如來藏思想的特色。又：

> 熾然喜怒哀樂時，喜怒哀樂不到之地，名之為中；非以無喜怒哀樂時，為
> 未發也。無不從此法界流，故為大本；無不還歸此法界，故為達道。（頁
> 38）

此則以「法界」來解釋「中」，故為大本，呼應卷頭「中者，性體之說」；而從此流出，復歸於此，則呼應「庸者性用」之意。又云：

> 一切根身器界之物，無不從此誠出，無不還歸此誠。故誠乃是物之終始。
> （頁58）

從上面三段引文，很明顯的就可看出，蕅益師即是以其「現前一念心」解釋〈中庸〉裏的「誠」與「中庸」二義。而以「性修不二」的圓教思想，來貫通〈中庸〉一書，其云：

> 內證誠之全體，外得誠之大用，則全體即用，全用即體。（頁59）

「全體即用」、「全用在體」，這是「全性起修、全修在性」的語法，在書中其他地方，亦有類似之用語，如「全真是妄」、「全妄是真」（頁61），這如同「體」、「用」一樣，只是語詞變化，而其架構確是一樣的。至於這個架構的具體描述，即是卷末所言，《大乘起信論》「一心開二門」的架構：

> 章初天命之謂性，率性之謂道，是明不變隨緣，從真如門而開生滅門也。
> 修道之謂教一語，是欲人即隨緣而悟不變，從生滅門，而歸真如門也。一
> 部〈中庸〉，皆是約生滅門，返妄歸真。（頁72）

〔註9〕同前註，第四章第三節。

這段文字，可說是蕅益師自敘其〈中庸直指〉之綱要與闡述之宗旨。〈中庸直指〉，全書所欲陳述者，乃在「性修不二」之教，蕅益師以為性德本具十方三世一切諸法，而性德之珍貴由修方顯，由於強調修德之重要。在〈中庸〉一書的綱領：「天命之謂性，率性之謂道，修道之謂教」一節，蕅益師云：

> 不生不滅之理，名之為天；虛妄生滅之原，名之為命；生滅與不生滅和合，而成阿賴耶識，遂為萬法之本，故謂之性。蓋天是性體，命是功能，功能與體，不一不異，由波與水也。（頁35）

「天」、「命」、「性」之關係，撐開了〈中庸直指〉一書的思想架構。「天」是天生不滅之理，是心真如門，是不變，是性體；「命」是虛妄生滅之原，是心生滅門，是生滅變化，是功能；生滅與不生滅的關係，透過真如的不變隨緣，從真如門而開出生滅門，由此貫通起來，統合在「生滅與不生滅和合」的阿賴耶識中，而謂之「性」。既以阿賴耶識為性，則從種子立說，有善種也有惡種；率善種而行便成君子之道，率惡種而行便成小人之道。故修此性，要能即隨緣而悟不變，從生滅門而歸真如門也。蕅益師這「一心開二門」，是本著《起信論》本覺隨染來說的，故其解釋「從生滅門而歸真如門」的「修道之謂教」之一義，即是從「以始覺合本覺」來說。在「自誠明謂之性，自明誠謂之教」一節的釋文中，蕅益師曰：

> 但有性德，而無修德，凡聖平等，不足為貴；直須以始覺合本覺，自明而誠，則修德圓滿，乃為修道之教。（頁56）

以始覺合本覺，並非有本覺可合，如《起信論》所說：「本覺義者，對始覺義說，以始覺者，即同本覺」〔註10〕，這是由於「性具」的思想，故在末章「詩云：『予懷明德。』」一節，蕅益師解釋「上天之載，無聲無臭，至矣」時，說：

> 此總結示位天育物之中和，即是性具之德；雖復修至究竟，恰恰合於本性，不曾增一絲毫也。（頁72）

「不曾增一絲毫也」即是無所得，此乃在「性具」上說「修道之教」，而此修道之教之極成，卻止「恰恰合於本性」罷了。這就是蕅益師「性修不二」之教旨。原來以儒家道德性格之理路來說，其「天命之謂性」之「性」字則是純善的道德主體，故其「修道之謂教」一由便落在「能不能率性而行」之上，倘能率此純然之善性，便能上契天道，而達天人合一境界。而蕅益師的「教」則是著落在「即隨緣而悟不變，生滅門而歸真如門」的「反妄歸真」上的（頁72）。這是由於他對「天命之謂性」之「性」字的詮釋，是落在「生滅與不生滅和合」的阿賴耶識上，並非如儒家以「性」為純善者，

〔註10〕《大正藏》第三十二卷，頁576中。

所以必須「即妄顯真」，也就是所謂「即隨緣而悟不變」，以「始覺合本覺」，而非以「率性」為其功夫，這就是蕅益師將〈中庸〉之儒家道德理路轉為佛家〈中庸直指〉的地方，於是一部儒家的〈中庸〉，至此完全佛化，變成佛家的〈中庸〉了。

第三節　〈論語點睛〉研究

一、〈論語點睛〉之「以佛入儒」

經　文	註　文
學　而　第　一	
子曰：學而時習之，不亦說乎。有朋自遠方來，不亦樂乎。人不知而不慍，不亦君子乎！	……今學即是始覺之智，念念覺於本覺，無不覺時，故名時習。無時不覺，斯無時不說乎。此覺原是人所同然，故名來而樂。此覺原無人、我對待，故不知不慍。
有子曰：其為人也「孝弟」，而好犯上者鮮矣。	孝弟是良知良能，良知良能是萬事萬物之本源也。
曾子曰：吾日三省吾身，為人謀而不忠乎？與朋友交而不信乎？傳不習乎？	三事只是己躬下一大事耳，倘有人、我二相可得，便不忠信。
子曰：君子不重則不威，學則不固，主忠信，無友不如己者，過則勿憚改。	期心於大聖大賢，名為自重，戒慎恐懼，名為威，始覺之功，有進無退，名為學固。……忠則直心正念真如，信則的確知得自己可為聖賢，正是自重之處。
為　政　第　二	
子曰：為政以德，譬如北辰，居其所，而眾星共之。	……蓋自正正他，皆名為政，以德者，以一心三觀觀於一境三諦。知是性具三德也。三德秘藏，萬法之宗，不動道場，萬法同會，故譬之以北辰之居所。
子曰：吾十有五而志于學，三十而立，四十而不惑，五十而知天命，六十而耳順，七十而從心所欲，不踰矩。	只一學字到底，學者覺也，念念背塵合覺謂之志；覺不被迷情所動，謂之立；覺能破微細疑網，謂之不惑；覺能透真妄關頭，謂之知天命；覺六根皆如來藏，謂之耳順；覺六識皆如來藏，謂之從心所欲不踰矩，此是得心自在。
子曰：溫故而知新，可以為師矣。	觀心為溫故，由觀心故。圓解開發，得陀羅尼，為知新。蓋天下莫故於心，亦莫新於心也。

子曰：君子周而不比，小人比而不周。	生緣、法緣、無緣三慈皆是周；愛見之慈即是比。
子曰：由，誨女知之乎。知之為知之，不知為不知，是知也。	子路向能知所知上用心。意謂無所不知，方名為知。不是強不知以為知也。此則向外馳求，全昧知體，故今直向本體點示。只要認得自己真知之體，更無二知。此與知見立知，即無明本，知見無見，斯即涅槃之旨參看，方見聖人道脈之妙。若捨此而別求知，不異丙丁童子求火，亦似騎牛覓牛矣。
子曰：人而無信，不知其可也。	不信自己可為聖賢，如何進德修業。
子張問十世，可知也。子曰：殷因於夏禮，所損益可知也；周因於殷禮，所損益可知也。	知來之事，聖人別有心法，與如來性具六通相同。如明鏡無所不照，非外道所修作意五通可比也。子張騖外，尚未能學孔子之跡，又安可與論及本地工夫。
子曰：周監於二代，郁郁乎文哉，吾從周。	……至德本於身而考於古，即是千聖心法，故從周只是以心印心。
子貢欲去告朔之餼羊，子曰：賜也爾愛其羊，我愛其禮。	子貢見得是羊，孔子見即是禮，推此苦心，便可與讀十輪，佛藏二經。
事君盡禮，人以為諂也。	於三寶境，廣修供養，人亦以為靡費者，多矣。哀哉。

里　仁　第　四

子曰：不仁者，不可以久處約，不可以長處樂。……	見有心外之約樂，便不可久處長處。
子曰：惟仁者，能好人，能惡人。	無好無惡，故能好能惡。無好無惡，性量也。能好能惡，性具也。仁，性體也。
子曰：苟志於仁矣，無惡也。	千年暗室，一燈能破。
子曰：人之過也，各於其黨。觀過，斯知仁矣。	此法眼也，亦慈心也。
子曰：朝聞道，夕死可矣。	……便知道是豎窮橫遍，不是死了便斷滅的。
子曰：君子之於天下也，無適也，無莫也，義之與比。	……當與趙州使得十二時，壇經悟時轉法華並參。
子曰：不患無位，患所以立，不患莫己知，求為可知也。	此對治悉檀，亦阿伽良藥也。
子曰：參乎，吾道一以貫之，曾子曰：唯。子出，門人問曰：何謂也？曾子曰：夫子之道，忠恕而已矣。	此切示下手工夫，不是印證，正是指點初心，須向一門深入耳。
子曰：君子喻於義，小人喻於利。	喻字形容君子、小人心事，曲盡其致。喻義，

	故利亦是義。喻利，故義亦是利。釋門中發菩提心者，世法亦成佛法，名利未忘者，佛法亦成世法，可爲同喻。
子曰：見賢思齊焉，見不賢而內自省也。	……方可云盡大地無不是藥，此聖賢佛祖總訣也。
子曰：父母在，不遠遊，遊必有方。	方、法也，爲法故遊，不爲餘事也。不遠遊句，單約父母在說，遊必有方，則通於存歿矣。
子曰：以約失之者，鮮矣。	觀心爲要。

公 治 長 第 五

子使漆雕開仕。對曰：吾斯之未能信，子說。	唯其信有斯事，所以愈覺未能信也。今之硬作主宰，錯下承當者，皆未具信根故耳。寡過未能，聖仁豈敢，既不生退屈，亦不增上慢，其深知六即者乎。
子謂子貢曰：女與回也孰愈？對曰：賜也，何敢望回，回也，聞一以知十。賜也，聞一以知二，子曰：弗如也，吾與女弗如也。	子貢之億則屢中是病，顏子之不違如愚是藥。故以藥病對拈，非以勝負相形也。子貢一向落在聞見知解窠臼，卻謂顏子聞一知十，雖極贊顏子：不知反是謗顏子矣，故夫子直以弗如二字貶之，蓋凡知見愈多，則其去道愈遠。幸而子貢只是知二，若使知三知四，乃至知十。則更不可救藥，故彼自謂弗如之處，正是可與之處，如此點示，大有禪門殺活全機，惜當機之未悟，恨後儒之謬解也。
子貢曰：夫子之文章，可得而聞也。夫子之言性與天道，不可得而聞也。	言性言天，便成文章。因指見月，便悟性天。子貢此言，只得一半。若知文字相，有因緣故，亦可得說，則無聞即聞。
子在陳曰：歸與！歸與！吾黨之小子狂簡，斐然成章，不知所以裁之。	木鐸之任，菩薩之心。
子曰：已矣乎。吾未見能見其過，而內自訟者也。	千古同慨。蓋自訟，正是聖賢心學眞血脈。

雍 也 第 六

哀公問弟子：孰爲好學。孔子對曰：有顏回者好學，不遷怒，不貳過，不幸短命死矣，今也則亡。未聞好學者也。	無怒無過，本覺之體，不遷不貳，始覺之功，此方是眞正好學。曾子以下，的確不能通此血脈，孔子之道，的確不曾傳與他人。
子曰：回也，其心三月不違仁。其餘，則日月至焉而已矣。	顏淵心不違仁。孔子向何處知之？豈非法眼，他心智耶。三月者，如佛家九旬辦道之期。其心其餘，皆指顏子而說。只因心不違

	仁，得法源本，則其餘枝葉，日新月盛。德業並進矣。此方是溫故知新。
伯牛有疾，子問之：自牖執其手。曰…亡之！命矣夫！	說一命字，便顯得是宿業，便知為善無惡果。
子曰：知之者不如好之者。好之者，不如樂之者。	知個甚麼，好個甚麼，樂個甚麼。參。
子曰：中人以上，可以語上也。中人以下，不可以語上也。	不可語上不須語上作下說，為實施權也。可以語上，方知語語皆上，開權顯實也。
子曰：知者樂水，仁者樂山。知者動，仁者靜。知者樂，仁者壽。	形容得妙。智者仁者，不是指兩人說。樂者，效法也。智法水，仁法山。法水故動，法山故靜。山水同依於地，動靜同一心機，樂壽同一身受，智仁同一性真。若未達不二而二，二而不二，則仁者見之謂之仁，智者見之謂智矣。
宰我問曰：仁者雖告之曰：并有仁焉？其從之也。子曰：何為其然也。君子可逝也，不可陷也。可欺也，不可罔也。	此問大似禪機，…
子曰：君子博學於文，約之以禮，亦可以弗畔矣夫。	學於文，乃就聞以開覺路，不同貪數他寶。約以禮，乃依解而起思修，所謂克己復禮，不同無聞暗證。所以弗畔，畔者，邊畔。以文字阿師，偏於教相之一邊。暗證禪和，偏於內觀之一邊，不免罔殆之失也。

述　而　第　七

子曰：二三子以我為隱乎。吾無隱乎爾，吾無行而不與二三子者，是丘也。	方外史曰：正惟和盤托出。二三子益不能知，如目連欲窮佛聲，應持欲見佛頂。何處用耳，何處著眼。
子曰：聖人吾不得而見之矣。得見君子者，斯可矣。善人吾不得而見之矣。得見有恆者，斯可矣。亡而為有，虛而為盈，約而為泰，難乎有恆矣。	聖人只是證得本亡本虛本約之理。有恆須是信得本亡本虛本約之理，就從此處下手，便可造到聖人地位。所謂以不生不滅為本修因，然後圓成果地修證也。亡，是真諦。虛，是俗諦。約，是中諦。依此而修，為三止三觀。證此妙理，成三德三身。
子釣而不綱，弋不射宿。	現同惡業，曲示善機。可與六祖吃肉邊菜同參。
子曰：人遠乎哉。我欲仁，斯仁至矣。	欲二即仁。仁體即是本來至極之體。猶所云念佛心即是佛也。

泰　伯　第　八

曾子有疾。召門弟子曰：啓予足，啓予手。詩云：戰戰兢兢，如臨深淵，如履薄冰。而	既明且哲，以保其身，推而極之，則佛臨涅槃時，披衣示金身，令大眾諦觀，亦是此意。

今而後，吾知免夫，小子。	
子曰：民可使由之，不可使知之。	若但讚一乘，眾生沒在苦。故不可使知之，機緣若熟。方可開權顯實，不可二字，正是觀機之妙。
子曰：篤信好學，守死善道。危邦不入，亂邦不居。天下有道則見，無道則隱，邦有道，貧且賤焉，恥也。邦無道，富且貴焉，恥也。	信得人人可為聖賢，名篤信。立地要成聖賢，名好學。假使鐵輪頂上旋，定慧圓明終不失，名守死善道。危邦不入四句，正是守死善道註腳。正從篤信好學得來，邦有道節，正是反顯其失。
子曰：不在其位，不謀其政。	約事，即是素位而行，不願乎外。約觀，即是隨境鍊心，不發不觀。
子曰：狂而不直，侗而不愿，悾悾而不信，吾不知之矣。	大家要自己簡點，勿墮此等坑塹。

子　罕　第　九

子絕四。毋意、毋必、毋固、毋我。	由誠意，故毋意。毋意故毋必，毋必故毋固，毋固，故毋我。細滅，故粗必隨滅也。由達無我，方能誠意。不於妄境生妄惑，意是惑。必、固，是業；我是苦。
子畏於匡，曰：文王既沒，文不在茲乎，……	道脈流通即是文。
子曰：吾有知乎哉。無知也。有鄙夫問於我，空空如也。我叩其兩端而竭焉。	不但無人問時，體本無知。即正當有人問時，仍自空空，仍無知也。……
子疾病。子路使門人為臣，病閒曰：久矣哉，由之行詐也。無臣而為有臣，吾誰欺，欺天乎。……	……今有禪門釋子，開喪戴孝。不知何面目見孔子，不知何面目見六祖，不知何面目見釋迦。
子在川上曰：逝者如斯夫，不舍晝夜。	此歎境也，蓋天地萬物，何一而非逝者。但愚人於此，計斷計常。今既謂之逝者，則便非常。又復如斯不舍晝夜，則便非斷。非斷非常，即緣生正觀。引而申之，有逝逝，有逝不逝，有不逝逝，有不逝不逝。非天下之至聖，孰能知之。
子曰：語之而不惰者，其回也與。	後一念而方領解，即是惰。先一念而預相迎，亦是惰。如空谷受聲，乾土受潤，大海受雨，明鏡受像，隨語隨納，不將不迎，方是不惰。
唐棣之華，偏其反而，豈不爾思，室是遠而。子曰：未之思也，夫何遠之有？	此與思無邪一語參看。便見興於詩的真正學問，亦可與佛門中念佛三昧作註腳。……

鄉　黨　第　十

肉雖多，不使勝食氣，惟酒無量，不及亂。	生得如此好酒量，尚以不為酒困為愧。可見禹惡旨酒，佛門戒酒，方是正理，濟顛，林

	酒仙之屬，一時權變，不可爲典要也。
寢不尸，居不容。	吉祥而臥，故不尸。

先　進　第　十　一

季路問事鬼神。子曰：未能事人，焉能事鬼？敢問死？子曰：未知生，焉知死？	季路看得死生是兩橛，所以認定人鬼亦是兩事。孔子了知十法界不出一心，生死那有二致。正是深答子路處。程子之言，頗得之。
子曰：由之瑟，奚爲於丘之門？門人不敬子路。子曰：由也，升堂矣，未入於室也。	收之則升堂，揀之則門外，可參。
子張問善人之道。子曰：不踐跡，亦不入於室。	此須四句料簡，一踐跡而入室，君子也。二不踐跡而入室，聖人也。三不踐跡而不入室，善人也。四踐跡不入室，有恆也。

顏　淵　第　十　二

顏淵問仁。子曰：克己復禮爲仁。一日克己復禮，天下歸仁焉，爲仁由己，而由人乎哉？顏淵曰：請問其目？子曰：非禮勿視，非禮勿聽，非禮勿言，非禮勿動。顏淵曰：回，雖不敏，請事斯語矣。	克，能也。能自己復禮，即名爲仁。一見仁體，則天下當下消歸仁體，別無仁外之天下可得。猶云十方虛空，悉皆消殞。盡大地是個自己也，故曰由己。由己，正即克己，己字，不作兩解。夫子此語，分明將仁體和盤托出，單被上根。所以顏子頓開妙悟，只求一個入華屋之方便。故云請問其目。目者，眼目。譬如畫龍，須點睛耳。所以夫子直示下手工夫。正所謂流轉生死，安樂涅槃，惟汝六根，更非他物。視聽言動，即六根之用，即是自己之事。非教汝不視不聽不言不動。只要揀去非禮，便即是禮。禮復，則仁體全矣。古云：但有去翳法，別無與明法。經云：知見立知，即無明本。知見無見，斯即涅槃。立知，即是非禮。今勿視勿聽勿言勿動，即是知見無見也。此事人人本具，的確不由別人。只貴直下承當，有何利鈍可論。故曰回雖不敏，請事斯語。從此三月不違，進而未止。方名好學。豈曾子子思，所能及哉。
愛之欲其生，惡之欲其死。既欲其生，又欲其死，是惑也。	四個其字，正顯所愛所惡之境，皆自心所變現耳。同是自心所現之境，而愛欲其生，惡欲其死，所謂自心取自心，非幻成幻法也。非惑而何。

子　路　第　十　三

樊遲請學稼。子曰：吾不如老農。請學爲圃。曰：吾不如老圃。樊遲出。子曰：小人哉，樊須也。上好禮，則民莫敢不敬；上好義，	寧爲提婆達多，不爲聲聞緣覺。非大人何以如此。

則民莫敢不服；上好信，則民莫敢不用情。夫如是，則四方之民，襁負其子而至矣，焉用稼？	
子曰：如有王者，必世而後仁。	可見五濁甚難化度。
子夏爲莒父宰，問政。子曰：無欲速，無見小利，欲速則不達，見小利則大事不成。	觀心者，亦當以此爲箴。
葉公語孔子曰：吾黨有直躬者，其父攘羊。而子證之。孔子曰：吾黨之直者。異於是，父爲子隱，子爲父隱，直在其中矣。	才有第二念起，便不直，此即菩薩不說四眾過戒也。

憲　問　第　十　四

子曰：有德者，必有言。有言者，不必有德。仁者必有勇，勇者，不必有仁。	有見地者，必有行履。有行履者，不必有見地。故古人云：只貴見地，不問行履也。倘無行履，決非正見。
子曰：古之學者爲己，今之學者爲人。	盡大地是個自己。所以度盡眾生，只名爲己若見有己外之人可爲，便非眞正發菩提心者矣。
子曰：君子道者三。我無能焉。仁者不憂，知者不惑，勇者不懼。子貢曰：夫子自道也。	仁者知者勇者，三個者字，正與道者者字相應。所謂一心三德，不是三件也。夫子自省，眞是未能。子貢看來，直是自道。譬如華嚴所明，十地菩薩，雖居因位，而下地視之，則如佛矣。
子曰：不逆詐，不億不信，抑亦先覺者，是賢乎。	不惟揀去世間逆億，亦復揀去二乘作意神通矣。……
或曰：以德報怨，何如？子曰：何以報德？以直報怨，以德報德。	達得怨親平等，方是直。若見有怨，而強欲以德報之，正是人我是非未化處。……
子曰：不怨天，不尤人，下學而上達。知我者，其天乎。	心外無天，故不怨天。心外無人，故不尤人。……
子路問君子。子曰：修己以敬。曰，如斯而已乎？曰：修己以安人。曰，如斯而已乎？曰：修己以安百姓。修己以安百姓，堯舜其猶病諸。	盡十方世界是個自己，豎窮橫遍，其體其量其具，皆悉不可思議。人與百姓，不過自己心中所現一毛頭許境界耳。……
原壤夷俟。子曰：幼而不孫弟，長而無述焉。老而不死，是爲賊。以杖叩其脛。	以打罵作佛事。

衛　靈　公　第　十　五

子曰：可與言而不與之言，失人。不可與言而與之言，失言。知者不失人，亦不失言。	四悉檀。
子曰：人無遠慮，必有近憂。	未超三界外，總在五行中。斷盡二障慮斯遠

	矣。
子曰：吾之於人也，誰毀誰譽？如有所譽者，其有所試矣。斯民也，三代之所以直道而行也。	人自謂在三代後，孔子視之，皆同於三代時。所以如來成正覺時，悉見一切眾生成正覺。
子曰：人能弘道，非道弘人。	可見道，只是人之所具。天地萬物，又只是道之所具。誰謂天地生人耶。
子曰：過而不改，是謂過矣。	為三種懺法作前茅。
子曰：知及之，仁不能守之，……動之不以禮，未善也。	……如來得三不護，方可名動之以禮。故曰修己以敬，堯舜其猶病諸。
子曰：有教無類。	佛菩薩之心也。若使有類，便無教矣。
季　氏　第　十　六	
孔子曰：君子有三畏。畏天命、畏大人、畏聖人之言。小人不知天命而不畏也。狎大人，侮聖人之言。	天命之性，真妄難分。所以要畏。大人，修道復性，是我明師良友，所以要畏。聖言，指示修道復性之要，所以要畏。畏天命，是歸依一體三寶。畏大人，是歸依住持佛寶僧寶。畏聖人之言，是歸依住持法寶也。不知天命，亦不知大人，亦不知聖人之言，小人既皆不知，而不畏。則君子皆知，故皆畏耳。不知心佛眾生，三無差別。不知人心惟危，道心惟微。不能戒慎恐懼。是不畏天命。妄以理佛，擬究竟佛，是狎大人。妄謂經論是止啼法，不知慧命所寄，是侮聖人之言。
陽　貨　第　十　七	
子曰：性相近也。習相遠也。	性近習遠，方是不變隨緣之義。
微　子　第　十　八	
楚狂接輿，歌而過孔子，曰：鳳兮！鳳兮！何德之衰？往者不可諫，來者猶可追。已而！已而！今之從政者殆而。孔子下，欲與之言。趨而辟之，不得與之言。	又是聖人一個知己。趨而辟之，尤有禪機。
大師摯，適齊；亞飯干，適楚；三飯繚，適蔡；四飯缺，適秦；鼓方叔，入於河；播武，入於漢；少師陽、擊磬襄，入於海。	悽愴之景，萬古墮淚。亦可助發苦空無常觀門。
堯　曰　第　二　十	
子曰：不知命，無以為君子也；不知禮，無以立也；不知言，無以知人也。	知命只是深信因果耳，知禮則善於觀心，所謂約之以禮。知言則善於聞法，所謂了達四悉因緣。

二、其基礎、方法及面貌

（一）基　礎

　　由於《論語》體裁乃屬於語錄體，其儒家理論散見在各章之中，不像〈大學〉、〈中庸〉一般有嚴密的架構，因此蕅益師雖仍以「現前一念心」為融攝儒釋觀念的思想基礎外，更主觀的視孔子為禪師，《論語》則為一本禪師的語錄，如：〈公冶長篇〉：「子謂子貢曰：『女與回也，熟愈？』對曰：『賜也，何敢望回。回也，聞一以知十。賜也，聞一以知二。』子曰：『弗如也，吾與女弗如也。』」蕅益師則註云：

> 子貢之億則屢中是病，顏子之不違如愚是藥。故以藥病對拈，非以勝負相形也。子貢一向落在聞見知解窠臼，卻謂顏子聞一知十。雖極贊顏子，不知反是謗顏子矣。故夫子直以弗如二字貶之。蓋凡知見愈多，則其去道愈遠。幸而子貢只是知二。若使知三知四，乃至知十。則更不可救藥，故彼自謂弗如之處，正是可與之處。如此點示，大有禪門殺活全機。惜當機之未悟。恨後儒之謬解也。（頁 113）

又如：〈里仁篇〉孔子云：「君子之於天下也，無適也，無莫也，義之與比。」蕅益師謂「當與趙州使得十二時，壇經悟時轉法華，並參。」（頁 107）〈述而篇〉記載孔子「釣而不綱，戈不射宿。」大師云：「現同惡業，曲示善機。可與六祖吃肉邊菜同參。」（頁 135）另有一則尤為奇妙，孔子曰：「予欲無言。」子貢曰：「子如不言，則小子何述焉？」子曰：「天何言哉？四時行焉，百物生焉，天何言哉！」〈陽貨篇〉大師除注云：「無言，豈是不言？天何言？卻是有言」外，又云：「說時默，默時說，參。」（頁 215）由這裡可看出，蕅益師基本上在註解《論語》時是把它當成禪宗的語錄一般註解，要學人把孔子的話當成修行的座右銘般加以奉行，且如參究公案般參出《論語》中的出世心法。而遇到儒家特有名詞與觀念時，則再透過其合會的方法，將倫語中的儒家觀念轉換成佛家的觀念，使《論語》一書佛化，達成其「援佛入儒」的目的。

（二）方　法

甲：以佛解儒：以佛教觀念解釋儒家之觀念與文句。如：

1. 將儒家基本德目與概念轉為佛教的意涵：

從以下諸例來看即可明白蕅益師的做法，如：

子曰：「仁遠乎哉！我欲仁，斯仁至矣。」（〈述而篇〉）

〈點睛〉：欲二即仁，仁體即是本來至極之體，猶所云念佛心即是佛也。（頁163）

曾子曰：「吾日三省吾身。為人謀而不忠乎？與朋友交而不信乎？傳不習乎？」（〈學而篇〉）

〈點睛〉：三事，只是己躬下一大事耳。倘有人我二相可得，便不忠信。倘非見過於師。便不能習。此是既唯一以貫之之後，方有此真實切近功夫。（頁81）

子曰：「君子不重則不威，學則不固；主忠信，無友不如己者；過則勿憚改。」（〈學而篇〉）

〈點睛〉：期心於大聖大賢，名為自重。戒慎恐懼，名為威。始覺之功，有進無退，名為學固。倘自待稍輕，便不能念念兢業惕厲，而暫覺還迷矣。此直以不重，為根本病也。忠，則直心正念真如。信，則的確知得自己可為聖賢，正是自重之處。既能自重，更須親師取友，勇於改過。此三，皆對證妙藥也。故知今之悅不若己，憚於改過者，皆是自輕者耳。又主忠信，是良藥。友不如，憚改過，是藥忌。（頁82）

子曰：「篤信好學，守死善道。危邦不入，亂邦不居。天下有道則見，無道則隱。邦有道，貧且賤焉，恥也。邦無道，富且貴焉，恥也。」

〈點睛〉：信得人人可為聖賢，名篤信。立地要成聖賢，名好學。假使鐵輪頂上旋，定慧圓明終不失。名守死善道。危邦不入四句，正是守死善道註腳。正從篤信好學得來，邦有道節，正是反顯其失。（頁142）

2. 將儒家之觀念轉為佛家之觀念：

子曰：「學而時習之，不亦說乎？有朋自遠方來，不亦樂乎？人不知而不慍，不亦君子乎？」（〈學而篇〉）

〈點睛〉：此章以學字為宗主，以時習二字為旨趣，以悅字為血脈，朋來及人不知，皆是時習之時。樂及不慍，皆是說之血脈無間斷處。蓋人人本有靈覺之性，本無物累，本無不說。由其迷此本體，生出許多恐懼憂患。今學，即是始覺之智，念念覺於本覺。無不覺時，故名時習。無時不覺，斯無時不說矣。此覺原是人所同然，故朋來而樂。此覺原無人我對待，故不知不慍。夫能歷朋來，人不知之時，而無不習，無不說者斯為君子之學。若以知不知二其心，豈孔子之所謂學哉？

子絕四。毋意、毋必、毋固、毋我。（〈子罕篇〉）

〈點睛〉：由誠意，故毋意。毋意，故毋必。毋必，故毋固。毋固，故毋我。細滅，故粗必隨滅也。由達無我，方能誠意。不於妄境生妄惑，意，是惑。必、固，是業；我是苦。（頁145）

子曰：「由誨女知之乎？知之為知之。不知為不知，是知也。」（〈為政篇〉）

〈點睛〉：子路向能知所知上用心。意謂無所不知，方名為知。不是強不知以為

知也。此則向外馳求，全昧知體。故今直向本體點示，只要認得自己眞知之體。更無二知。此與知見立知，即無明本。知見無見。斯即涅槃之旨，參看。方見聖人道脈之妙。若捨此而別求知，不異丙丁童子求火，亦似騎牛覓牛矣。（頁93）

3. 直接援引佛家之觀念名詞解釋經文：

子曰：「不患無位，患所以立。不患莫己知，求爲可知也。」

〈點睛〉：此對治悉檀，亦阿伽良藥也。（頁107）

按：「阿伽良藥」即「阿伽陀藥」，原意爲健康、長生不老、無病、普去、無價，後轉用藥物名稱，尤指解毒藥而言。阿伽陀藥又稱不死藥、丸藥。此藥靈奇，價值無量，服之能普去眾疾〔註11〕

伯牛有疾，子問之，自牖執其手。曰亡之，命矣夫。斯人也，而有斯疾也。斯人也，而有斯疾也。

〈點睛〉：說一命字。便顯得是宿業，便知爲善無惡果。（頁120）

按：「宿業」即過去世所造之善惡業因。又稱宿作業。即指於現世感宿業之果報，而現世之行業又成爲來世招果報者。惟一般多以宿業指惡業因，另以宿善指善業因〔註12〕。

子曰：「如有王者，必世而後仁。」

〈點睛〉：可見五濁甚難化度。（頁178）

子曰：「過而不改，是謂過矣。」

〈點睛〉：爲三種懺法作前茅。（頁201）

按：「懺法」即指依諸經之說而懺悔罪過之儀則。又作懺儀。據智顗之摩訶止觀卷二上、金光明文句卷三載，懺悔分爲事懺與理懺兩種；又作法懺悔、取相懺悔、無生懺悔等三種，稱爲三種懺法，前二者屬於事懺，後者屬於理懺〔註13〕。

子曰：「人無遠慮，必有近憂。」

〈點睛〉：未超三界外，總在五行中。斷盡二障，慮斯遠矣。（頁198）

按：「三界」乃佛家的空間觀念，包含欲界、色界、無色界。

寢不尸，居不容。

〈點睛〉：吉祥而臥，故不尸。（頁156）

子曰：「苟志於仁矣，無惡也。」

〈點睛〉：千年暗室，一燈能破。

〔註11〕見《佛光大辭典》中冊，頁3617。
〔註12〕見《佛光大辭典》中冊，頁4511。
〔註13〕見《佛光大辭典》中冊，頁6770。

按：語出《華嚴經》卷七十八與《大集經》卷一。謂燈能破暗，以喻菩提之心，能破煩惱之暗。《華嚴經》載，譬如一燈入於暗室，百千年暗，悉能破盡。菩提心燈，亦復如此，一入眾生心室之內，百千萬億不可說劫，諸業障煩惱種種暗障，悉能除盡。

子曰：「人之過也，各於其黨。觀過，斯知仁矣。」

〈點睛〉：此法眼也，亦慈心也。世人但於仁中求過耳。孰肯於過中求仁哉？然惟過，可以觀仁。小人有過。則必文之。仁人有過，必不自掩。故也。

按：「法眼」乃五眼之一，即菩薩為救度一切眾生，能照見一切法門之眼。〔註14〕

乙：以佛喻儒

此即觀念的類比，儒家的說法，並未被轉換掉，只是同一種道理，放在儒家或佛教都可以講得通，而呈現出儒佛並列存在的情形，在這個方法下，蕅益師大量的運用了佛教的名詞、觀念乃至典故，其意不外乎是在傳播佛法的知識於讀者的閱讀中。其例如下：

曾子有疾，召門弟子曰：「啟予足，啟予手。」詩云：「戰戰兢兢，如臨深淵，如履薄冰，而今而後，吾知免夫。小子。」

〈點睛〉：既明且哲，以保其身。推而極之，則佛臨涅槃時，披衣示金身，令大眾諦觀，亦是此意。但未可與著相愚人言也。（頁139）

子貢欲去告朔之餼羊。子曰：「賜也，爾愛其羊，我愛其禮。」

〈點睛〉：子貢見得是羊，孔子見即是禮。推此苦心，便可與讀十輪、佛藏二經。（頁99）

子曰：「我非生而知之者，好古敏以求之者也。」

〈點睛〉：方外史曰：不但釋迦尚示六年苦行，雖彌勒即日出家，即日成道，亦是三大阿僧祇劫修來的。（頁133）

樊遲請學稼。子曰：「吾不如老農。請學為圃。」曰：「吾不如老圃。」樊遲出。子曰：「小人哉！樊須也。上好禮，則民莫敢不敬。上好義，則民莫敢不服。上好信，則民莫敢不用情。夫如是，則四方之民，襁負其子而至矣。焉用稼？」

〈點睛〉：寧為提婆達多，不為聲聞緣覺。非大人，何以如此？

子夏為莒父宰，問政。子曰：「無欲速，無見小利。欲速，則不達；見小利，則大事不成。」

〈點睛〉：觀心者，亦當以此為箴。（頁179）

〔註14〕同前註上冊，頁1151。

子曰：「君子之於天下也，無適也，無莫也，義之與比。」

〈點睛〉：義之與比，正所謂時措之宜。卻須從格物慎獨来。若欲比義，便成適莫。義來比我，方見無適莫處。比義，則為義所用。義比，則能用義。比義，則同告子之義外，便成襲取；義比，則同孟子之集義，便是性善。當與趙州使得十二時，壇經悟時轉法華並參。

（三）面貌

《論語》一書，透過蕅益師的一番轉換功夫，則完全變成了佛教的修行語錄了，〈論語點睛〉中所呈現的孔子，則是一位得心自在的禪師，如其云：

〈為政篇〉：子曰：「吾十有五，而志於學；三十而立；四十而不惑；五十而知天命；六十而耳順；七十而從心所欲而不踰矩。」

〈點睛〉：只一學字到底。學者，覺也；念念背塵合覺，謂之志。覺不被迷情所動，謂之立。覺能破微細疑網，謂之不惑。覺能透真妄關頭，謂之知天命。覺六根皆如來藏，謂之耳順。覺六識皆如來藏，謂之從心所欲不踰矩。此是得心自在。若欲得法自在，須至八十九十，始可幾之。（頁89）

由這裡蕅益師的解釋，孔子是一位得心自在的禪師，而其為學過程則是佛家一連串覺悟的過程。並且具足了佛家所說的神通：

私者，人所不見之地，即慎獨獨字。惟孔子具他心道眼，能於言語動靜之際，窺見其私。故曰，回也其心三月不違仁。（頁91）

知來之事，聖人別有心法，與如來性具六通相同。如明鏡無所不照，非外道所修作意五通可比也。（頁95）

其所傳的道，乃佛家之道，其面貌為：

道曠無涯，那有盡極（頁86）

道是豎窮橫遍，不是死了便斷滅的。（頁106）

可見道只是人之所具，天地又只是道之所具，誰謂天地生人耶。（頁201）

此外，孔子在與弟子生活間，處處機逗教，機鋒百出，「以打罵作佛事」。如其云：

聖賢心事，雖隱居求志。而未嘗置天下於度外。雖遑遑汲汲，而未嘗橫經濟於胸中。識得此意，方知禹稷顏子，易地皆然。奈四子各見一邊，終不能知孔子行處。故因此侍坐，巧用鉗錘，以曾點之病，為三子之藥；又以三子之病，為曾點之藥也。（頁165）

鏗爾者，舍瑟之聲。此非與點，乃借點以化三子之執情耳。（頁166）

卓吾云：然則師愈。子貢卻呈自己供狀，過猶不及，夫子亦下子貢鉗錘。

信而曰忠，敬而曰篤，對治子張病根也。（頁 196）

於是一部講進德修業，講人與人之間如何相處的學問，到了蕅益師的〈論語點睛〉中，則變成了一部禪意百出，以爲「覺悟本性」的一本禪師語錄了。

第五章　《四書蕅益解》內容之特色

第一節　註解方式之多樣性

　　《四書蕅益解》一書之註解方式仍是依宋明之註解傳統，以義理爲主，不重訓詁。由於《四書》本身內容結構之差異性，因此蕅益大師在註釋經文時，特將《四書》分成〈大學直指〉與〈中庸直指〉一類與〈論語點睛〉一類等兩類來解釋。

一、關於〈大學直指〉與〈中庸直指〉部份

　　由於〈大學〉〈中庸〉與整篇思想精密、架構完整，所以蕅益師在註解此二篇時，亦以其精密博深之佛學涵養（包括：禪、天台、唯識三家思想）來詮釋這兩篇之經文，充分顯融佛入儒之特色。其所使用之方式則呈現多樣性之面貌，諸如：

甲、有時以一家思想為釋，例如：

　　〈大學〉：所謂修身在正其心者，有所忿懥，則不得其正；有所恐懼，則不得其正；有所好樂，則不得其正；有所憂患，則不得其正。

　　註文：身者，前六識身也，忿懥、恐懼、好樂、憂患、即貪嗔癡等根隨煩惱也。現行熏成種子，故使第八識心不得其正。

按：此處乃以唯識之第八識比擬儒家的「心」，以「前六識身」即「眼、耳、鼻、舌、身、意」比擬儒家的「身」。哀樂等情感之表現規換成唯識宗之專門術語，「根隨煩惱」、「種子」等等。

乙、有時以兩家思想重複為釋：例如其註「大學」為

　　〈直指〉：大者，當體得名，常遍爲義；即指吾人現前一念之心，心外更無一物可得。無可對待，故名當體。此心前際無始，後際無終，生而無生，死而不死，故

名為常：此心包容一切家國天下，無所不在，無有分劑方隅，故名為遍。學者覺也。自覺覺他、覺行圓滿，故名大學。大字即標本覺之體，學字即彰始覺之功。本覺是性，始覺是修；稱性起修，全修在性，性修不二，故稱大學。（頁7）

按：這一段註文從「大者，當體得名，常遍為義」至「自覺覺他，覺行圓滿，故名大學」為禪思想，從「大字即標本覺之體」至「全修在性，性修不二，故名大學」為天台思想。此處以禪解釋過後，又再重複以天台思想解「大學」一義。又：

經文：湯之盤銘曰：苟日新，日日新，又日新。

〈直指〉：欲誠其意，莫若自新。自新者，不安於舊習也。我法二執，是無始妄習，名之為舊；觀我法空，是格物致知，名之為新。苟者，斬然背塵合覺也；日日新者，不肯得少為足；又日新者，不肯半途而廢。又苟日新者，斷分別二執；日日新者，斷俱生二執；又日新者，斷二障種子。（頁16）

按：此處乃以禪與唯識的修行過程重複比擬「苟日新、日日新、又日新」之涵意。

丙、有時則以佛典經文為釋：例如

〈大學〉：知止，而后有定；定，而后以；靜，而后能安；安，而后能慮；慮，而后能得。

〈直指〉：止之一字，雖指至善，只是明德本體。此節指點人處，最重在知之一字。《圓覺經》云：知幻即離，不作方便；離幻即覺，亦無漸次，當與此處參看。《大佛頂經》云：以不生不滅為本修因，然後圓成果地證修，即知止之謂也。此中知，為妙悟；定、靜、安、慮，為妙修；得為妙證。動靜二相，了然不生，名能定；外境不擾故，聞所聞盡，名能靜；內心無喘故，覺所覺空，名能安；煩惱永寂故，空所空滅，名能慮；寂滅現前，如鏡現像故，忽然超越，名能得，獲二殊勝故。（頁9）

按：此處則直引《圓覺經》與《大佛頂經》（即楞嚴經）為註。又：

〈中庸〉：在上位不陵下，在下位不援上；正己而不求於人則無怨，上不怨天，下不尤人。

〈直指〉：下合六道眾生，與諸佛生同一悲仰，故不陵；上合十分諸佛，與佛如來同一慈力，故不援。知十法界皆即我之本性，故正己而不求於人。

按：此處亦以《楞嚴經》為釋，在《四書蕅益解》中，蕅益師大量引用了《楞嚴經》的原文作為註解的文字，這種特色與時代有著密切的關係，明代最流行的佛經即為《楞嚴經》，引用《楞嚴經》可能很容易就讓讀者明瞭其註解的意涵。而其引用的方式有時言明語出《楞嚴經》，有時則不標明出處。

二、關於〈論語點睛〉部份

相對於前面的部份，由於《論語》體裁的緣故，大師在解經時，所用的方式則承襲了李卓吾《四書評》的方式將《論語》如小說般地加以品評，而使得其內容更顯的活潑與多樣化，其方式除像一般正常的註解文意之外，尚有如下幾樣比較特別的，如：

1. 引前人之言為訓

書中大量的引用前人之言以為註解，其中總共引李卓吾九十二例，王陽明六例，陳旻昭四例，程季清、覺浪禪師、周季侯、吳因之、吳建先、袁了凡、程子各一例。例如：

〈述而篇〉：互鄉難與言。童子見，門人惑。子曰：「人潔己以進，與其潔也，不保其往也；與其進也，不與其退也，唯何甚！」

　　〈點睛〉：卓吾云：「天地父母之心。」

按：此處只以卓吾之言為訓。有時則用己之意為訓，然後再引前人之言，諸如：

〈憲問篇〉：子曰：「辭達而已矣。」

　　〈點睛〉：從古有幾個真正達的。卓吾云：「五字，便是談文秘密藏。」

有時則以李卓吾的話註解，然後在順其文意加以發揮，如：

〈子罕篇〉：子罕言利、與命、與仁。

　　〈點睛〉：卓吾云：「罕言利，可及也。罕言利與命與仁，不可及也。」方外史曰：「言命言仁，其害與言利同，所以罕言。今人將命與仁掛在齒頰，有損無益。」

《四書蕅益解》中常有「方外史」這個名稱，這是蕅益師的別號，意即出家之人，在〈性學開蒙〉中蕅益師即用「方外史」署名。在引用前人之語處，〈論語點睛〉與李卓吾的《四書評》之關係，可說相當的密切。〈論語點睛〉中明言「李卓吾曰」、「卓吾曰」、「卓吾云」之處就有九十二處之多；而未曾直接註明引自《四書評》的地方，也有許多處的解釋與《四書評》類似或是順著《四書評》的文意而加以發揮的，例如：

《四書評》：「必也射乎」以下，正說君子無所爭。

　　〈點睛〉：「必也射乎」，正是君子無所爭處。（〈八佾篇〉「君子無所爭」章）

《四書評》：末二語有無限感慨。

　　〈點睛〉：無限感慨。（〈八佾篇〉「夏禮吾能言之」章）

《四書評》：子路痴。

　　〈點睛〉：正為點醒子路而發。非是歎道不行。（〈公冶長篇〉「道不行」章）

《四書評》：夫子造就子貢處、大有禪機。

　　〈點睛〉：……如此點示、大有禪門殺活全機。惜當機之未悟、恨後儒之謬解也。

（〈公冶長篇〉「女與回也孰愈」章）

　　由這裡可見出蕅益師在註解〈論語點睛〉時，是大量參考了《四書評》的評點，甚至可以說是以《四書評》爲底本的。

2. 以佛教名相、觀念典故為訓

　　「援佛入儒」乃是本書的特色，因此在〈論語點睛〉中，亦大量的引用佛教的經典、名詞、義理觀念來解釋經文，如引經典之文爲訓：

〈里仁篇〉：子曰：「苟志於仁矣，無惡也。」

　　〈點睛〉：千年暗室，一燈能破。

按：語見《華嚴經》卷七十八、《大集經》卷一。

〈顏淵篇〉：顏淵問仁。子曰：「克己復禮爲仁。一日克己復禮，天下歸仁焉，爲仁由己，而由人乎哉！」……顏淵曰：「回雖不敏，請事斯語矣。」

　　〈點睛〉：……正所謂流轉生死，安樂涅槃，惟汝六根，更非他物。視聽言動，即六根之用，即是自己之事，非教汝不視不聽不言不動。只要揀去非禮，便即是理。……

按：《楞嚴經》卷五原文爲：「善哉阿難，汝欲識知，俱生無明，使汝輪轉，生死結根，唯汝六根，更非他物。汝復欲知，無上菩提，令汝速證，安樂解脫，寂靜妙常，亦汝六根，更非他物。」

又，引佛教名詞、觀念爲訓：

〈子路篇〉：子曰：「如有王者，必世而後仁。」

　　〈點睛〉：可見五濁甚難化度。

按：「五濁」即「五濁惡世」，指（一）劫濁：減劫中，人壽減至三十歲時飢饉災起，減至二十歲時疾疫災起，減至十歲時刀兵災起，世界眾生無不被害。（二）見濁：正法已滅，像法漸起，邪法轉生，邪見增盛，使人不修善道。（三）煩惱濁：眾生多諸愛欲，慳貪鬥爭，諂曲虛誑，攝受邪法而惱亂心神。（四）眾生濁：眾生多諸弊惡，不孝敬父母尊長，不畏惡業果報，不作功德，不修慧施，齋百歲者稀。五濁之中，以劫濁爲總，以其餘四濁爲別。〔註1〕

〈鄉黨篇〉：寢不尸，居不容。

　　〈點睛〉：吉祥而臥，故不尸。

按：「吉祥臥」又名「獅子臥法」，謂比丘之臥法如獅子，即兩足相疊，右脅而臥。

〔註1〕見《佛光大辭典》上冊，頁1202。

〔註2〕

〈爲政篇〉：子曰：「君子周而不比，小人比而不周。」

〈點睛〉：生緣、法緣、無緣三慈，皆是周；愛見之慈即是比。

按：據《大智度論》卷四十、北本《大盤涅槃經》卷十五等載，慈悲有三種：（一）生緣慈悲：又作有情緣慈、眾生緣慈。即觀一切眾生猶如赤子，而與樂拔苦，此乃凡夫之慈悲。然三乘最初之慈悲亦屬此種，故亦稱小悲。（二）法緣慈悲：指開悟諸法乃無我之眞理所起之慈悲。係無學（阿羅漢）之二乘及初地以上菩薩之慈悲，又稱中悲。（三）無緣慈悲：爲遠離差別之見解，無分別心而起的平等絕對之慈悲，此係佛獨具之大悲，非凡夫、二乘等所能起，故特稱爲大慈大悲。以上三種慈悲，並稱爲三緣慈悲、三種緣慈、或三慈。〔註3〕

又，以佛教典故爲訓：

〈述而篇〉：子曰：「二三子以我爲隱乎？吾爲隱乎爾。吾無行而不與二三子者，是丘也。」

〈點睛〉：卓吾云：「和盤托出。」方外史曰：「正惟和盤托出，二三子亦不能知。如目連欲窮佛聲，應持欲見佛頂，何處用耳，何處著眼。」

按：「目連欲窮佛聲」、「應持欲見佛頂」即是出於佛經典故。

3. 以感慨語爲訓：

在〈論語點睛〉中，蕅益師有時並未對解釋文義，而只以感慨語、感情語代替，充分顯現評點的特色。如：

〈爲政篇〉：孟武伯問孝。子曰：「父母爲其疾之憂。」

〈點睛〉：此等點示，能令有人心者痛哭。

〈爲政篇〉：子曰：「非其鬼而祭之，諂也。見義不爲，無勇也。」

〈點睛〉：罵得痛切，激動良心。

4. 以佛教專有註法爲訓

在〈論語點睛〉中，亦引用佛教特有的註釋方法，如：

〈子罕篇〉：子在川上曰：「逝者如斯乎，不捨晝夜。」

〈點睛〉：此嘆境也，即嘆觀也。蓋天地萬物，何一而非逝者，但愚人於此計斷計常。今既謂之逝者，則便非常。又復如斯不舍晝夜，則便非斷。非斷非常，即緣生正觀。引而申之，有逝逝，有逝不逝，有不逝逝，有不逝不逝，非天下至聖，孰

〔註 2〕同前註，頁 4092。
〔註 3〕同前註，頁 5806。

能知之。（頁 149）

〈先進篇〉：子張問善人之道。子曰：「不踐跡，亦不入於室。」

〈點睛〉：此須四句料揀。一、踐跡而入室，君子也；二、不踐跡而入室，聖人也；三、不踐跡而不入室，善人也；四、踐跡不入室，有恆也。（頁 163）

按：所謂「四料揀」即四種算別法，爲臨濟義玄所施設。即能夠應機應時，與奪隨宜，殺活自在地教導學人之四種規則。（甲）奪人不奪境，即奪主觀而僅存客觀，於萬法之外不承認自己，以破除對人、我見之執著。（乙）奪境不奪人，即奪客觀而僅存主觀，以世界映現在一己心中，破除以法爲實有之觀點。（丙）人境俱奪，即否定主、客觀之見，兼破我執與法執。（丁）人境俱不奪，即肯定主、客觀各各之存在。此乃義玄禪師於小參之際，應普化、克符之問法，對機而設施之軌範〔註4〕。又：

〈衛靈公篇〉子曰：「可與言而不與之言，失人；不可與言而與之言，失言；知者不失人，亦不失言。」

〈點睛〉：四悉檀（頁 196）

按：「悉檀」乃是梵語，意譯作成就、宗、理等。佛化導眾生之教法可分四個範疇，即：世界、各各爲人、對治、第一義等四悉檀。悉，即遍之義；檀，爲檀那之略稱，及佛以此四法遍施一切眾生，故稱四悉檀。據《大智度論》卷一所載，佛之教法有種種差別，乍見似爲矛盾，若總其教說，則有四悉檀之別，皆爲實義而不相違背。（甲）世界悉檀，及隨順世間之法，而說因緣和合之義；亦即以世間一般之思想、語言、觀念等事物，說明緣起之眞理。例如：人類係由因緣和合而存在，故非爲實體。以人存在本是一般世俗之見，乃說適合世俗之法以隨順眾人，令凡夫喜悅而得世間之正智，故此悉檀又稱樂欲悉檀。（乙）各各爲人悉檀，略作爲人悉檀。即應眾生各別之根機與能力，而說各種出世實踐法，令眾生生起善根，故又稱生善悉檀。（丙）對治悉檀，及針對眾生之貪、嗔、癡等煩惱，應病而予以法藥。此係爲滅除眾生煩惱與惡業之教；以其能斷眾生諸惡，故又稱斷惡悉檀。（丁）第一義悉檀，即破除一切論議語言，直接以第一義詮明諸法實相之理，令眾生眞正契入教法，故又稱入理悉檀〔註5〕。

第二節　諸宗之互融

把薀益師的《四書薀益解》放在晚明的《四書》學中來看，可能發現，在一片

〔註4〕同前註，頁1748。
〔註5〕同前註，頁1758。

「以禪解經」的《四書》學潮流中，融合「禪、天台、唯識」三家思想，作為《四書》註文的《四書蕅益解》，可說是一項特色。蓋蕅益師之意以為佛教各宗，雖分派相爭，然原來目的則一，不外乎明其自心而已。故唱諸宗融合一致論；謂佛教有教、禪、律三大區別：禪為佛心、教為佛語、律為佛行；此三者具備，始為完全佛教，執一相爭者，乃學者之誤謬。其在《四書蕅益解》的序言即謂：「知儒也、玄也、佛也、禪也、律也、教也，無非楊葉與空拳也。隨嬰孩所欲而誘之，誘得其宜，則啞啞而笑；不得其宜，則呱呱而泣。泣笑自在嬰孩，於父母奚加損焉？顧兒笑，則父母喜；兒泣，則父母憂，天性相關，有欲罷而不能者，伐柯伐柯，其則不遠，今之誘於人者，即後之誘人者也，倘猶未免隨空拳黃葉而泣笑，其可以誘他乎？」（《四書蕅益解》序）因此，蕅益師特將其諸宗融合的論點表現在其著作中。而另一重要原因，則與當時狂禪之風有關。自唐宋以下的禪宗，多以不立文字，輕忽義學為風尚，以致形成沒有指標也沒有規式的盲修瞎煉，甚至徒逞口舌之能，模擬祖師的作略，自心一團漆黑，卻偽造公案、呵佛罵祖。所以有心振興法運的大師們，揭出了「禪教一致」的主張，以針砭時弊。

　　前文有言，蕅益師思想的立足點始終是禪，而其禪思想的根本經典，則是《楞嚴經》。《楞嚴經》的思想是蕅益師的思想核心，他從《楞嚴經》中，開展出他的「現前一念心」學說，並以之作為融合諸宗的核心思想。聖嚴法師即如是言：「智旭思想的大成者，不只是他作成的《教觀綱宗》與《法華會義》，而是性相、禪教的調和，是天台與唯識的融通，是天台與禪宗的折衷，也是儒教與禪的融通，進而統括律、教、禪、密以歸向淨土。」〔註6〕首先，就性相與禪教的調和論，蕅益師在〈示何德坤〉的法語中，即有如次的見解：

　　　　心性無法不具、無法不造、而所具所造一切諸法，皆悉無性。明此無性之
　　　　法，一一皆非實我實法者，謂之慈恩宗。明此諸法無性、一一皆能遍具遍
　　　　造者，謂之法性宗。直指現前妄法妄心、悉皆無性、令見性成佛者，謂之
　　　　禪宗。是故臨濟痛快直接，未嘗不精微。曹洞精細嚴密、未嘗不簡切。唯
　　　　識存依圓、未嘗不破遍計。般若破情執、未嘗不立諦理。護法明真如不受
　　　　熏、未嘗謂與諸法定異。馬鳴明真如無明互熏、未嘗謂定一。（《宗論》二，
　　　　五卷）

這裏所說的「心性」，就是《楞嚴經》的「如來藏妙真如性」，亦即其「現前一念心」。蕅益師便是以這「現前一念心」為融合諸宗的理論依據，認為諸宗的理論皆

是以之爲基礎而發展出來的，雖然各自的修法途徑及理論角度並不一樣，但是回歸這清淨的「現前一念心」的目的，卻是一樣〔註7〕。而就天台與唯識的融通方面，蕅益師在〈示景文〉的法語中，即有很明白的交代，他是依據唐譯八十卷本的《華嚴經》第十九：「一切唯心造」的理念，以及《摩訶止觀》卷第五上：「一念三千」的理念來解釋《唯識論》的百法和《起信論》的大乘義理。是即：心造的諸法，乃是唯識的百法心相，而一念三千，則包含天台的事理三千，至於唯識的百法心相，實際上就是天台的事造三千的內容。也就是說：天台的一念三千義理，是容納唯識教義，而《大乘止觀》，雖是天台以前的著書，但在解釋上，已經依於止觀所依等的五番建立，而接納三千性相和百界千如的一切。因此，唯識可能說是天台之序，而天台則是唯識的深意。致力於融通這兩者的人，正是《大乘止觀》的撰述者——南岳慧思禪師。

所以，蕅益師在晚年的時段裡，稱呼天台宗曾用「臺衡」的名稱。對蕅益師來說，《大乘止觀》才是性相融會精神的顯現。因此，蕅益師陳述了如次的論點：

> 欲善唯識玄關，須善臺衡宗旨，欲得臺衡心髓，須從唯識入門。……（中略）……嗚呼，臺衡心法，不明久矣。蓋彼不知智者，《淨名疏》，純引天親釋義故也。疏流高麗，莫釋世疑。而南獄《大乘止觀》，亦約八識，辨修證門。正謂捨現前王所，別無所觀之境，所觀既無，能觀安寄。辨境方可修行止觀，是臺衡眞正血脈，不同他宗泛論玄微。法爾之法，道不可離。彼拒法相於山外，不知會百川歸大海者，誤也。（《宗論》卷五，13～14頁）

依上所述，在蕅益師的認爲，南岳慧思固不待言，即使天台智者大師的《維摩經疏》，也是引用世親的唯識思想。但在當時的天台學者，於此則渾然不覺，而隨意排斥唯識法相爲山外。而且，《大乘止觀》對於約八識而分辨止觀修證的所觀境，也是不明究底一事，嘆息爲非常的過咎。因此，蕅益師重視唯識思想的同時，他在《法華會義》中，也是經常引用唯識學者世親所著的《法華經論》。另就天台與禪的折衷，蕅益師以爲：

> 道不在文字，亦不在離文字，執文字爲道，講師所以有說食數飽之譏也。執離文字爲道，禪士所以有暗證生盲之禍也。達磨大師，以心傳心，必藉楞伽爲印，誠恐離經一字，即同魔說。智者大師，九旬妙談，隨處結歸止觀，誠恐依文解義，反成佛冤。少室、天台，本無兩至，後世禪既謗教，

〔註7〕同前註，頁473。

教亦謗禪，良可悲矣。予二十三歲，即苦志參禪，今自稱司淑天台者，深
痛我禪門之病，非台宗不能救耳。〔註8〕

蕅益師即以這個「道」的理念，而肯定「現前一念心」的稱性功能。是即：具備本
來清淨的德行，以及全性起修的修德，性修不二的如來藏。而如來藏的本體，是離
言的眞如。由如來藏中變現的根身器界或心心所法，就是依言的眞如。因此，這個
所謂的「道」，並不是文字形式的，也不是離文字的。在禪宗和天台宗都說是修道，
或證悟道的法門，不論哪一方都應該是主張不執文字或不離文字。譬如禪宗初祖菩
提達摩，雖然是首倡以心傳心之說，然亦以《楞伽經》爲印證之憑藉。此外，天台
智者大師，曾在金陵瓦官寺講說《法華玄義》，但其結論，還是歸向於修行止觀。依
上述各端，禪宗與天台宗都是明顯地主張於心與文字法的不離不執。

那麼性相融合，禪教合一的主張既是蕅益師論學的核心，當然亦反應在其以宣
傳爲導向的《四書蕅益解》著作中，在本書中處處可見大師融合禪與教、性與相的
努力，諸如〈大學〉的三綱領：「大學之道，在明明德，在親民，在止於至善。」蕅
益師即以禪與天台的思想融合爲釋，其云：

> 道者，從因趨果所歷之路也。只一在明明德，便說盡大學之道。上明字是
> 始覺之修，下明德二字，是本覺之性。性中本具三義，名之爲德。謂現前
> 一念靈知洞徹，而未嘗有形，即般若德。現前一念雖非形象，而具諸妙用
> 舉凡家國天下，皆是此心中所現物。舉凡修齊平，皆是此心中所具事，即
> 解脫德。又復現前一念莫知其鄉，而不無，位天育物，而非有。不可以有
> 無思，不可能凡聖異，平等不增不減，即法身德。我心既爾，民心亦然。
> 度自性之眾生，名爲親民；成自性之佛道，名止至善。親民、止至善只是
> 明明德之極致，恐人不了，一一拈出，不可說爲三綱領也。此中明德，民，
> 至善，即一境三諦，明、親、止，即一心三觀，明明德即自覺；親民，即
> 覺他；止至善，即覺滿。自覺本具三德，束之以爲般若；覺他令覺三德，
> 束之以爲解脫；至善自他不二，同具三德，束之以爲法身。不縱不橫，不
> 並不別，不可思議，此理名爲大理。覺此理者，名爲大學。從名字覺，起
> 觀行覺；從觀行覺，得相似覺；從相似覺，階分證覺，歸究竟覺，故名大
> 學之道。

這裡蕅益師即以其禪思想「現前一念心」融攝天台的「般若德、解脫德、法身德」，
用以解釋「明德」一詞之含義。並以禪思想解釋三綱領一遍後，再以天台「一心三

〔註8〕見〈示如母〉的法語，《宗論》頁14。

觀」與「一境三諦」的觀念解釋一遍，其調和二者思想之用意，明白可見。而對〈大學〉的八條目：「古之欲明明德於天下者，先治其國；欲治其國，先齊其家；欲齊其家者，先修其身；欲修其身者，先正其心；欲正其心者，先誠其意；欲誠其意者，先致其知，致知在格物。」蕅益師則轉用唯識的觀念詮釋，其云：

> 說個明明德於天下，便見親民止至善，皆明德中事矣。正其心者，轉第八識爲大圓鏡智也；誠其意者，轉第七識爲平等性智也；致其知者，轉第六識爲妙觀察智也。格物者，做唯心識觀，了知天下國家，根身器界，皆是自心中所現物，心外別無他物也。是故若欲格物，莫若觀所緣。若知外所緣緣非有，方知內所緣緣不無。若知內所緣緣不無，方能力去內心之惡，力行心內之善，方名愼獨。又祇一明德，分心、意、知，三名，致知，即明明德。

又，〈大學〉：「湯之盤銘曰：『苟日新、日日新、又日新。』」一文，蕅益師則用禪的修證歷程解釋一遍後，又用唯識的修證歷程，解釋一遍：

> 欲誠其意，莫若自新。自新者，不安於舊習也。我法二執，是無始妄習，名之爲舊；觀我法空，是格物致知，名之爲新。苟者，斬然背塵合覺也；日日新者，不肯得少爲足；又日新者，不肯半途而廢。又苟日新者，斷分別二執；日日新者，斷俱生二執；又日新者，斷二障種子。（頁16）

在〈大學直指〉與〈中庸直指〉裡蕅益師即是以禪、天臺、唯識三家思想或合釋或輪流爲釋，這種融合性相與禪教的例子在此二篇中比比皆是，處處都可見蕅益師融合諸宗的用心與努力。

第三節　鍼砭時代風氣

一、對狂禪風氣之反應

當萬曆以後，有一種似儒非儒、似禪非禪的「狂禪」運動〔註9〕風靡一時。這個運動以李卓吾爲中心，上溯至泰州派下的顏、何一系，而其流波及於明末的一般文人。他們的特色是「狂」，旁人罵他們「狂」，而他們也以「狂」自居。本來當年陽明就自命爲「狂者」。如傳習錄載：

> 薛尚謙鄒謙之馬子莘王汝止侍坐，因嘆先生自征宸濠以來，天下謗議益眾，請各言其故。有言先生功業勢位日隆，天下忌之者眾；有言先生之學

〔註9〕詳見嵇文甫著：《左派王學》，第三章。

日明，故爲宋儒爭是非者亦日博；有言先生自南都以後，同志信從者日眾，而四方排阻者日益力。先生曰：諸君之言，信皆有之。但吾一段自知處，諸君未道及耳。諸友請問。先生曰：我在南都以前，尚有些子鄉愿的意思在。我今信得這良知眞是眞非，信手行去，更不著那些覆藏。我今纔做得個「狂者」的胸次，使天下之人都說我「行不掩言」也罷。薛尚謙出，曰：信得此過，方是聖賢的血脈。

由此可知「狂」正是王學的本色。不過陽明究竟還不甚「狂」，後來左派就專從這一路發展了。龍谿極力辨別狂狷與鄉愿，對於「狂者」大爲贊揚〔註10〕。至於心齋，連陽明也覺得他「意氣太高，行事太奇」，而加以裁抑，其「狂」更不用說了。然而他們究竟還都是名教中人，沒有大越普通儒者的矩矱，沒有乾脆成爲「狂禪」。直到顏、何一派，情形更不同了。他們已經眞成爲具備理論大綱的「狂禪」〔註11〕，而爲李卓吾的先驅了。

卓吾所著有《焚書》、《藏書》、《說書》、《九正易因》等書。其學不守繩墨，出入儒佛之間，而大旨源於姚江。他自稱「不曾四拜受業一個人以爲師」，而對王學左派諸人備致推崇。尤其傾倒的是王畿，其次則羅汝芳。他稱泰州學派道：

當時陽明先生門徒遍天下，獨有心齋爲最英靈。心齋本一灶丁也，目不識丁。聞人讀書，便自悟性。逕往江西，見王都堂，欲與之辯質所悟，此尚以朋友往也。後自知其不如，乃從而受業焉。故心齋亦得聞聖人之道。此其氣骨爲何如者？心齋之後爲徐波石，爲顏山農。山農以布衣講學，雄視一世，而遭橫死，波石以布政使請兵督戰，而死廣南。雲龍風虎，然哉！蓋心齋眞英雄，故其徒亦英雄也。波石之後爲趙大洲，大州之後爲鄧豁渠，山農之後爲羅近溪，爲何心隱，心隱之後爲錢懷蘇，爲程後臺，一代高似一代。所謂大海不宿死屍，龍門不點破額，豈不信乎！心隱以布衣出頭倡道而遭橫死。近溪雖得免於難，然亦幸耳，足以一官不見容於張太岳。蓋英雄之士，不可免於世，而可以進於道。（爲黃安上人大孝文一首）

泰州派下這一批人物，在普通儒者眼中簡直是群怪物，而卓吾卻極口稱贊他們是英雄，把他們寫得生龍活虎一般。他有一篇〈何心隱論〉，稱心隱爲「上九之大人」，極力替他申冤道。

今觀其時，武昌上下，人幾數萬，無一人識公者，無不知公之爲冤也。方其揭榜通衢，列公罪狀，聚而觀者，或指其誣，至有噓呼叱吒不欲觀焉者，

則當日之人心可知矣。由祁門而江西，又由江西而南安，而湖廣，沿途三
千餘里，其不識公之面而知公之心者，三千餘里皆然也。非惟得罪於張相
者，有所憾於張相而云然，雖其深相信以爲大有功於杜稷者，亦猶然以此
舉爲非是，而咸稱殺公以媚張相者之爲非人也。則斯道之在人心，眞如日
月星辰之不可蓋覆矣。

讀此段可能想見心隱一流人在當時聲勢之大，影響之深。卓吾學風和心隱很相近，
對於他尤其是深表同情，故爲之扼腕嘆息如此。卓吾、心隱這一流人，常被後儒罵
爲狂禪，然卓吾對於當時思想界則有廣泛而深刻的影響，《鄒穎泉語錄》載：

李卓吾倡爲異說，破除名行，處人從之甚眾，風習爲之一變。劉圓清問於
先生曰，「何近日從卓吾者之多也」。曰：「人心誰不欲爲聖賢，故無奈聖
賢礙手耳。今渠謂酒色財氣一切不礙菩提路。有此便宜事，誰不從之。」

這種批評雖說不一定全合眞情，但卓吾這班狂禪派確乎是大開方便之門，絕不是循
規蹈矩的。他們也確乎是把聖人這個名字便宜出賣，如羅汝芳稱顏山農爲聖人，卓
吾稱趙大洲爲聖人，焦竑亦稱卓吾「可坐聖人第二席」，眞可謂「滿街都是聖人」了。
狂禪潮流影響一般文人，如公安派竟陵派以至明清間許多名士才子，都走這一路，
在文學史上形成一個特殊時代。然所謂「狂禪」派諸人，雖豪放不羈，尚能言之有
物，可是流風所及，後繼者慕其風而廢其學，以致造成「束書不觀，游談無根」的
惡劣風氣，致使有「滿皆都是聖人」之譏。在本來由於政治社會因素〔註12〕而素質
低落的佛教界中，受到此一風氣之感染，其產生的弊病則更加嚴重了。〔註13〕對此，
在佛教復興的趨勢中，蓮池大師首先以其嚴謹的修行生涯爲示範，撰寫了許多砥礪
修行者的著作，諸如：《緇門崇行錄》、《自知錄》、《竹窗隨筆》、《禪關策進》、《共住
規約》等企圖振興整個修行風氣。繼之者則有大香的《潙山警策註》、大建的《禪林
寶訓音義》、圓悟的《闢妄救略說》、弘贊的《潙山警策句釋記》、戒顯的《禪門鍛鍊
說》、圓澄的《慨古錄》等，或砥礪僧行，或針砭時風以圖改造整個佛教界的風氣。
而以佛教興衰爲己任的蕅益師當然對此風氣亦思挽救，在其文集中，屢屢闡發對此
教勢之感傷與不滿，例如：

◎ 〈己巳除夕白三寶文〉：「丁茲末運，競鶩虛名，別解脫經，罕知端緒，秉羯
磨法，罔識範模，文字法師，狂妄禪客，同爲師子身蟲，形服沙門，孺羊持律，並
致魔軍侵侮。」

◎ 〈示憨師侍者慈門〉的法語中，開示：「近世各立門庭，競生窠臼，認話頭

〔註12〕詳見本文第一章第二節所言。
〔註13〕同前註。

為實法，以棒喝作家風，穿鑿機緣，杜撰公案，謗讟古人，增長戲論，不唯承虛接響，且類優人俳說。」

◎ 〈示象巖的法語〉開示：「今時喪心病狂無聊禪和，影響竊掠，聽其言超佛祖之行，稽其行落狗彘之下。」

◎ 〈示慧含〉及〈示漢目〉的法語中述及：「捨麤求精，厭動求靜，喜順惡逆，或鑽他故紙，認指為月，或枯守蒲團，釘椿搖櫓。」及「末世禪和，不為生死大事，裝模作樣，詐現威儀，不真實學禪教律，徒記兩則公案，辨幾句名相，受三衣一缽；以為佛法盡此矣。」

在蕅益師的著作中，《梵室偶談》一篇即是專門針對當時僧人戒律鬆散、不守紀律、荒廢道業而發。而於《四書蕅益解》中，蕅益大師也時常流露著對這一風氣的感嘆與針灸，企能挽救個風氣於當時，諸如：

◎ 三德常樂秘密之藏，為佛一人，能開能示，後世祖師，傳佛心印，假使離經一字，即同魔說，所謂同軌同文同倫也。夫有位無德，是跡高本下，有德無位，是本高跡下。今之本跡俱下，而輒非佛經，自撰語錄，罪何如哉？（頁 66）

◎ 方外史曰，禪自白椎而往者，吾不欲聞之矣。教自擊鼓而往者吾不欲聽之矣。律自發心而往者，吾不欲觀之矣。嗚呼。古今同一痛心事。世出世法，同一流弊。奈之何哉。（頁 97、98）

◎ 今之硬作主宰，錯下承當者，皆未具信根故耳。寡過未能，聖仁豈敢。既不生退屈，亦不增上慢，其深知六即者乎！（頁 112）

◎ 若離下學而空談上達，不是君子儒，亦不是小人儒。便是今時狂學者。（頁 121～122）

◎ 方外史曰：今之高談向上，恥居學地者，愧死愧死。（頁 136）

◎ 不似今人強辯飾非。（頁 137）

◎ 大家要自己簡點，勿墮此坑塹。（頁 143）

◎ 古人云：只貴見地，不問行履也。倘無行履，絕非正見。（頁 184）

◎ 今人離下學，而高談上達。譬如無翅，妄擬騰空。（頁 192）

◎ 妄以理佛，擬究竟佛，是狃大人；妄謂經論是止啼法，不知慧命所寄，是侮聖人之言。（頁 208）

◎ 未得謂得，枉了一個空歡喜。可笑可笑。（頁 209）

由這些敘述文字中，真可得見當時弊病之一般，與蕅益師的無奈。大師除了對當時禪者之弊，於註解文中時時提出批判外，並針對此種情形，於註解《四書》時，除順應當時「以禪解經」的風氣外，並提出了「離經一字，即同魔說」的口號，特別

用天臺、唯識二家教義與引經據典的方法，以明其言出之有據，冀望矯正當時狂禪的歪風。在《四書蕅益解》一書中，其明言引用的佛教經典總共有：《楞嚴經》十四次、《法華經》二次、《圓覺經》一次、《宗鏡錄》一次；儒教方面則有《尚書》一次、《孔子家語》一次、《易經》二次。除此之外，經典的原文與《起信論》的思想則不計其數的散見於文章之中。

二、感嘆時政

除了對「狂禪」有所反應外，由於《四書蕅益解》一書寫作於明朝即將滅亡期間，對於當時社會的戰亂之象，亦傷感的反映在其篇幅之中了，如在〈顏淵篇〉：「子貢問政。子曰：『足食、足兵、民信之矣。』子貢曰：『必不得已而去，於斯三者何先？』曰：「去兵」，子貢曰：『必不得已而去，於斯二者何先？』曰：『去食，自古皆有死，民無信不立。』」蕅益師於註解此文後，更加其議論於後曰：

> ……今時要務，正在去兵去食，不在調兵徵糧也。方外史曰，蠲賦稅以足民食；練土著以足民兵，故民信之。必不得已而去兵，去官兵正所以足民兵也；又不得已而去食，去官食正所以足民食也；所以效死而民弗去。今時不得已則屯兵，兵屯而亦不足矣。又不得已則加稅，稅加而亦不足矣，求無亂亡，得乎？聖賢問答，眞萬古不易之良政也。……

由這一段之議論，眞可見出一代大師憂國憂民之心態與無奈。

第四節　對儒家之回應

《四書蕅益解》這本書，其最大的目的，當然是寫給當時之儒者看的，而於文中自然流露出蕅益師對儒家及其人物之看法，以及排解儒者對佛教之非難與攻擊。

一、對儒家人物之看法

（一）肯定孔子地位：在〈論語點睛〉中，蕅益師對孔子則時時表示推崇。如：〈論語點睛〉解〈八佾篇〉，儀封人拜見孔子後，告孔門弟子云：「天將以夫子爲木鐸。」，注道：「終身定評，千古知己，夫子眞萬古木鐸也。」以「萬古木鐸」稱讚孔子，其推崇孔子可見一斑。而蕅益師又謂楚狂接輿爲「聖人一個知己」，且推崇孔子爲至聖，如，〈子罕篇〉載孔子在川上之嘆，蕅益師注云：「引而申之，有逝逝，有逝不逝，有不逝逝，有不逝不逝，非天下之至聖，孰能知之？」。此外，〈公冶長篇〉載孔子在陳興歸與返魯之嘆，蕅益師讚孔子周遊列國，積極爲世之行徑，云：「木鐸之任，菩薩之心。」又，對孔子「有教無類」的精神，讚許爲「佛菩薩之心也。」

（頁 204），這裡把孔子比擬為悲天憫人的佛菩薩，可說是向孔子致上最高的敬意。

（二）孔門唯顏淵得到眞傳，其餘皆無：蕅益師以為孔門雖稱有七十二賢，然實顏淵得到孔子的直傳，其他如曾子以下，皆未能得孔子心法，而顏淵死後，孔子心法便失傳了。如其云：

> 子張鶩外，尚未能學孔子之跡，又安可與論及本地功夫。（頁 95）

> 故知曾子只是世間學問，不曾傳得孔子出世心法，孔子獨嘆顏回好學，良不誣也。（頁 104）

> 說了又說，深顯曾子、子思不能傳得出世道脈。（頁 161）

> 此切示下手功夫，不是印證……然不可便作傳道看。顏子既沒，孔子之道的無正傳。（頁 108）

> 朝聞夕死，夫復何憾？只是藉此以顯道脈失傳，杜後儒之冒認源流耳。（頁 161）

> 曾子以下，的確不能通此血脈。孔子之道，的確不曾傳與他人。（頁 119）

> 俗儒妄謂曾子傳得孔子之道，則子貢亦傳得孔子之道矣。孔子何以再嘆今也則亡。（頁 195）

> 此便是子夏之學，不是孔子之學，所謂小人儒也。（頁 222）

連孔子嫡傳的曾子、子夏、子張，蕅益師都認為未能得孔子心法，且批評子夏之學為小人儒，那麼由後世推尊為「亞聖」的孟子，蕅益師也同樣的於文中提出對孟子見解的批評，如：

〈陽貨篇〉：子曰：「性相近也，習相遠也。」

〈點睛〉：性近習遠，方是不變隨緣之義。孟子道性善，只是說人道之性，以救時耳。（頁 210）

這裡指出孟子的「性善說」只是救一時之急，並不是孔子眞正之意。又：

〈陽貨篇〉：陽貨欲見孔子，孔子不見，歸孔子豚。孔子時其亡也，而往拜也。遇諸塗。謂孔子曰：來，予與爾言。曰：懷其寶而迷其邦。可謂仁乎？曰：不可。好從事而亟失時，可謂知乎？曰：不可。日月逝矣，歲不我與。孔子曰：諾。吾將仕矣。

〈點睛〉時其亡，只是偶值其亡耳。孟子作瞰其亡，便令孔子作略，僅與陽貨一般。豈可乎哉？（頁 210）

〈子路篇〉：子曰：不得中行而與之，必也狂狷乎。狂者，進取。狷者，有所不為也。

〈點睛〉：狂狷，就是狂簡。狂則必簡，簡即有所不為。有所不為，只是行己有恥耳。孟子分作兩人解釋，孔子不分作兩人也。若狂而不狷，狷而不狂。有何可取？

以上兩則，即就孟子解經文不當之處，提出糾正，也因為孟子亦不能得孔子之道，

所以蕅益師在註解〈孟子〉時便採取了「解孟子者曰擇乳，飲其醇而存其水也」（《四書蕅益解》自序）的手段。

然孔顏心法，雖然失傳許久，可是蕅益師卻在「苦參力討，廢寢忘餐」下，悟得了孔顏心法。他自己即如此說：

> 年二十歲，看〈顏淵問仁章〉，竊疑天下歸仁語苦參力討，廢寢忘餐者三晝夜，忽然大悟，頓見孔顏心學眞血脈，眞骨髓。因識孔子聞知之傳，誠待其人，非漢宋諸儒能擬議也。（〈性學開蒙〉自跋）

也正因爲蕅益師認爲漢宋諸儒不能傳孔子學說的眞骨髓，而自己已得孔顏心法，所以才來「解論語者曰點睛，開出世光明也」，俾讓孔顏心法，重新照明於來世。

二、親陽明學說

陽明是蕅益師認爲能直承孔顏心學之傳的人，認爲其悟境跟自己的差別乃在於「陽明境上鍊得，力大而用廣；吾則從看書解得，力微而用弱」〈示李剖藩〉而已。因此，在蕅益師的文集中，時常讚嘆陽明，其云：

◎ 王陽明超漢宋諸儒，直接孔顏心學。一生示人，唯有致良知三字。良知者，性明之體。（〈陳子法名眞朗法號自昭說〉）

◎ 王陽明奮二千年後，居夷三載，頓悟良知，一洗漢宋諸儒陋習，直接孔顏心學之傳。（〈示李剖藩〉）。

◎ 王陽明龍場大悟，提致良知三字，爲做聖眞訣。雖曰顏子復生，不亦可乎！（〈儒釋宗傳竊議〉）

蕅益師不但稱讚陽明直接孔顏心學，能一掃漢宋諸儒的陋習外，並將之比喻爲顏淵復生了。且更爲陽明之闢佛加以辯護：

> 或病陽明，有時闢佛，疑其未忘門庭。蓋未論其世、未設身處其地耳。嗚呼！繼陽明起諸大儒，無不醉心佛乘，夫非鍊酥爲酒之功也哉。（〈閱陽明全集畢偶書〉二則）

由此可見蕅益師對陽明是如何的讚賞。關於蕅益師對陽明的態度，我想跟陽明學的性質與禪較接近且陽明本人對佛教的態度較程朱等人寬容有關。因此在解《四書》時，其對〈大學〉方面的意見也以陽明爲依歸，認爲〈大學〉「本非一經十傳，舊本亦無錯簡，王陽明居士已辨之矣。」（《四書蕅益解》自序）他也時常直接引用陽明的話做爲註解，如，〈衛靈公篇〉：「顏淵問爲邦。子曰：『行夏之時，乘殷之輅，服周之冕，樂則韶舞。放鄭聲，遠佞人；鄭聲淫，佞人殆。』」其註云：

> 王陽明曰：「顏子具體聖人，其於爲邦的大本大原，都已完備。夫子平日

知之已深，到此都不必言，只就制度文爲上說，此等處亦不可忽略，非要是如此，方盡善。又不可因自己本領是當了，便於防範上疏闊，須是要放鄭聲、遠佞人。蓋顏子是克己，向裏德上用心的人，孔子恐其外面末節，或有疏略，故就他不足處幫補說。若在他人，須告以爲政在人，取人以身，修身以道，修道以仁，達道九經，及誠身許多功夫，方始做得。此方是萬世常行之道，不然，只去行了夏時，乘了殷輅，服了周冕，作了韶舞，天下豈便治得。」

又，〈先進篇〉：「子曰：『回也，非助我者也，於吾言，無所不說。』」其註云：

人問王陽明曰：「聖人果以相助，望門弟子否？」陽明曰：「亦是實話。此道本無窮盡，問難愈多，則精微欲顯。聖人之言，本是週遍，但有問難的人，胸中窒礙，聖人被他一難，發揮的愈加精神。若顏子胸中了然，如何得問難！故聖人亦寂然不動，無所發揮。」

這裡長篇大論的完全以陽明的見解以及與弟子的對話，做爲自己的看法與註文，可說是對陽明心儀的一種表現。這種例子，在本書中尚有許多，且有時在自己註文後，更引用陽明之言，以爲自己之佐證或輔助說明，增加文章的說服力。如〈述而篇〉「葉公問孔子於子路」章，蕅益師註云：「者才是爲人的。今只偷得一人生耳，何嘗肯爲人哉？既是不肯爲人，所以一失人身，萬劫難也。」之後，更引陽明之言：「王陽明曰：『發憤忘食，是聖人之志如此，眞無有已時；樂以忘憂，是聖人之道如此，眞無有戚時，恐不必云得不得哉。』」以爲說明。此外在〈八佾篇〉「子謂韶盡美矣」章，其註曰：

……王陽明謂金之分兩不必同，而精純同。以喻聖之才力不必同，而純乎天理同，此是千古至論。（頁 102）

這裡把陽明的話，說成是千古至論，其對陽明之推崇，可見一斑。在《四書蕅益解》中，蕅益師亦常常引用陽明再傳弟子李卓吾的話，作爲註文，其對陽明學的親近就不言可喻了。而對於程朱學派的思想，蕅益師本來就持著很多反駁的論調，如：

◎ 三寶深理，非庸儒所知，大智丈夫，乃能諦信。余少時亦拘虛於程朱，後廣讀內典，稍窺涯畔，莫窮源底。（〈示范明啓〉）

◎ 宋儒循行數墨之輩，索隱立異，皆非孔子所謂學也。晦庵早富著述，晚乃欲追之不可得。（〈示郭大爵〉）

在晚明的新《四書》學潮流中，呈現著一片反朱的趨勢，本書自亦不例外，如〈大學〉版本依王陽明的古本，而不依朱子一經十傳的編排，「格物致知」說與朱子的立異等等。且本書於註解文字中亦時常流露出對宋儒論調的反駁，如〈八佾篇〉「子曰：

『關雎樂而不淫，哀而不傷。』蕅益師以為此章之意乃：「后妃不嫉妒，多求淑女，以事西伯，使廣繼嗣之道，故樂不淫、哀不傷。」並進而批評朱註之不當：

> 若以求后妃，得后妃為解，可笑甚矣。詩傳、詩序皆云后妃求淑女，不知紫陽何故，別為新說。（頁 100）

又，〈憲問篇〉：「子貢曰：『管仲非仁者與？桓公殺子糾，不能死，又相之。』子曰：『管仲相桓公，霸諸侯，一匡天下，民到於今受其賜。微管仲，吾其披髮左衽矣。豈若匹夫匹婦之為諒也，自經於溝瀆而莫之知也。』」於此，蕅益師特發其議論：「大丈夫生於世間，惟以救民為第一義。小名小節，何足論也。天下後世受其賜，仁莫大焉。……」，並據此批評宋儒之言為：

> 若夫忠臣不事二君，烈女不更二夫，本非聖賢之談，正是匹婦之諒。（頁188）

三、排解非難

佛教傳入中國以後，受到了排佛者的各種攻擊，其所持之理由甚多，而最主要者，則是「滅棄人倫」。他們認為出家僧人，不娶妻生子，斷絕後代以及逃避山林，不能奉養父母，是非常不孝的行為。這種排佛的言論，到了程朱之學興起以後，更加熾烈。尤其集理學大成的朱子，更是集排佛的大成，其「闢佛持論最力而無或稍容者，殆莫過於佛氏逃世滅棄倫常一節。蓋為佛氏所最無可逃罪者以此。」〔註14〕如其云：

> 禪學最害道，莊老於義理絕滅猶未盡；佛則人倫已壞，至禪則又從頭將許多義理掃滅無餘。（朱子語類一二六）
>
> 佛氏本無父母，卻說父母經，皆是遁辭。（朱子語類五二）
>
> 釋氏所以為學之植心，正為恐此理之充塞無間，而使己不得一席無理之地以自安。……是以叛君親、棄妻子、入山林、捐軀命，以求其所謂空無寂滅之地而逃焉。（讀大紀《大全》卷七十）

朱子的這種排佛的言論，隨著其學成為官學，而對宋明以後的儒者，發揮很大的影響力。對朱子這種言論的反擊，可說是佛教界的當務之急。而以振興佛教為己任的蕅益師，對這種情形自要提出反駁，尤其是在註解朱子學的根據地－《四書》時，更要藉機闡揚一番，其言：

> 三引舜文武周，以作標榜，皆以孝字為主，次明修道以人，後云親親為大，可見最邇無如孝，最遠亦無如孝。佛云：孝名為戒，孝順至道之法，故知

〔註14〕見熊琬：《宋代理學與佛學之探討》，頁316。

儒釋二教，入門大同，但孝有出世間之異耳。(頁 48)

這裡藉著〈中庸〉引「舜文武周」作爲孝順的榜樣時，特別聲明，在佛教中也很講求孝道，只是與儒家所講的孝道，有入世與出世之別而已。那麼世間與出世間的孝道，又有何同異呢？藕益師以爲：

世出世法，皆以孝順爲宗。《梵網經》云：「孝順父母師僧三寶，孝名爲戒。蓋父母生我色身，師僧生我法身，三寶生我慧命，是故咸須孝順。」而欲修孝順者，尤須念念與戒相應。如曾子云：無故而殺一蟲蟻，非孝也。世孝尚爾，況出世大孝乎！以要言之，真能孝順父母師僧三寶，決不敢犯戒告惡。經言孝名爲戒者，正欲人以戒爲孝故也。夫世間孝，以朝夕色養爲最小，以不辱身不玷親爲中，以喻親於道爲大。出世孝亦如是，勤心供養三寶，興崇佛事，小孝也。脫離生死，不令佛子身久在三界淪溺，中孝也。發無上菩提心，觀一切眾生無始以來皆我父母，必欲度之令成佛道，此大孝也。舜盡世間大孝之道，玄德升聞於堯而爲天子。今出家兒，盡出世大孝之道，玄德聞於法界，必成無上菩提明矣。〈孝聞說〉

又在〈里仁篇〉：「子曰：『父母在，不遠遊，遊必有方。』」註云：

方，法也。爲法故遊，不爲餘事也。不遠遊句，單約父母在說。遊必有方，則通於存沒矣。(頁 109)

於此說明修道人雲遊四方，乃是爲了求法，於自己成就以後，再度化雙親出離苦海，非是爲了推卸世間的責任與義務而逃避出林。並對世間人指責僧人，廢絕子嗣提出說明：

既曰求仁得仁，則世間宗嗣。又其最小者矣。何足介意。(頁 131)

認爲出家人是爲了遠大的理想才出家，即是使自己與雙親乃至有情眾生，皆能脫輪迴中的苦、空、無常等苦痛，因此世間宗嗣的繼承，對他們來說是不足介意了。因爲世間的孝道是不如出世間孝道的，世間的孝道，最多還是在五行內，依然會使雙親受到六道輪迴的痛苦，而不如佛家，能使父母脫離輪迴，達到究竟安樂的佛果。其云：

……例此皆用法華開顯之旨，來會權文，令成實義，不可謂世間儒學，本與圓宗無別也。觀彼大孝至孝，未曾度親成佛，盡性之極，不過與天地參則局在六合之內明矣。(頁 72)

藕益師這種孝道觀念，即是就著佛家的立場，順著儒家的觀念擴而大之，藉機以溝通兩者之間的差異，而消解歷來認爲出家是不孝父母的行爲認定。

第六章　結　論

第一節　《四書蕅益解》之時代意義

　　自東漢明帝年間佛法東傳中國後，儒佛之交涉即開始〔註1〕。早期的交涉，不論是在護法論者如牟融的《理惑論》，或是排佛論者如顧歡之《夷夏論》，其交涉的重點乃在於見解上之主張，佛法並未融入其思想〔註2〕，即使就儒家闢佛不遺餘力的韓愈來說，也僅是就夷夏倫常等觀點來非難，並未能就義理上進行批判。直至宋明儒者架構了理學的範疇，發展了形上學，並進一步探討心性論，才開始從義理上來討論或是批評佛教，形成了排佛史上的一個高峰。並隨著朱學成為官學，其排佛的主張，大大影響了程朱學派的學者而造成佛教界相當大的壓力。這種情形一直到明朝中晚期陽明的心學盛行才有所改觀，陽明心學與禪學本就十分接近而易於混淆，且其本人對佛道二教也較寬容，這使得三教間的距離逐漸拉近，給了三教融合的新契機。而發展至陽明後學浙中學派的王畿及泰州學派的王艮、羅汝芳等人時，甚至不諱言本身與禪的接近。到了這個階段，儒與佛的交涉將其重心由見解上主張其同或其異，而轉移至經由義理上的討論來非議和調和。於是在晚明這個時代，不論在佛教界內或是在儒家的陣營裡，都共同呈現出思想融合傾向，而瀰漫著三教同源論的色彩，使得儒釋道三教的交涉愈加密切，三教合一的見解，更逐漸蔚為時代的風潮，許多陽明學的儒者更是三教合一的提倡者。然因其各自立場不同，所形成的調和論也就形形色色。此三教一致的主張更具體的反映在當時的小說、戲曲、民

〔註1〕關於三教融合的歷史過程與面貌，請參閱陳運星著：《儒道佛三教調和論之研究──以憨山德清的會通思想為例》（國立中央大學哲學研究所，碩士論文，79年。）
〔註2〕見熊琬著：《宋代理學與佛學之探討》，頁12～15。

間宗教乃至儒學的大本營——《四書》學中，因而產生大量「以禪解經」的《四書》學新面貌。這種「以禪解經」的《四書》學，除了蕅益大師的《四書蕅益解》與憨山大師的《大學綱目決疑》、《中庸直指》外，大致上是陽明學的學者所作，其立論的中心思想，仍是以「陽明心學」為中心。其內容雜有佛、道的部份，乃是受當時三教合一論流行的影響所致。這些著作援引佛道的地方，大概為：名詞的引用、行為的比擬、文意觀念的相比附，較少深入義理層次的融合。其與六朝流行的「義疏之學」相比較，只是受佛道三教感染的範圍較多較廣而已，於義理上的合會還是很淺。

另外，就佛教界來說，明末四大師亦積極地發展融攝儒道兩家，而歸本於佛的主張。但由於各大師的態度並不盡相同，而其個性與學養亦皆有其專精特出之處，所以雖然同樣是在佛教界醞釀出儒釋調和的主張，卻也各具其特色與風采。柴柏、袾宏兩位大師，都有論及儒釋關係的文字，然多屬泛論性質的短文，較少從義理上來會通。而蕅益大師本身不但精通佛教教內各派的義理，亦熟悉理學家朱熹與陸九淵的學說〔註 3〕，於是蕅益師便趁著晚明流行「以禪解經」的學風，將其合會儒釋的主張化為具體的《四書》學著作，企圖從義理上來會通儒佛，達到其「以佛入儒，務誘儒以知禪」的目的。

《四書蕅益解》之「援佛入儒」的基礎，主要是以蕅益大師的「現前一念心」為思想核心。這「現前一念心」以天台宗「一念三千」的性具思想為其基礎，除了含有在這一念之中具足無漏功德善法的意義外，特別重視《起信論》「一心開二門」的架構，亦即真如隨緣的思想，即隨緣而悟不變，即不變而隨緣，即妄即真，即真即妄的呈現，而這個架構具體的表現在心體論與工夫論上，即是「全性起修」、「全修在性」、「性修不二」的教理。蕅益師即以此為基礎，透過「以佛解儒」的手段，將儒家的觀念，如：〈大學〉的「三綱八目」、〈中庸〉的「天、命、性、誠」等；與儒家的德目，如：「仁、學、忠、信」等全部佛化，轉為佛教的內涵，並順著這個佛化後的內涵解釋，於是儒家的〈大學〉與〈中庸〉變成了佛家修行成佛的寶典，而一部講進德修業的《論語》變成了禪師的語錄。

在儒佛的交涉史中，《四書蕅益解》，可說是一個高峰，它代表了晚明佛教界在此一風氣下，有目的、有方法、有系統，全面從義理上調和儒釋的成果。雖然憨山大師亦有〈大學綱目決疑〉、〈中庸直指〉等合會三教的《四書》學著作，但與蕅益師的著作比較，則可發現二者雖然同屬於佛教界大師對儒典的詮釋，但憨山大師在

〔註 3〕如他有一段平章朱陸之爭的文字，見於〈性學開蒙〉中。

以佛理說儒之外，其思想特色帶有很濃厚的道家老莊色彩，如其據以道家的莊子思想解釋〈中庸〉「慎獨」之義〔註4〕，且其據以解說的佛理，在運用上較單一，大致上是從真常不變的佛性來立說；而蕅益師則廣泛地運用天台、唯識、禪等各方面的佛教思想來註解，在儒釋的符應上，是較為純粹而全面的佛教立場。且在詮釋的對象上，憨山大師僅就〈大學〉、〈中庸〉進行註解，而且解〈大學〉乃著重在三綱八目上來解說；蕅益師則《論語》、《孟子》、〈大學〉、〈中庸〉等《四書》及《周易》皆有注文，且有〈性學開蒙〉專文討論儒釋同異的問題，相應於明朝頒行的三大全書來說，蕅益師才算完備而成熟。除此之外，在「現前一念心」的運用之下，佛教內的各宗：性宗與相宗、禪與教、禪與天臺、天台與唯識，都在《四書蕅益解》中得以折衷而會通了。

因此，我們可以說《四書蕅益解》一書是蕅益師「現前一念心」的思想結晶，是蕅益師合會儒釋、融合佛教各宗的具體作品，與當時的新《四書》學做比較，它最大特色與價值在建構了完整的「援佛入儒」的理論架構與面貌，呈現了一種特殊的文化整合方式。在儒佛互動的歷史脈絡中，其最大的作用，即是將儒家的經典納入佛法之中，成為佛法的一部份，從義理上回應與化解程朱以來儒者的排佛壓力，並藉此作為接引儒者的橋樑，使儒者因閱讀《四書蕅益解》而對佛法有一番更深入的瞭解，進而為佛門的在家居士。從觀察晚清至現代的佛教界，可知《四書蕅益解》是產生了很大的影響力。

第二節　《四書蕅益解》與後世之關係

蕅益師的思想對近代中國佛教之影響，是扮演著舉足輕重的角色，如晚清時期的楊仁山等在家居士以及民國初年的佛教改革大師太虛、持戒嚴謹的弘一大師、弘揚淨土的印光大師等人，皆深受其影響，此等諸位大師亦對蕅益師思想頗加以讚美。蕅益師思想廣博，不僅包括了佛教的諸宗諸派（如：禪、律、淨、密、教，教中又包括天台、華嚴、唯識等宗理論），尤其對儒家亦甚為精通，所著作的《四書蕅益解》一書，更是其思想與主張的具體反映，對晚清以後的佛教界有著很大的影響。又另一方面，在明末清初的經學史上，出現了「經世致用」的學風與「回歸原典」的正經運動以及後來乾嘉學派的興起，這種經學史的演變脈絡，可說是對《四書蕅益解》所代表「以禪解經」風氣的一種反動，其表現在儒佛的互動中，即是三教合一論的消失與儒、佛的分離，茲分述如下。

〔註4〕同前註，頁208～226。

一、儒佛之分離

　　晚明的學術界本來是以陽明心學爲主流而瀰漫著三教同源說的風潮，可是到了清初以後，整個學術界則走向經世致用的實學，三教一致在此時是不被提及的，以禪解《四書》的風氣更不再盛行，且儒佛的關係亦逐漸分離，晚明四大師融合三教的主張與成績在此遭到暫時的停頓。關於此一轉變原因有如下幾點：

　　（一）清初儒者認爲「王學」是導致明朝滅亡的原因：十七世紀中葉，明亡清興，中國學術界也經過一場大變。欽慕陽明的學者，如劉宗周以不食殉國，黃宗羲參加反清的游擊戰鬥，志未竟而終身不仕清，可是明末清初的學者中，也有以國家之滅亡，歸罪於「王學」末流的。其中包括知名的顧炎武與王夫之。王夫之從程朱，貶陸王，說其爲禪：

　　　姚江王氏始出焉，則以其所得於佛老者，殆攀是篇〈中庸〉以爲證據。其爲妄也既莫之窮詰，而其失之皎然易見著，則但取經中片句隻字與彼相似者，以爲文過之媒。至於全書之義，詳略相因，巨細靈畢，一以貫之…迨其徒二王、錢、羅之流，恬不知恥，而竊佛老之土苴以相附會，則害愈烈，而人心之壞，世道之否，莫不由之矣。〔註5〕

王夫之又責「王學」之末，喪盡廉恥，忘及君父：

　　　王氏之學，一傳而爲王畿，再傳而爲李贄。無忌憚之教立，而廉恥喪，盜賊興。……故君父可以不恤，名義可以不顧，陸子靜出而宋亡，其流禍一也。〔註6〕

最後一句，暗指「王學」斷送明代天下之意；若不明說，也是爲避清政府之諱。他又說過：

　　　姚江王氏陽儒陰釋誣聖之邪說，其究也，刑戮之民，闖賊之黨皆爭附焉。而以充其「無善無惡圓融事理」之狂妄。〔註7〕

顧炎武更憤激，斥責陽明破壞學風：

　　　以一人而易天下，其流風至於百有餘年之久者，古有之矣。王夷甫（衍）之清談；王介甫（安石）之新說。其在於今，則王伯安（守仁）之良知是也。孟子曰。「天下之生久矣：一治一亂。」撥亂世，反諸正；豈不在後賢乎？〔註8〕

〔註5〕見氏著：《禮記章句》卷三十一，1～2頁。
〔註6〕見氏著：《張子正蒙注》（臺北，世界書局，一九六二），卷九。
〔註7〕同前註，頁2。
〔註8〕見氏著：《日知錄集釋》十八。頁28甲。

於是，陽明學由「異端」而得亡國的罪名。其實，專制政權的崩潰，與其政體本身的缺點，有切實關係。明朝末年，內憂外患，不勝其擾。這與朝廷用人不當，信人不足，是不可分的。細讀《明儒學案》之「東林學案」與「蕺山學案」即可知。明神宗（萬曆）懶於理事，明思宗（崇禎）心有餘而才力皆不足。陽明本人即曾因宦官專權而受謫職與流放的處分。明朝自始而終，寧信宦官而不信忠臣，其滅亡是在人意料之內的。黃宗羲的《明夷待訪錄》，不只是分析與批判專制政權的著作，也可說是解釋歷代興亡（包括明代）的借鏡。將明亡歸罪於「王學」，是簡單化歷史。可是明朝遺老，受到了國破家亡的創傷，其悲痛是不言可喻的，因此在悲憤之餘，便把明朝滅亡的責任歸罪到「王學」的身上，指責王學夾雜釋老，「陽儒陰釋」空疏虛誕，例如張烈、陸隴其、張伯行，都屬此輩，又皆是在朝之學者。另有顏元與李塨強調務實，並排程朱與陸王，認為皆受佛老影響。不過這方面最透徹的言論，來自戴震。戴氏以《孟子字義疏證》，明言宋明二學，俱以禪意解《孟子》書，「六經，孔孟之言，以及傳記群籍，理字不多見……理者，自宋以來，始相習成俗，則以理為如有物焉，得於天而具於心，因以心之意見當之也。」〔註9〕於是清初諸儒便開始提倡「經世致用」的實學，以矯王學之弊，而儒佛則逐漸分離。清朝的經學復興，也可說是學術界疲於「性理」鑽研的反動，因而有「經學即理學」〔註10〕的口號。

（二）「回歸原典」風氣的影響：明末清初時，有許多人面對當時學術界空言心性，援佛入儒，蔑棄古經，和層出不窮的義理糾紛時，他們開始對儒學的本質加以反省，以挽救這日趨下流的學術風氣，儒學即是孔門之學，此為古今學者的共識。而孔門「內聖外王」的道理即寄託在《六經》之中，要實踐「內聖外王」，自應窮究《六經》，此亦為古今學者所肯定。但是，自從宋人以漢人傳經不傳道，已把聖人之道和經學分為兩途，此後的學者遂把此種基本認識逐漸淡忘，造成束書（經）不觀而竟日空言心性的偏頗風氣。自明中葉起，學者即再三申明聖人之道（道學、理學）與經學的關係，以糾正道學與經學分離的頹風，如湛若水說

> 聖人之治本於一心，聖人之心，見於《六經》，故學《六經》者，所以因
> 聖言以感吾心而達於政治者也。（《經義考》，卷二九七，頁9引）

高攀龍說：

〔註9〕戴震：《孟子字義疏證》卷上，頁45。見胡適《戴東原的哲學》書內。（臺北，商務，1970）。另外，批王的書，包括：張烈《王學質疑》（一六八一序），陸隴其《陸稼書集》（卷二），馮詞《求是篇》（卷四）

〔註10〕參看顧炎武：《與施愚山書》《亭林文集》卷三，頁18。顧氏的意思是，理學不能離開經學而獨立存在，見山井湧《明清思想史的研究》（東京，東京大學，1980）頁347，註4。

《六經》皆聖人傳心，明經乃所以明心，明心乃所以明經。明經不明心者
俗學也，明心不明經者異端也。（同上，頁 15 甲）

錢謙益說：

漢儒謂之講經，而今世謂之講道。聖人之經，即聖人之道也。離經而講道，
則賢者高自標目，務勝前人，而不肖者汪洋自恣，莫可窮詰。（《初學集》，
卷二八，〈十三經注疏序〉）

顧炎武說：

理學之傳，自是君家弓冶，然愚獨以爲理學之名，宋人始有之，古之所謂
理學，經學也，非數十年不能通也。（《亭林文集》，卷三，頁 62，〈與施
愚山〉）

由上文的論述，吾人可深深的體會，當時學者普遍的價值觀念是：不論談心性的內
聖之學，或論經世致用的外王之學，皆必須取資於經書，由經書中尋找其大本大源，
這就是學術思想史上所說「回歸原典」的現象〔註11〕。但是，要回歸原典是否有實
際困難？自先秦，歷兩漢、隋唐、宋元，迄於明末，這兩千餘年間，經書在流傳過
程中，造成許多缺失。〔註12〕要回歸原典就應先仔細研究這些偏頗的現象，並加以
糾正、澄清，這就是錢謙益所說的：「誠欲正人心，必自反經始；誠欲反經，必自正
經始。」（《經義考》，卷二九七，頁 15 引）而正經時，所持的判斷標準又如何？這
點當時的學者也再三強調，就以孔門的是非爲價值判斷的標準。

朱舜水〈答佐野回翁書〉說：

來問朱、王之異，不當決於後人之臆斷。寒暖之向背，即當以孔子斷之。
（《朱舜水集》，卷五，頁 84）

陳乾初〈復張考夫（履祥）書〉也說：

凡先儒之言，一以孔、孟之學正之，則是非無遁情；其互有是非者，亦是
不掩非，非不掩是，夫而後古學可明也。（《陳確集》，頁 132）

因此，基於「正經」的要求，在明末清初興起了辨僞群經的「回歸原典」運動。在
這一波運動中〈大學〉、〈中庸〉亦是辨僞的對象。有關〈大學〉的作者和時代，宋
初以前並無學者論及，二程始認爲是「孔氏遺書」。後來，朱子有種種的說法，大抵
不出孔子、曾子、子思等人。至於眞正的作者，則至明末，皆未得到合理的解決。

〔註11〕見林慶彰老師著〈明末清初經學研究的回歸典運動〉，收於《明代經學研究論集》，（台
北：文史哲出版社，83 年 5 月），頁 333～352。

〔註12〕詳見林慶彰老師著：《清初的群經辨僞書》（台北：文津出版社，79 年 3 月），頁 48
～49。

此外，更重要的是〈大學〉的錯簡問題。根據鄭玄、孔穎達用來作注疏的《古本大學》加以觀察，文中似已有「三綱」「八目」的分別。且自誠意以下，也都有隱含的釋文。這種篇章結構，引起兩個問題：一是〈大學〉中的三綱：「明明德」、「親民」、「止於至善」，比八德目更為重要，不應沒有釋文。二是〈大學〉中的八德目，不應祇有「誠意」以下六目有釋文，而「格物」「致知」二目卻沒有釋文。這兩點使後代學者懷疑《古本大學》可能有錯簡或闕文。有錯簡的，必須調整章節順序；有闕文的，也要人加以補足。由於學者對〈大學〉宗旨的認識不同，所以改本也與日俱出。自宋程顥起，至明末，可知的改本即有數十種之多。其中，以朱子的改本影響最深，但是王陽明以為朱子改本非聖門本旨，應回復〈大學〉古本。而陽明以「良知」來解釋「致知」的「知」，也未得大多數學者的認同，何者為〈大學〉之真面目。也一直困擾著明代以來的學者。到了清初，陳確作《大學辨》，對〈大學〉之內容始作有系統的論辨。他認為〈大學〉的宗旨流於禪，內容「支離虛誕」，決非孔門之書。要成聖成德，自以閱讀聖人之書最有效，而當時人所誦讀的，竟是「游、夏之徒所不道」的偽書，何能成聖成德？如讓〈大學〉繼續流傳下去，不但「誣往聖」，且「誤來學」。所以，他以為應黜還〈大學〉於《禮記》，以息自宋五百餘年來之紛爭。

其次姚際恆《禮記通論》中的〈大學〉部分，以為〈大學〉中之「明明德」、「定」、「靜」、「安」等概念，不是羼雜禪學，則流於老氏之玄虛。且如「正心」、「致知」之說，皆與聖人之旨不合。既如此，〈大學〉自非聖人之書，學者開始懷疑非子思之作，至明末仍懸而未決。其次，是否有錯簡，一如〈大學〉，眾說紛紜。宋代學者雖為〈中庸〉分章節，但未曾改動順序。自南末之王柏以來，擅自更動〈中庸〉章節順序者也有四、五家。其三，由於〈中庸〉篇中論性命之理的文字不少，自唐以來的學者，即援引佛家之義理加以闡釋，也淆亂了儒、釋的畛域。上述三個問題中的作者問題，宋代學者頗有論辨，以為〈中庸〉有漢人附益之言。至清初，姚際恆《禮記通論》的〈中庸〉部分，將〈中庸〉思想逐段加以辨析，以為與孔門重視人倫日用的思想並不相合，實非孔子之書，而是二氏之書，而主張回歸於《禮記》中。

於是受到了「王學亡明」的說法與「回歸原典」的要求，晚明學術界所流行的「三教合一」說到了清初已不復存在，而依附在三教合一論盛行的產物－以禪解經的風氣，更由於「回歸原典」的要求，亦是消失蕩然，因此在清初以後的《四書》學中已見不到像晚明般以禪解《四書》的風潮，而在學術界呈現儒、佛分離的現象。

二、晚清佛學之興盛

明代佛教四大師所提倡的三教同源，乃至藕益師的「援佛入儒」以儒法解《四

書》的風氣到了清初的學術界雖然失去影響力，但是卻在接引儒者方面發揮了很大的影響。到了清乾隆以後，居士佛學逐漸興起，一些佛學大師更是由儒入佛，或兼治佛學，例如彭紹升、江沅以及魏源的佛學導師錢伊庵，都是會通儒釋的大家。其中尤以彭紹升影響為大。他不僅熟於國朝掌故，所著《名臣事狀》、《良史述》等信而有徵，且專弘淨土，創設蓮社，撰有《二林居士集》等佛學著作。其論學之文，紀律森然，談禪之作，擇言爾雅，是一個典型的佛儒兼治，且以佛涉世的學者，而由於其佛學弟子龔自珍的關係，儒釋合流的觀念在晚清時更是公羊學派的今文學家中產生很大的影響，而促成晚清佛學的興盛。梁啓超在《清代學術概論》中指出：

> 晚清思想有一伏流曰佛學。龔自珍受佛學於紹升，晚受菩薩戒。魏源亦然……龔魏為今文學家所推獎，故今文學家多兼治佛學。石埭楊文會……夙棲心內典，學問博而道行高，晚年息影金陵，專以刻經弘法為事……深通法相、華嚴兩宗，而以淨土教學者，學者漸信之。譚嗣同從之游一年，本其所得以著《仁學》……梁啓超亦好焉，其所論者，往往推廣佛教。康有為本好言宗教，往往以己意進退佛說。章炳麟亦好法相……故晚清所謂新學家者，殆無一不與佛學有關。而凡有真信仰者，率皈依文會。

梁啓超的這段話就佛學的時代精神而言，真是摹寫了晚清佛學的概貌。即：

甲、龔自珍、魏源開今文經學家兼治佛學之風。

乙、楊仁山對近世佛學的廣泛影響。

丙、譚嗣同的佛學思想——《仁學》。

總的來說，中國近代佛學是沿著晚清經世致用的哲學思辨兩條道路發展起來的，而龔自珍和魏源分別是這兩個發展方向的前驅先路。日本學者稻葉君山在《清朝全史》一書中指出：「近世之佛說，自彭紹升歿後，龔自珍驅使瑰麗之文辭，發揮公羊派之勢焰……著《龍藏考證》等書，晚年讀天台宗之書，頗信從之。與自珍並稱之魏源，亦信奉佛教，著有《淨土四經》。龔魏以來，公羊派多公然為佛弟子以研究佛教者，實最近八十年內所引之新現象」。這段話客觀地說明了龔、魏在中國近世佛教研究中但開風氣之先的作用。而龔自珍、魏源的佛學思想即是繼承了晚明四大師尤其是蕅益大師合會儒釋、諸宗互融的模式而來。例如，龔自珍主諸宗融合，其言：「教縱分三，佛止一佛」〔註13〕，「賢首之五教與天台之四教，果有以異矣？無以異矣！」〔註14〕從根本上融通了各宗的判教。他認為六祖慧能的《壇經》可以溯源於《法華》、《涅槃》，與天台宗智顗的觀念相同，所以他又說：「我實不見天台，曹溪二家纖毫之異」，

〔註13〕見氏著《正譯第五》。
〔註14〕同上，《最錄原人論》。

並以天台裔人的身份供奉禪宗之祖，要把天台、禪宗的祖師放在一個龕裡供養。實際上就是要把天台、禪宗不僅在思想上融為一體，而且還要再形式上把它們合二為一，使禪教一致的思想又向前推進一步了。龔自珍也常把佛教的教義比附周孔之言、莊列之語，他借清世宗雍正之口，告誡世人「留意內學，謂是與周孔之言，異名同實，不可執一廢一也」〔註15〕。在龔自珍的思想深處，佛和儒、道的區別，僅是在形式上而已，名異而實同。在他看來，「儒家言性者十數宗」〔註16〕，天台、華嚴更是把性剖析的精妙入微，它們只有高下之別，沒有本質上的差別，這在《題梵冊》中說的尤為清楚，「儒但九流一，魁儒安足為，西方大聖書，亦掃亦包之，即以文章論，亦是九流師」〔註17〕，他不僅流露出崇佛抑儒的思想傾向，更重要的是認為佛教教義包含了儒家的學說，把佛儒的一致性進一步凸顯出來。晚清新學家大抵都是沿著龔自珍開啟的這條路子，繼續向前開拓的，所以梁啟超說：「晚清思想解放，自珍確與有功焉。」〔註18〕

　　魏源的思想體系不僅在心、心術的問題上會同儒佛、貫通釋老，而且以心性理論融合各宗，即融合華嚴、天台、禪宗和淨土四宗。（他認為律宗是宗、教、淨土的基礎，而非究竟，不在融合之列）主張宗教合修，禪淨合一，一心三觀，心境圓融。在《淨土四經總敘》中，把其會通三教的思想冠之卷首，他簡潔地說：「夫王道經世，佛道出世，滯跡者見為異，圓機者見為同。」顯然魏源是以圓機者自居的。所謂「入世出世念彈指」〔註19〕，不僅表達了他以佛教入世致用的基本精神，而且也表現了以儒為本，兼融佛道的思想傾向。在魏源看來，人皆有佛性，人皆可為堯舜，關鍵在於要反求本心之光明，展現了覺悟的重要性。「大覺如日……小覺如燈燭，偶覺如電光，妄覺如磷火」〔註20〕人們的聖、賢、常、愚、小點，只不過是覺悟的程度不同造成的差異。我們知道，佛陀就是最覺覺者，佛家論修持，有「自覺」、「覺他」和「覺行圓滿」三個方面；儒家，特別是宋儒強調「明明德」、「親民」、「止於至善」三條規則。佛教論覺悟的力量根源在於佛性、真如；宋儒把內聖外王的道理修養歸根於誠敬；陽明則更強調人的良知。這些說法固然不同，但在魏源看來，萬變不離其宗，都是要革命從心的積弊，轉寐之覺，變無明為淨。魏源就是這樣以佛氏之覺，闡釋儒門之學的。所以他在《學篇一》中開宗明義地指出：「學之言覺也，以先覺覺

〔註15〕同上，《為龍泉寺募造藏經樓啟》。
〔註16〕同上，《最錄天台佛心印證》。
〔註17〕同上《編年詩》。
〔註18〕見梁啟超：《史學之界說》。
〔註19〕《廬山高效歐陽公禮》。
〔註20〕《學篇五》。

後覺……覺伊尹之所覺，是爲尊德性，學傅說之學，是爲道問學。」這裡魏源一步以佛氏的「覺」會通了內在的道德修養和外在的學問於一心。這種把「學」訓爲「覺」的看法，即是遵循蕅益師的《四書蕅益解》中的思想脈絡與註法而來。

到了晚清時期，所呈現的佛學特色亦是接續晚明佛教特色而來，即：三教融通、諸宗合流、居士佛學的興起。而於此貢獻卓著者，尚首推楊仁山。誠如趙樸初先生所言：「近世佛教昌明、義學振興、居士之功居首。」楊仁山以居士之身，而爲佛門之尊宿，上承明代四大師融合諸宗，會通三教之遺風，繼彭紹升之後，掀起居士佛學之新潮；下啓二十世紀上半葉佛學復興之盛況。他認爲，先聖設教有世間和出世二法，黃帝、堯、舜、周、孔子之道爲世間法，「亦隱含出世之法」；諸佛菩薩之道爲出世法，「亦賅括入世間之法」〔註21〕，儒、釋、道三家本有相通之處。因此，他著《論語發隱》、《孟子發隱》、《道德經》、《陰符經》、《南華經發隱》等文，尤其他的《四書》學著作《論語發隱》、《孟子發隱》亦是繼承了《四書蕅益解》的觀念而來。例如：楊仁山在《論語》：「吾有知乎哉？無知也。有鄙夫問於我，空空如也」〈子罕篇〉一節後寫道：

> 楊子讀《論語》至此，合掌高聲唱曰：「南無大空王如來。」聞者驚曰：「讀孔子書而稱佛名，何也？」楊子曰：「子以爲孔子與佛有二致乎？設有二致則佛不得爲三界之尊，孔子不得爲萬世師矣。《論語》一書能見孔子之全體大用者，惟此章耳。夫無知者般若眞空耳……」孔子以空義叩而竭之，則鄙夫自去其妄執而悟眞空妙諦矣。〔註22〕

楊氏以佛家的核心思想「般若眞空」解釋孔子的「無知」、「空空如也」，與蕅益師〈論語點睛〉中所言是如出一轍。並且著意指出孔子「開跡顯本之旨也，到此境界，儒釋同源諍論都息矣。」〔註23〕和盤托出了融合孔釋爲一家的意向，這種對孔子的認定，亦是〈論語點睛〉的翻版。另，楊氏在〈侍坐〉一章後注曰：

> 鼓瑟所以調心……曾晳鼓瑟未停，可見古人用功無片刻間斷也。何等雍容自在。不待出言，已知其涵養功深矣。三子皆言經世，曾晳獨言潔已，所以異也。……夫喟然嘆曰：「吾與點也」，如六祖印懷讓云：「汝如是，吾亦如是。」曾晳之言正心修身，道之體也。三子之言，治國平天下，道之用也。有體方有用，聖門所重者，在修身之道耳。〔註24〕

〔註21〕楊仁山《論語發隱》。
〔註22〕楊仁山《論語發隱》。
〔註23〕楊仁山《雜觀錄・答釋德高質疑十八問》。
〔註24〕楊仁山《論語發隱》。

楊氏這種以六祖的話比擬孔子之言的註法，亦是蕅益師〈論語點睛〉中所常用的方法。還有他說子路問鬼神生死事於孔子是「就遠處問，孔子就當處答，大似禪機。」〔註25〕與〈論語點睛〉中把孔子當作是屢發禪機的大禪師，其看法是一致的。又其亦有揚孔貶孟的傾向。他雖認為孔孟之道符合佛家之說，但卻認為孟子「所言性專認後天而未達先天」、「所談性善蓋不能透徹本源」，「良知良能之語，陸王之徒翕然從風，孟子此言實未見自性之用」〔註26〕等。他還說：「孟子未入孔聖堂奧，書中歷歷可指。宋儒以四子書並行，俗士遂不能辨。鄧君坐在宋儒窠臼中，何足與論大道耶？」〔註27〕足以顯出其抑孟的態度。這些看法與〈論語點睛〉中對孟子的批評是一致的。又楊仁山在《論語發隱》中曾對「顏淵問仁」作如下解釋：

蓋仁之體，一切眾生本自具足，只因七識染污，意起〔註28〕俱生分別我執，

於無障闇中，妄見種種障闇。若破我執，自復平等之禮。

他的意思就是說，人性本覺，天賦平等。只因第七識染污，由意識生分別我執，而達平等天性。只要行佛家破除我執之法，便能克己復禮，天下歸仁，則無不平等矣。這種把「仁」解釋成「仁體」亦即人人本具的佛性，與〈論語點睛〉的內容是一樣的。又其弟子歐陽漸融會佛儒的特徵也是很明顯的。他以佛解儒，援儒入佛，著有《中庸傳》、《孔學雜著》、《書讀》、《論孟課》、《毛詩課》等。他指出，佛法是體，儒學是用，他們的共同基礎則在〈中庸〉的「中」。他說：「中即無思無為，寂然不動。」〔註29〕故是佛法中的真如實性。如此解釋，「中」便成了佛性，又是性之體，佛儒的貫通就能從人性中把握佛性，並由佛性展現普遍的人性。這種說法還是依照蕅益師〈中庸直指〉以「性體」解釋「中」的模式而來。

另外後起之譚嗣同，其佛學的理論亦受蕅益師很大的影響。如其以禪宗自性清淨的「本心」，華嚴宗總賅萬有的「一心」，法相宗變現一切的質多心，即阿賴耶識，為基石貫通性相，合會佛儒，建立以佛教「心」、「識」為本體的《仁學》邏輯結構，這一點與蕅益師以其「現前一念心」作為合會儒釋、融合諸宗的思想核心是很相像的。

且其還以法相宗八識流轉之意比附〈大學〉，用以探討不平等產生的生理機制和破除的方法。他說：「吾聞某某之講〈大學〉，〈大學〉蓋唯識之宗也。」〔註30〕他

〔註25〕楊仁山《論語發隱》。

〔註26〕同前註。

〔註27〕楊仁山《雜觀錄·與黎端甫書》。

〔註28〕與《楊仁山居士遺著》標點異。原文為「只因七識污染意，起俱生分別我執。」不過，周振甫撰注本從此。

〔註29〕歐陽漸《中庸傳》。

〔註30〕《仁學·二十六》。

乾脆把〈大學〉說成是佛教的唯識宗，從而融佛儒於一家，進一步證明人我相通、平等互愛是三教之公理。這裡的某某可能是指其佛學導師楊仁山。且其進一步云：

> 唯識之前五識，無能獨也，必先轉第八識；第八識無能自轉也，必先轉為七識，第七識無能遽轉也，必先轉第六識，第六識轉而微妙觀察智，〈大學〉所謂致知而知之也。

又：

> 第七識轉為平等性智，〈大學〉所謂誠意而意誠也。佛之所謂執，孔子所謂意。執識轉然後藏識可轉，故曰：『欲正其心，必先誠其意。』執者，執以為我也，意之所以不誠，亦以有我也。惟平等然後無我，我無然後無所執而名為誠。〔註31〕

他認為斷滅意識，促使第七識破除我執，轉而為人我平等，如此則觀一切世法和眾生均平等，這就是〈大學〉中所謂「意誠」。最後他又說：

> 第八識轉而為大圓鏡智，〈大學〉所謂正心而心正也。佛之所謂藏，孔子所謂心，藏識轉，然後前五識不待轉而自轉……心正者無心，亦無心所，無在而無不在，此之謂大圓鏡智。〔註32〕

由上述可知，譚嗣同這種用唯識宗說解釋〈大學〉八條目的方法，亦是蕅益師〈大學直指〉的餘緒。

綜上所論，可知晚清居士佛學的思想可說是繼承晚明四大師三教一致，諸宗互融的主張而來。尤其他們合會儒佛的方式，與註解《四書》的內容可說是完全遵循蕅益師在《四書蕅益師》中所建構「授拂入儒」的模式，由此，更可看出《四書蕅益解》一書在晚清時的影響力。

〔註31〕《仁學·二十六》。
〔註32〕《仁學·二十六》。

重要參考書目

一、儒書類

（一）專書部份

甲、經　部

1. 《四書蕅益解補註》，明·蕅益大師原著，民國·江謙居士補註（台北：佛教出版社）。

2. 《四書蕅益解補註》（上、下冊），明·蕅益大師原著，民國·江謙居士補註（台北：眾生文化出版公司，民國 84 年 12 月）。

3. 《四書纂疏》（三冊），宋·朱熹章句，趙順孫纂疏（台北：文史哲出版社，民國 70 年 12 月）。

4. 《四書評》，明·李贄著，（上海：上海人民出版社，1975 年 5 月）。

5. 《四書遇》，明·張岱著，（杭州：浙江古籍出版社，1985 年 6 月）。

6. 《大學今註今譯》，宋天正註譯，楊亮功校訂（台北：台灣商務印書館，民國 74 年 11 月八版）。

7. 《中庸今註今譯》，宋天正註譯，楊亮功校訂（台北：台灣商務印書館，民國 77 年 4 月十版）。

8. 《中庸形上思想研究》，高柏園著，（台北：東大圖書公司，民國 77 年）。

9. 《中庸誠的哲學》，吳怡著，（台北：東大圖書公司，民國 65 年 2 月）。

10. 《論語要略》，錢穆著，（台北：台灣商務印書館，民國 76 年 6 月）。

11. 《兩宋以來大學改本之研究》，李紀祥著，（台北：學生書局，民國 77 年 8 月）。

12. 《明代經學研究論集》，林慶彰著，（台北：文史哲出版社，民國 83 年 5 月）。

13. 《清初的群經辨偽學》，林慶彰著，（台北：文史哲出版社，民國 79 年 3 月）。

14. 《論語、孟子研究》，譚承耕著，（湖南：湖南教育出版社，1991 年 6 月）。

乙、史　部

1. 《中國經學史》，馬宗霍著，（台北：台灣商務印書館，民國 81 年）。
2. 《經學歷史》，皮錫瑞著，（台北：藝文印書館，民國 76 年）。
3. 《中國經學史論文選集》上冊，林慶彰著，（台北：文史哲出版社，民國 81 年 10 月）。
4. 《中國經學史論文選集》下冊，林慶彰著，（台北：文史哲出版社，民國 82 年 3 月）。
5. 《明史新編》，傅衣凌主編，（上海：上海人民出版社，1993 年 1 月）。
6. 《中國思想史》上、下冊，韋政通著，（台北：水牛出版社，75 年 10 月）。
7. 《新編中國哲學史》，勞思光著，（台北：三民書局，民國 80 年）。
8. 《四書學史の研究》，佐野公治著，（東京：創文社，昭和 13 年 2 月）。
9. 《中國儒學史》，趙吉惠等篇，（鄭州：中州古籍出版社，1991 年 6 月）。

丙、子　部

1. 《張九成思想之研究》，鄧克銘著，（台北：東初出版社，民國 79 年 10 月）。
2. 《宋代理學與佛學之探討》，熊琬著，（台北：文津出版社，民國 80 年 5 月）。
3. 《宋明心學評述》，甲凱著，（台北：台灣商務印書館，民國 70 年 11 月）。
4. 《宋明理學概述》，錢穆著，（台北：學生書局，民國 81 年 2 月）。
5. 《明中晚期理學的對峙與合流》，于化民著，（台北：文津出版社，民國 82 年 2 月）。
6. 《王陽明》，秦家懿，（台北：東大圖書公司，民國 81 年 1 月再版）。
7. 〈陽明學與明代佛學〉，荒木見悟著、如實譯（收於《中國近世佛教史研究》，台北：華世出版社，民國 74 年 8 月）。
8. 《宋明理學研究論集》，馮炳奎等著，（台北：黎明文化事業公司）。

（二）論文、期刊部分

1. 《四書蕅益解研究》，羅永吉著，（成功大學中國文學研究所碩士論文，民國 84 年 6 月）。
2. 《大學之格物致知的研究》，王麗華著，（東海大學哲學研究所碩士論文，83 年 6 月）。
3. 《歷代論語著述綜錄》，王鵬凱著，（台北：政治大學中國文學研究所碩士論文，民國 78 年 6 月）。
4. 《朱熹理一分殊哲學之溯源與開展》，沈享民著，（台灣大學哲學研究所碩士論文，民國 83 年 6 月）。
5. 《朱子心論研究》，鄭相峰著，（台灣大學哲學研究所博士論文，民國 83 年 6 月）。
6. 《韓柳文學與佛教關係之研究》，林伯謙著，（東吳大學中國文學研究所博士論

文，民國 82 年 5 月）。

7. 《李卓吾的文學理論及其實踐》，王頌梅著，（東吳大學中國文學研究所博士論文，民國 72 年 4 月）。

8. 《李卓吾研究初編》，林其賢，（東吳大學中國文學研究所碩士論文，民國 71 年 5 月）。

9. 《劉寶楠論語正義研究》，楊菁著，（東吳大學中國文學研究所碩士論文，民國 83 年 6 月）。

10. 〈張岱對古典儒學的解釋，以四書遇爲中心〉，黃俊傑，《明清之際中國文化的轉變與延續研討會論文集》

11. 〈評皇侃論語義疏之得失〉，董季棠著，（《孔孟學報》第二十九期，民國 64 年 4 月）。

12. 〈皇侃論語義疏的性質和形式〉，戴君仁著，（《國立中央圖書館館刊》新三卷第三、四期，民國 59 年 10 月）。

13. 〈宋元時期儒佛交融思想特徵〉，賴永海著，（《中國佛學學報》第五期，民國 81 年 7 月）。

14. 〈王陽明與佛道二教〉，柳存仁著，（收於《清華學報》新十三卷一、二期，民國 70 年 12 月）。

15. 〈王守仁的理學與佛學〉，方興著，（收於《內明》一八四期，民國 76 年 7 月）。

16. 〈王陽明的經學思想〉，林慶彰著，（收於《陽明學學術討論會論文集》（台北：國立台灣師範大學人文教育研究中心，民國 78 年）。

17 《明代經學國際研討會論文》，林慶彰編，（中央研究院中國文哲研究所籌備處印行，民國 85 年）。

二、佛書類

（一）專書部分

甲、經　部

1. 《楞嚴經》《大正藏》第十九卷

2. 《圓覺經》《大正藏》第十七卷

3. 《金剛經》《大正藏》第八卷

4. 《六祖壇經》《大正藏》第四十八卷

乙、史　部

1. 《景德傳燈錄》《大正藏》第五十一卷。

2. 《中國佛教史》，蔣維喬著，（台北：長春樹書坊，民國 79 年 6 月）。

3. 《漢魏晉南北朝佛教史》（上下），湯用彤撰，（台北：台灣商務印書館，民國 80 年 9 月二版）。

4. 《隋唐佛教史稿》，湯用彤著，（台北：木鐸出版社，民國 79 年 9 月）。

5. 《中國佛教史》，鎌田茂雄著、關世謙譯，（台北：新文豐出版公司，民國 71 年 11 月）。

6. 《中國佛教史概說》，野上俊靜等著、釋聖嚴譯，（台北：商務印書館，民國 61 年 7 月）。

7. 《中國佛教史概說》，野上俊靜等著、釋聖嚴譯，（台北：商務印書館，民國 78 年 12 月十二版）。

丙、子 部

1. 《大乘起信論》，（《大正藏》第三十二卷）。

2. 《唯識三十論頌》，（《大正藏》第三十一卷）。

3. 《成唯識論》，（《大正藏》第三十一卷）。

4. 《觀老莊影響論》，釋德清著，（台北：廣文書局，民國 63 年 3 月）。

5. 《慨古錄》，明・圓澄著，（見《卍續藏經》一一四冊，台北：新文豐出版公司，民國 72 年）。

6. 《宋代儒釋調和論及排佛論之演進》，蔣義斌著，（台北：台灣商務印書館，民國 77 年 8 月）。

7. 〈牟子理惑論中的三教融合思想〉，林孟穎著，（收於《中華佛學研究所論叢》（一），台北：東初出版社，民國 78 年 5 月）。

8. 《明代三一教主研究》，鄭志明著，（台北：學生書局，民國 77 年 8 月）。

9. 《李卓吾的佛教與世學》，林其賢著，（台北：文津出版社，民國 81 年 4 月）。

10. 《明末中國佛教之研究》，釋聖嚴著、關世謙譯，（台北：學生書局，民國 77 年 11 月）。

11. 《天台宗性具圓教之研究》，尤惠貞著，（台北：文津出版社，民國 82 年 5 月）。

12. 《佛典精解》，陳士強撰，（上海：上海古籍出版社，民國 81 年 11 月）。

13. 《中國佛教與傳統文化》，方立天著，（台北：桂冠圖書公司，民國 83 年 4 月）。

14. 《中國佛教文化論稿》，魏承斯著，（上海：上海人民出版社，1991 年 9 月）。

15. 《東晉道安思想研究》，劉貴傑著，（台北：文津出版社，民國 81 年 10 月）。

16. 《中國佛教與社會福利事業》，道端良秀著，關世謙譯（台北：佛光出版社，民國 75 年 10 月再版）

17. 《明末佛教研究》，釋聖嚴著，（台北：東初出版社，民國 81 年 2 月）。

18. 《紫柏大師研究》，釋果祥著，（台北：東初出版社，民國 79 年 6 月三版）。

19. 《佛學與儒家倫理》，道端良秀著、釋慧嶽譯，（台北：中國佛教文獻編撰社，民國 61 年 4 月）。

20. 《佛教各宗大綱》，黃懺華著，（台北：天華出版社，民國 79 年 9 月）。

21. 《中國佛教文化研究論集》，冉雲華著，（台北：東初出版社，民國 79 年 8 月）。

22. 《中國佛學研究所論叢》（一），釋惠敏等著，（台北：東初出版社，民國78年5月）。

23. 《佛學論著》，周中一著，（台北：東大圖書有限公司，民國67年2月）。

24. 《晚清佛學與近代社會思潮》（上、下冊），麻天祥著，（台北：文津出版社，民國81年11月）。

25. 《佛教文化之重新》，釋東初著，（台北：中華佛教文化館，民國53年4月）。

26. 《人間淨土的追尋——中國近世佛教思想研究》，江燦騰著，（台北：稻香出版社，民國78年11月）。

27. 《現代佛教學術叢刊》一、佛教與中國文化，二、中國佛教史論集（六），三、佛教與中國思想及社會，張曼濤主編（台北：大乘文化出版社，民國67年4月）。

28. 《中國佛教思想資料選編》，第二卷至第三卷，方立天等編，（北京：中華書局，1991年10月）。

29. 《佛學與儒學》，賴永海著，（杭州：浙江人民出版社，1992年9月）。

丁、集　部

1. 《蕅益大師全集》，明·釋智旭著，（台北：佛教出版社，民國78年）。

2. 《蓮池大師全集》，明·釋袾宏著，（台北：中國佛教文化館，民國78年）。

3. 《紫柏尊者全集》，明·釋德清校閱，《大藏新纂卍續藏經》第七十三卷）。

4. 《紫柏尊者全集》，明·錢謙益輯，《大藏新纂卍續藏經》第七十三卷）。

5. 《憨山老人夢遊集》，明·釋德清著，（台北：新文豐出版公司，民國81年）。

（二）論文、期刊部分

1. 《大乘起信論一心概念之研究》，劉玉榮著，（台灣大學哲學研究所碩士論文，民國82年6月）。

2. 《楞嚴經哲學之研究》，李治華著，（輔仁大學研究所碩士論文，民國83年6月）。

3. 《宗密禪教一致與和會儒道思想之研究》，黃連忠著，（淡江中國文學研究所碩士論文，民國83年5月）。

4. 《從「弘明集」看魏晉南北朝儒釋道三家的誓應》，黃盛璟著，（東吳中國文學研究所碩士論文，民國73年12月）。

5. 〈蕅益祖師之論語教〉，林政華著，（收錄於《華梵佛學年刊》，第六期，民國78年）。

6. 《儒道佛三教調和論之研究——以憨山德清的會通思想為例》，陳運星著，（中央大學哲學研究所碩士論文，民國79年6月）。

7. 〈蕅益智旭思想的特質及其定位問題〉，陳英善著，（《中國文哲研究集刊》第八期，中央研究院中國文哲研究所印行，民國85年3月）。

8. 〈李卓吾的生平與佛教思想〉，江燦騰著，（《中華佛學學報》第二期，民國77

年 10 月）。

9. 〈華嚴五祖－圭峰宗密的三教歸一思想初探〉，王祥齡著，（《鵝湖月刊》第十五卷第九期總號一七七）。

10. 〈論釋契嵩思想與儒學的關涉〉，何寄澎著，（《幼獅雜誌》二十卷第三期，民國 78 年 5 月）。

11. 〈契嵩思想研究——佛教思想與儒家學說之交涉〉，劉貴傑著，（《中華佛學學報》第二期，民國 77 年 10 月）。

參禪與念佛
——晚明袁宏道的佛教思想

邱敏捷　著

作者簡介

邱敏捷，國立臺南大學國語文學系專任教授。民國七十九年以《袁宏道的佛教思想》取得國立高雄師範大學文學碩士學位；民國八十七年以《印順佛教思想研究》取得國立中山大學文學博士學位。研究領域為佛學、老莊與佛教文學等。著有《以佛解莊 以《莊子》註為線索之考察》、《印順《中國禪宗史》之考察——胡適及日本學者相關研究的比較》、《《肇論》研究的衍進與開展》、《文學與佛經》、《留住蓮音》、《印順導師的佛教思想》等書，以及期刊論文四十餘篇、學術研討會論文十餘篇。曾榮獲國科會研究獎勵甲種獎，並連續七年擔任國科會補助專題研究計畫主持人，研究題目分別是：《從僧肇到印順——《肇論》研究史的回顧與檢討》（NSC90-2411-H-160-001）、《唐以來「以佛解莊」之考察——兼論其在思想史之意義》（NSC91-2411-H-024-003）、《中國佛教「頓漸之爭」的內涵及其意義 以晉末宋初與唐代禪宗為線索之考察》（NSC92-2411-H-024-004）、《「以佛解老」之考察兼論其在思想史之意義》（NSC93-2411-H-024-003）、《印順《中國禪宗史》之考察 兼與胡適及日本學者相關研究的比較》（NSC95-2411-H-024-002）《印順「批判佛教」之考察 兼與松本史朗、袴谷憲昭的比較》（NSC96-2411-H-024-001）《戰後台灣「禪與詩」詮釋進路的變革——以「禪公案與禪詩」為中心的探討》（NSC 97-2410-H-024-016）等。

提　　要

　　在古代著名文學家與佛教的關係中，袁宏道有系統性的佛教思想理論著作，是比較特殊的一個。近現代學者有關袁宏道研究的論著，泰半集中於生平的敘述及其文學上的成就，而於其佛教思想，並無全盤解析，本論文旨在呈顯其佛教思想內涵。全文共分六章。

　　第一章緒論，先檢討袁宏道的佛教著作與前人研究的成果，再提出本文研究架構。

　　第二章以袁宏道與佛教的因緣為主題，由兄長的啟迪到師友的交遊，再歸結於時代的思潮。從點到面做一敘述，為解說袁宏道的佛教思想作一開展。

　　第三章探究袁宏道的禪學思想，由其參禪的進路，進而分析禪思的核心，並及其對晚明禪者的批判。

　　第四章討論袁宏道的淨土思想，以《西方合論》為中心，先說明《西方合論》的寫作動機及其思想架構，再分析其內在的思想課題，最後則透過與蓮池淨土思想的比較與蕅益的評價，呈顯袁宏道《西方合論》的價值。

　　第五章探討袁宏道禪學思想對文學的影響，先辨析袁宏道文學觀與禪學的關係，再分析以禪入詩的詩歌作品。

　　第六章結論，歸納全文討論之結果。

江 序[*]

江燦騰

　　敏捷小姐的研究專著《參禪與念佛——晚明袁宏道的佛教思想》一書，即將由台北的商鼎文化出版社出版，她要我爲她的大作寫一篇介紹的〈序〉。

　　本來此書，是敏捷小姐在國立高雄師範大學國文研究所的碩士論文，由簡宗修教授指導。但因我與敏捷小姐多年來，一直都共同從事於晚明佛教思想的研究，經常在長途電話中交換意見，以及幾次在新竹竹北和高雄見面討論，所以我算是較熟悉她研究取徑的一個同道。而本書的出版，也是由我極力推荐給商鼎文化出版社的——因我實際擔任此一「宗教文化叢書」的總編輯。基於這樣的機緣，我不得不應允爲本書的出版，講幾句開場白。

　　我認爲敏捷小姐此書出版，具有下列幾個學術意義：

　　（一）本書是迄目前爲止，對袁宏道的佛教思想，有最完整交代的一本專著。過去學界，雖也多少提到一點袁宏道的禪宗思想或禪與文學的關係，但是有關袁宏道在淨土方面的深入研究，則相當缺乏。然而本書卻能以他的淨土名著《西方合論》爲中心，廣論其以華嚴體系爲內涵的淨土思想；同時也將此書涉及晚明的禪淨雙修理論，作了扼要清晰的探討。可以說，彌補了向來關於袁宏道研究的不足部分，因此極具參考價值。

　　（二）此書的資料收集，在禪學方面有極大的突破。例如袁宏道的禪學作品：《珊瑚林》和《金屑編》兩種，在國內並無其書，所以過去學界僅知其與袁宏道的思想很密切，卻不知書中內容眞相如何。敏捷小姐則突破各種艱難，自日本的內閣文庫將此兩種資料影印回台灣來使用。僅就資料的突破來

＊ 此乃書於民國 82 年由商鼎文化出版社發行時之序文，爲提供讀者參考，故保留之。

說，就是值得學界稱道的難得業績。

（三）使晚明居士佛教的思想，有更清楚的認識。居士佛教是晚明極盛行的在家者的佛教信仰型式，尤其在陽明左派的學者影響下，知識分子信佛成了相當普遍的風氣。可是過去學界唯側重李卓吾等人的居士佛學研究，但總是和「狂禪」的批判觀點分不開。如今，敏捷小姐以袁宏道為中心，將晚明的居士佛教思想，予以客觀和深入的探討，使我們能有耳目一新的認識。

以上是我個人從研究明末佛教思想的角度來介紹的。

另一方面，我覺得敏捷小姐在本書的論證，仍嫌保守了一點。因為我從和她的言談中，深深知道她的學術潛力，遠超過書中所表達的。她是太謹慎，所以未能暢所欲言。我建議她今後不妨更放開手來寫，如此佛學界將可多添一優秀的學者。我深深期待著！

一九九二年十二月二十八日於竹北市

自　序

　　這本論文是我在民國七十九年五月完成的，事隔至今已有十九年的時間。

　　在研究所階段，我主攻中國文學與哲學，尤其對佛學特別喜愛，所以在決定碩士論文題目時，我一直朝著文學與佛學兩者兼而有之者去發展。那時指導教授中山大學中文系教授簡宗修博士也給我不少提示，於是晚明文學家兼佛教學者袁宏道就成了我考慮的對象之一。

　　在我閱讀《袁宏道全集》以及有關袁宏道研究的著作時，發覺袁宏道與佛教這一領域，未被研究開發，頂多侷限在他的生平與文學成就上。另外，我也發現，若僅從《袁宏道全集》著手探討其佛教思想，也只能捕捉一二，無法掌握全貌，勢難串成一篇碩士論文，因此我再搜尋相關研究文獻，其中郭朋《明清佛教》一書有若干訊息可供參考。其次，在《嘉興藏》、《卍續藏》、《大正藏》檢索到袁宏道的淨土著作——《西方合論》約三萬五千字；更幸運的是我越洋過海收集到典藏在日本內閣文庫中三本袁宏道的著作——《珊瑚林》、《金屑篇》、《六祖壇經節錄》，彌足珍貴。這三本書是袁宏道關於禪宗修行的理念與心得。有了這些資料，我才決定以袁宏道為研究對象。

　　我從師專二年級暑假開始接觸佛教，當時和明道佛學社社友到佛光山參加為期十天的「佛學夏令營」，之後也斷斷續續的接觸佛教。會想對佛學作一深入的研究，是在就讀研究所這段期間。當然，過去學佛的因緣也是一大助緣，只是學佛與佛學研究之間，總是還有一大段距離，寫作這篇碩士論文似乎把這兩問題拉近了。

　　在寫作期間，我總是戰戰兢兢的，尤其自己在佛學方面的底子還很膚淺。恩師簡宗修博士本身治學嚴謹，對我的指導也同樣嚴格，要求正確的理解、

清楚的表達。我盡力而爲，從構思、醞釀、生成、發展、修正，到論文出爐，前後歷一年半。

於此，我也要衷心感謝江燦騰教授，在我撰寫期間，給我極大的鼓勵和協助。江老師是研究晚明佛教數一數二的專家。認識江老師是在民國七十六年的冬天，淡江大學舉辦的「晚明思想與社會變動」討論會上。在那場學術盛會中最引我注意的是江老師的論文——李卓吾的生平與佛教思想。因爲我知道研究佛教的學者並不多，能看到自己的前輩在這方面嶄露頭角，自然特別關注。只是當時並未進一步溝通了解。次年夏，我參加聖嚴法師在農禪寺舉辦的爲期七天的「佛學夏令營」，並當面請教聖嚴法師有關袁宏道佛教思想方面的問題。由於他事務繁忙，於是指引我去找江老師。驀然回想起這個人，於是拿了聖嚴法師給的電話，就跟江老師聯絡上了。在寫作期間我常以電話向江老師請教，以求證自己理解程度。沒有他從旁協助，也許這篇論文更難以如期完成。

畢業十九年來，自己在學問上，仍然繼續摸索探究而未間斷。對這篇碩士論文也試圖加以修改，只是事過境遷，這個夢想至今仍未實現。

本書在 1993 年由商鼎文化出版社發行初版，今逢花木蘭文化出版社有意把拙作予以重新出版，爲保留過去的記憶，故沿用「原自序」而略作修改。對花木蘭文化出版社的用心，謹在此致上無限的謝意。

邱敏捷謹誌於高雄

二〇〇九年五月

目次

第一章　緒　論

　　袁宏道的一生，與佛教的關係，非常密切，可以說，佛教與他的生活經驗最相切近，反映他思想發展的過程。而且在古代著名文學家與佛教的關係中，袁宏道有系統性的佛教思想理論著作，是比較特殊的一個。

　　近現代學者有關袁宏道研究的論著，泰半集中於生平的敘述及其文學上的成就，而於其佛教思想，並無全盤的解析與探索，故本論文以此為研究範圍，試圖對袁宏道的佛教思想內涵作一敘述。

　　在此緒論中，先把袁宏道的佛教著作與前人研究成果作一檢討，並擬定研究架構，以為全文開展之序幕。

第一節　資料檢討

　　有關袁宏道的著作，吳武雄《公安派及其著作考》與周質平《袁宏道評傳》等書，都作過歸納整理，本節以其佛教著作為主，茲分三類，再加以檢討。

一、佛教專著部分

　　1.《金屑篇》一卷

　　本書乃袁宏道拈出經文、語錄加以頌古或評倡，共七十二則，類似參禪心得。明清響齋刊本，今藏於日本內閣文庫，國內已無典藏。

　　2.《西方合論》十卷

　　本書屬袁宏道淨土思想之作，其傳本收錄於《嘉興藏》、《大正藏》與《卍

《續藏》中。《嘉興藏》所用之本子，乃袁宏道等人的校本，[註1]故最早；《大正藏》為周之夔重刊本；《卍續藏》則是澫益評本。本文引用《嘉興藏》所收《西方合論》為主，另二本為輔，相互參證。有關《西方合論》最早的刊本，據〈西方合論標註跋〉文云：「大明泰昌元年（1620），改元歲在庚申，暢月長至喝石老人如奇力疾謹識。」[註2]則知最早刊本為泰昌元年，距袁宏道去世已十年。

3.《珊瑚林》二卷

本書屬問答體，內容涉及禪宗、淨土、唯識與三教融合思想等。明清響齋本，日本內閣文庫藏，國內已無存書。《袁宏道全集》中收錄的《德山暑談》，經過筆者比對，乃本書之節本，且尨咨居士馮賁〈跋珊瑚林〉亦云：「先生自擇其可與世語者，為《德山暑談》梓行矣，茲其全也！」故本文寫作以此《珊瑚林》為主。

二、刪節前人佛教作品者

1.《宗鏡攝錄》十二卷，今佚

北宋永明延壽著《宗鏡錄》一百卷，全書立論重在頓悟與圓修，以「禪」尊達摩，「教」尊賢首為其中心思想。袁宏道以其書繁雜不夠精簡，故加以刪略為十二卷，今雖遺佚，但據《明史‧藝文志》載有袁宏道《宗鏡攝錄》十二卷；袁中道在〈吏部驗封司郎中郎先生行狀〉（以下簡〈中郎行狀〉）一文云：「（袁宏道）批點韓、柳、歐、蘇四大家集，宗鏡攝錄、西方論、壇經刪，皆行于世。」[註3]董其昌《畫禪室隨筆》又云：「邇見中郎手摘永明宗鏡錄，與冥樞會要（指黃龍庵晦堂禪師《宗鏡冥樞》），較勘精詳，知其眼目，不同往時境界矣！」可見袁宏道確有其書，且對永明《宗鏡錄》亦頗有心得。

2.《六祖壇經節錄》一卷

本書乃禪宗經典之節錄，明清響齋刊本，日本內閣文庫藏。袁宏道以《六

[註1] 《嘉興藏》（第三十一冊），收藏的是經袁宏道、袁中道與沈演等人校對的本子，如《西方合論》卷一之末首有：「冷雲居士袁宗道校」（頁469中）。且在卷五末，有幾行小字：「浙江嘉興楞嚴寺般若堂經貲刻此西方合論上下卷，計字四萬六千零四十四字，□銀二十七兩六錢三分，康熙十六年二月比丘巨徹識。」（頁479下）《嘉興藏》內的《西方合論》是在康熙十六年二月刊刻的，所據之內容，則是當時袁宗道等人的校本，故可說是最早的本子。

[註2] 《大正藏》，四十七冊，頁388下。

[註3] 《珂雪齋前集》卷十七。

祖壇經》一書「中頗多譌者……故略刪其譌」。〔註4〕《壇經》從唐代流傳下來，其間難免有增僞之處，袁宏道所見者，乃當時明版《大藏經》，元宗寶編《六祖大師法寶壇經》（俗稱「宗寶本」），而非今所見最古的敦煌本（依印順導師所研考，敦煌本亦非最原始資料）。「宗寶本」的目錄爲：行由第一、般若第二、疑問第三、定慧第四、坐禪第五、懺悔第六、機緣第七、頓漸第八、宣詔第九、付囑第十。又附錄：〈緣起外紀〉、〈歷朝崇奉事蹟〉、〈賜諡大鑒禪師碑〉、〈大鑒禪師碑〉、〈佛衣銘〉。〔註5〕袁宏道《六祖壇經節錄》的目錄：機緣第一、示眾第二、參叩第三、付囑第四、碑碣第五（〈賜諡大鑒禪師碑〉、〈大鑒禪師第二碑佛衣銘〉），乃就「宗寶本」刪節而成。

三、散見於《袁宏道全集》中之佛教單篇文章者

《袁宏道全集》有各種版本，據筆者所知有：鍾伯敬增定《袁中郎全集》四十卷，明崇禎二年刊本，國立中央圖書館藏；梨雲館類定《袁中郎全集》二十四卷，清同治八年校刊本，國立中央圖書館藏；《袁石公集》四十二卷，明萬曆袁氏書種堂校刊本，國立中央研究院藏；《袁中郎集》二十二卷，明崇禎二年刊本，國立中央研究院藏；錢伯城《袁宏道集箋校》五十五卷，上海古籍出版社。本文以錢氏《袁宏道集箋校》（以下簡稱《箋校》）爲主，其優點有三：（一）其他全集，分體合編，打亂篇章寫作之年代，對於研究袁宏道生平及思想者，頗爲不便。本書按集重編，並考校年代，使用方便；（二）並附錄袁宏道詩文輯佚；（三）收載各家有關袁宏道傳記、評傳、版本著錄與刊本序跋之研究，方便參考。

錢伯城《箋校》收錄袁宏道之著作有：《敝篋集》、《錦帆集》、《去吳七牘》、《解脫集》、《廣陵集》、《瓶花齋集》、《廣莊》、《瓶史》、《瀟碧堂集》、《德山暑談》、《破研齋集》、《觴政》、《墨畦》、《華嵩遊草》、《場屋後記》。有關佛教篇章則散見於遊記、尺牘、碑文、疏文與詩歌中，尤其是尺牘，如萬曆二十四年〈與陶石簣書〉中，討論有關參禪「疑與悟」的問題；〔註6〕萬曆二十五年〈與張幼于書〉說明自己於禪宗一事，最有把握，當今只李卓吾一人可敵；〔註7〕萬

〔註4〕〈壇經節錄引〉。
〔註5〕《大正藏》，四十八冊，頁345中。
〔註6〕《箋校》卷六。
〔註7〕《箋校》卷一一。

曆二十八年〈予李龍湖書〉，奉勸李卓吾以戒爲重，不可悟理廢修；〔註8〕萬曆二十七年〈答陶石簣書〉中，檢討自己從前所悟之處，仍屬淨妙境界，乃惡知惡解。〔註9〕這些內容，對於掌握袁宏道佛教思想的演變，非常重要。

此外，收錄於無念禪師《黃蘗無念禪師復問》中者，另有四篇：〈論禪〉、〈再晤無念禪師紀事〉、〈開黃蘗山記〉、〈法眼寺〉，這是研究袁宏道與無念之關係時，相當珍貴的資料。

以上所介紹的資料，乃本論文主要參考資料。至於前人有關袁宏道佛教思想之評論或研究，據筆者所見約十種左右：

1. **明末蕅益《評點西方合論》**

本書著錄於《卍續藏經》中。蕅益僅爲袁宏道《西方合論》加以「評點」，表達蕅益本人某些觀點，及對《西方合論》的肯定，但沒有透過探討方式以凸顯袁宏道淨土思想的內涵。

2. **清彭際清《居士傳》與《淨土聖賢錄》中各有〈袁伯修中郎小修傳〉一文**

此二書有關袁氏兄弟之資料，主要取自《西方合論》等。傳記中略帶評論，主要讚歎袁氏兄弟由禪歸心淨土的奇特精神，完全站在彭氏本身弘揚淨土的立場。

3. **張汝釗〈袁中郎的佛學思想〉與融熙〈評袁中郎佛學思想〉**

此二文是國內研究袁宏道佛學思想的先驅，可惜純屬引文敘述排比，並無深入分析。

4. **荒木見悟《明末宗教思想研究》附錄〈公安派的佛教思想〉與孫昌武《佛教與中國文學》**

〈公安派的佛教思想〉針對袁氏兄弟的佛教思想作一敘述，在「總論」中，談及公安派文學理論與禪的關係；孫昌武在《佛教與中國文學》一書，探討袁宏道文學觀時，亦提及袁宏道文學觀與禪有關。

5. **郭朋《明清佛教》與釋聖嚴《明末佛教研究》**

此二書把袁宏道《西方合論》一書，作一歷史評價。郭朋在《明清佛教》書中，特別標榜袁宏道《西方合論》是明代淨土宗的一部重要著作；釋聖嚴《明末佛教研究》推崇《西方合論》是明末淨土諸書中，氣勢最澎湃的一種。

〔註8〕《箋校》卷二十二。
〔註9〕《箋校》卷二十二。

6. 江燦騰〈李卓吾的生平與佛教思想〉

簡略的討論到李卓吾與袁宏道在「淨土」與「華嚴」思想的不同。

前人對於袁宏道與佛教之研究成果，點點滴滴，雖未匯河成海，蔚為大觀，但將有助於本文進一步釐清袁宏道的佛教思想，並作更確切的理解。

第二節　研究架構

袁宏道接觸佛教的機緣，與兄長、師友及整個時代思潮有關，其佛教思想以禪淨為主，前期傾向於禪的修為，後期轉而禪淨雙修。禪學思想對其文學亦有所影響。本文於此範圍，先作一系統性的分析與組織。

論文的結構與章節的安排，除第一章緒論與第六章結論外，計分四大部分：

第二章以袁宏道與佛教的因緣為題，共分三節。第一節探討袁宏道「初聞性命之學」，主要來自兄長袁宗道的啓迪；第二節敘述袁宏道與李卓吾、無念禪師的交往，以呈顯此二者於袁宏道接觸佛教過程中之重要；第三節歸因於整個時代的風向，如禪淨思想的興盛與士大夫禪悅的風氣，說明袁宏道與佛教的因緣，與整個時代思潮的關係。

第三章探究袁宏道的禪學思想，共分三節。第一節先敘述袁宏道參禪的進路，由前章所敘袁宏道與李卓吾、無念禪師的交往，進一步討論袁宏道前期從萬曆十八年（二十三歲）到萬曆二十七年（三十二歲），參究的對象，主要是李卓吾的禪法；後期於萬曆二十七年（三十二歲）到萬曆三十八年（四十三歲），由於大慧宗杲看話禪在晚明的流行與無念的關係，所以主參大慧宗杲的看話禪；第二節分析袁宏道禪學思想的核心，包括「禪修理念」、「眞常唯心」與「教禪一致說」；第三節對禪者的批判，袁宏道以為晚明狂禪與王學有關，而其批判對象，以李卓吾為標的。

第四章討論袁宏道的淨土思想，以《西方合論》為中心，共分三節。第一節敘述袁宏道《西方合論》的寫作動機，即由禪轉而禪淨雙修的原因，並簡介《西方合論》的思想架構；第二節探究《西方合論》的三個思想課題：一禪與淨的調合、二唯心淨土與他方淨土的融合、三淨土與華嚴思想的融通；第三節透過袁宏道與蓮池淨土思想的比較，及蕅益對《西方合論》的評價，以凸顯袁宏道《西方合論》的價值。

第五章探討袁宏道禪學思想對文學的影響，分二節。第一節辨析袁宏道

獨抒性靈的文學觀與禪的淵源，及其禪修的轉變與文學觀的修正；第二節分析袁宏道以禪入詩的詩歌創作。

第二章　袁宏道與佛教的因緣

　　袁宏道（1568～1610），字中郎，號石頭居士，湖北公安人，生於明穆宗隆慶二年，卒於神宗萬曆三十八年，享年四十三歲。兄長袁宗道（1560～1600），字伯修，號石浦。弟弟袁中道（1570～1624），字小修。兄弟三人共有文名，世稱公安三袁。

　　袁宏道一生最爲人所歌頌的成就，主要在於文學與佛教。袁宏道所倡導的公安派「獨抒性靈」的文學理論，一反傳統擬古的形式主義，強調個性的發展，特別是把向來爲人所輕忽的小說、戲曲、民歌與「六經」、《離騷》、《史記》等相提並論，且給予文學上最高的評價，這種論調在中國文學批評史上實有其地位。至於佛教，袁宏道是晚明居士佛教中相當出色的人物，郭朋《明清佛教》一書，曾談及袁宏道《西方合論》是晚明相當重要的一部淨土著作。

　　有關《西方合論》生平事蹟與時代背景，如任維琨〈袁中郎評傳〉、〈中郎師友考〉、《袁中郎研究》與周質平《袁中郎評傳》、《公安派的文學批評及其發展——兼論袁宏道的生平及其風格》等著作，都作過詳細探討，本文不再重覆，擬從袁宏道生平時代與佛教有關的這一部分，由「兄長的啓迪」、「師友的交遊」，以及整個「時代的風尚」，理出一條發展線索，以開展其佛教思想的研究。

第一節　兄長的啓迪

　　袁宏道接觸佛教的機緣，與其家族有關，其中尤以兄長袁宗道最爲直接。

　　袁宏道七歲即喪母，故由其父親袁士瑜負教導的責任。袁士瑜曾著《海蠡

編》，〔註1〕「於孔釋二家異派同源處，卓然有見」。〔註2〕而袁氏兄弟自幼皆習庭訓，故於釋家之理，當有所聞。此外，外祖父龔大器及母舅惟學、惟長，亦常予袁氏兄弟日常生活的照料與詩文的教導。龔大器，依《公安縣志》卷六之記載，其人「讀書稱儒」，且「平易近人」，號爲「龔佛」。人以佛稱之，龔氏與佛，自有其因緣。而母舅惟學與惟長，依《公安縣志》卷六所載，惟學「好學仙，喜爲黃白術」，而惟長「晚年斷葷血，好布施」。由這些記載加以推論，袁宏道接觸佛教與其家族背景多少有關，但最直接啓迪人物，還是兄長袁宗道。

袁中道於〈中郎行狀〉中說道，袁宗道初以性命之學（禪學）啓發袁宏道，其文云：

> 明年（萬曆十七年）上春官，時伯修方爲太史，初與聞性命之學，
> 以啓先生，先生深信之……極力參究，時有所解，終不欲自安歧路，
> 持爝火微明，以爲究竟。如此者屢年，忘食忘寢，如醉如痴，一日
> 于張子韶論格物處，忽然大豁。（《珂雪齋前集》卷十七）

萬曆十七年，時宏道二十二歲，以會試落第返居家中，伯修亦因冊封歸里，以「性命之學」教導宏道，宏道聞而深信不疑，極力參究。雖時有所悟，但不欲自安於小道，更不願以小火微明，以爲是究竟之道。如此者屢年，廢寢忘食，如痴如醉。一日於張子韶與大慧論格物、物格的道理，〔註3〕豁然大悟。

〔註1〕關於此書之作者有所爭議，一者爲袁士瑜，二者爲袁宗道。《公安縣志》卷八〈藝文志・書目〉云：「袁士瑜《海蠡編》二卷，此書大旨以儒釋二家同源異派，或援釋疏孔，或證之曾爲之作〈海蠡編序〉。不過在袁小修《珂雪齋前集》卷十六〈石浦先生傳〉亦云：「是年先生（宗道）以冊封歸里，仲兄與予皆知向學，先生語以心性之說……至於始復讀孔孟諸書，乃知至寶原在家內，何必向外尋求，吾試以禪詮儒，使知兩家合一之旨，遂著《海蠡編》。」「吾」字所指並不很清楚，但此乃袁宗道之傳記，故「吾」字應指袁宗道，也就是說袁宗道著《海蠡編》。另外袁小修《遊居柿錄》卷一，有卓吾題伯修《海蠡編》一紙云：「予讀袁石浦（伯修）《海蠡編》已奇矣！茲復會石浦於龍湖之上，所見又別，更當奇也。」（引自林其賢《李卓吾事蹟繫年》，頁226）也許袁士瑜及袁宗道都作過此書，只是內容有些不同，袁士瑜是「援釋疏孔，或證孔於釋」，而袁宗道「以禪詮儒」。故本文仍依《公安縣志》與江進之〈海蠡編序〉所載爲準，證明袁士瑜曾作此《海蠡編》二卷。

〔註2〕江進之《雪濤閣集》卷八〈海蠡編序〉。

〔註3〕「張子韶論格物」之內容，據明朱時恩《居士分燈錄》下卷「張九成」有云：「丁巳秋，大慧宗杲說法於徑山，成閱其語要，嘆曰：是知宗門有人，恨不一見，遂往謁。一日問格物之旨。杲曰：公只知有格物而不知有物格。成聞之頓領微旨，題於壁曰：「子韶格物，妙喜（大慧宗杲）物格，欲識一貫，兩箇五百。」（《卍續藏經》，第一四七冊，頁917）。萬曆三十二年，有人問：「妙

　　袁宗道於萬曆十七年，能以禪學啟迪袁宏道，亦有一段因緣，據袁中道所撰袁宗道的傳記中說：（一）宗道好爲文章，曾因文酒之會，夜以繼日，勞累過度，抱病幾死；（二）因病而學數息靜坐與閉門鼻觀等養生之道；（三）萬曆十七年在京師時，就教於焦竑、瞿汝稷與無念深有，此三人教以「頓悟之學」與「見性之說」的「禪」。〔註4〕因此袁宗道於萬曆十七年返鄉，才得以禪教導袁宏道，開啟袁氏一生參禪的道路。

第二節　師友的交遊

　　師友圈是袁宏道接觸佛教中相當重要的一環。由袁宏道與師友來往的「尺牘」中加以考察，黃輝〔註5〕、王百穀〔註6〕、梅客生〔註7〕、管東溟〔註8〕、陶望齡〔註9〕、李卓吾、無念深有等，都是與他談禪論佛的重要人物，尤其是

喜云：『言諸公但知格物，不知物格意旨何如？』」（《珊瑚林》上卷，葉二），宏道答：「格物物格，猶諺語云：『我要打他，反被他打也。』今人盡一生心思欲窮他，而反被他窮倒，豈非物格耶？故杲假引斬圖落頭之事。」（同上）用「我要打他，反被他打」來解說「格物」與「物格」，實在很生動。這是宏道第一次窮究性命之學的領悟。

〔註4〕《珂雪齋前集》卷十六〈石浦先生傳〉。

〔註5〕黃輝，字平倩。在《箋校》中，共收有四封袁宏道與之談論的書信。如萬曆二十五年〈與黃平倩〉云：「近造想益卓，參禪到平實，便是最上乘。弟自入德山後，學問乃穩安，不復往來胸臆間也。此境甚平易，亦不是造到的，恨不縮地，與二兄商證。」（卷四二）

〔註6〕王百穀，即王穉登。宏道與他來往之書信，全集共收十一封，其談論佛學的有三封，如與〈王百穀〉一文云：「讀來敘，佳甚。往歲會諸名士，都無一字及禪，以故吳令時，每以吳儂不解語爲恨，不知百穀之有意禪乎，然則僕之不能盡百穀者尚多，奚獨禪也？」（《箋校》卷十一）

〔註7〕袁宏道與海客生的書信共十三封，其中亦有談論佛學者，如與〈梅客生〉一文云：「開府無簿書牛馬之累，終日高坐堂皇，其折腰跪拜者，皆金紫也。既不妨飲酒，又不妨好色，又不妨參禪。」（《箋校》卷十一）梅客生爲開府之官，宏道以爲無所累，不妨參禪。

〔註8〕管志道（1537～1608），字登之，號東溟，是宏道之至友。宏道與東溟的信有四封，其中與〈管東溟〉一書云：「寄吳兩載，相知相愛，不盡無人，但其道義相與，傾肚吐膽者，惟足下一人。」（《箋校》卷六）可見二人相知之深。其他有二封則是討論佛學的。與〈管東溟〉書云：「夫見即教，教即見，非二物也，公試思之。見即教，《金剛》以無我相滅度眾生；教即見，《楞嚴》以一微塵轉大法輪。寫至此，葛藤滿紙，幸有以復我。」（《箋校》卷五）

〔註9〕陶望齡（1562～1609），字周望，號石簣，晚號歇庵居士。常師事周海門，屬泰州學派人物。乃與袁宏道遊山玩水、談禪論學最爲頻繁之友。《袁宏道全集》

李卓吾與無念深有，對袁宏道禪學思想有相當重要性的影響。本文在此僅對袁宏道與他們二人交遊的過程，先作一敘述：

一、李卓吾

李卓吾（1527～1601），原名贄，又字篤吾，號宏甫，又號溫陵居士，福建泉州人。生於明世宗嘉靖六年，卒於明神宗萬曆三十年，享年七十六歲。足足年長袁宏道四十二歲。

袁氏兄弟因焦竑之推薦而認識李卓吾。萬曆十七年，袁宏道以使事返鄉，焦竑告之曰：「亭州有卓吾先生在焉，試一往訊之，其有以開予也夫！」〔註10〕焦竑與李卓吾乃知己之交，〔註11〕極欣賞李卓吾，且篤信李卓吾的學問，尤其是在禪學方面。時李卓吾在龍湖，於是袁氏兄弟就前往拜訪。

袁宏道兄弟第一次訪求李卓吾的時間，是在萬曆十八年。〔註12〕李卓吾與袁氏兄弟會面，言談甚歡，且相互契入，尤其欣賞袁宏道的《金屑篇》，並贈以詩句，云：

> 誦君金屑句，執鞭亦忻慕。早得從君言，不當有老苦。（《珂雪齋前集》卷十七）

《金屑篇》共七十二則，是袁宏道參「楊岐公案」，〔註13〕有所發明，遂拈出經文或語錄加以參究的心得。〔註14〕李卓吾二十九歲就開始當官，先後

〔註10〕《李溫陵外紀》卷二〈書袁太史〉。

〔註11〕李卓吾〈壽焦太史尊翁後渠公八秩華誕序〉云：「惟宏甫爲深知侯，故弱侯亦自以宏甫爲知己。」（《續焚書》卷二）

〔註12〕周質平《袁宏道評傳》附錄〈宏道行事年表〉（頁333）與《公安派的文學批評及其發展》之〈袁宏道年表〉（頁197），都考訂三袁初見李卓吾的時間，爲萬曆十八年。錢伯城在《箋校》（卷二）中，亦考訂袁氏兄弟初見李卓吾時間爲萬曆十八年。

〔註13〕「楊岐」是禪宗之一支，北宋楊岐方會爲開山祖師。禪宗自六祖惠能後，分爲五家，一臨濟宗，二潙仰宗，三曹洞宗，四雲門宗，五法眼宗，各宗皆有其風格。至宋，臨濟門下又分出楊岐與黃龍二派，於是有「五家七宗」之名號。

〔註14〕如《金屑篇》第一則：「舉《楞嚴》吾不見時何不見吾不見處，若見不見，自然非彼不見之相，若不見吾不見之地，自然非物，云何非汝。」袁宏道參之曰：「看看三世諸佛在你腳跟下過了也，直繞一踏紛碎閻羅王，未放你在；鍼（鐵）壁銀山，《金剛》栗棘，放去非離，拈來非即，海神不貴，夜明珠滿地，

在官場二十年，因不滿頑固派的歧視排擠，於萬曆八年辭官。萬曆九年，攜眷到湖北黃安拜訪在南京任上結識的好友耿定理。萬曆十三年，耿定理病歿。李卓吾與耿定理之兄耿定向，因論學觀點分歧，感情破裂，於是被迫離開耿家。次年送妻女回閩，然隻身遷住麻城龍湖的芝佛院。袁宏道訪問李卓吾時，李氏已六十四歲，年老無朋，心裏苦悶，看到袁宏道的《金屑篇》，不期然而然的有相見恨晚之感。

　　第二次訪李卓吾的時間，是在萬曆二十年，〔註15〕袁宏道〈送焦弱侯老師使梁因之楚訪李宏甫先生〉一詩，即此時於北京所寫的作品，其詩云：

　　　　丹書早發鳳凰樓，楊柳青陰滿陌頭。征馬晚嘶梁苑月，孤帆晴指洞
　　　　庭秋。蓮開白社來陶令，瓜熟青門謁故侯。自笑兩家為弟子，空於
　　　　湖海望儵舟。（《箋校》卷二）

此詩中「蓮開白社來陶令，瓜熟青門謁故侯」，大有以東晉廬山慧遠創白蓮社，而陶淵明來訪；秦東陵侯邵平，秦破為布衣，種瓜青門外，瓜美而人爭食之典故，影射李卓吾的成就，使他一再參訪。

　　至於第三次拜訪的時間，則為萬曆二十一年。〔註16〕袁宏道〈將發黃時同舟為王以明先生龔散木家伯修小修俱訪龍湖者〉一詩，即記載此事，其詩云：

　　　　江草青青江水流，荊州何日到黃州？鄭莊有客堪馳驛，郭泰如仙如
　　　　附舟。此去山川俱作態，一時象緯合生愁。龜峰數點蒼煙裏，料得
　　　　伊人已白頭。（同上）

荊在湖北省公安縣東北，此黃州，指麻城，亦在湖北境內。此時李卓吾已六十七歲。

　　第三次見面，李卓吾更加讚賞袁宏道，以其為才資英特，膽力識力，皆

　　　　撮來當面擲。」（葉一、二）第七則：「舉慧可問初祖曰：『我心未安，乞師與
　　　　安。』祖曰：『將心來與汝安。』可良久曰：『覓心了不可得！』祖曰：『我與
　　　　汝安心竟。』」袁宏道參之曰：「驢前馬後漢切忌，承當為甚如此，鵝王擇乳，
　　　　素非鴨類；白玉壺中貯清水，千尺探竿難到底，不是渠儂心特深，大丞元在
　　　　平田裏。」（葉四）這種參禪心得，沒有辦法用正常邏輯思辯去理解，見不見
　　　　道，悟不悟道，也只有參悟者方能印證。
〔註15〕周質平《袁宏道評傳》附錄〈袁宏道行事年表〉及《公安派的文學批評及其
　　　　發展》之〈袁宏道年表〉，都考訂為萬曆十九年，並認為袁宏道《金屑編》是
　　　　在此年完成。而錢伯城《箋校》（卷二）一書，考訂袁宏道第二次訪李卓吾時
　　　　間為萬曆二十年。本文採錢伯城《箋校》所考訂的時間。
〔註16〕周質平《袁宏道評傳》附錄〈袁宏道行事年表〉及《公安派的文學批評及其
　　　　發展》之〈袁宏道年表〉，與錢伯城《箋校》（卷二），都考訂為萬曆二十一年。

超越於人。且思惟謹密深入，足以參究禪理。此次袁宏道等留住十日，於將
離別時，寫了八首〈別龍湖〉詩：

其一

十日輕爲別，重來未有期。出門餘淚眼，終不是男兒。

其二

惜別在今朝，車馬去遙遠。一行一回首，跼蹜過板橋。

「出門餘淚眼」、「一行一回首」，多感人的畫面！相交之情，可以想見。而李
卓吾亦有〈答袁石公〉八首：

其一

入門爲兄弟，出門若比鄰。猶然下幽谷，來問幾死人。

其二

無會不成別，若來還有期。我有解脫法，灑淚讀君詩。（《續焚書》
卷五）

一開始，李卓吾耽心來日無多，恐會面無期；但第二首，則一展瀟灑，以爲無
會不成別，若來還有期。然雖有「解脫法」，但仍爲詩中之情所感，淚灑而下。

回到公安後，袁宏道又作〈懷龍湖〉詩云：「矯有雲霄時一望，別山長是
鬱嵯峨」，〔註17〕表達思念之情。

萬曆二十三年，袁宏道在吳縣爲縣令時，與李宏甫一書，更云吳縣中無
一人可與談禪，幸有《藏書》可爲精神食糧，其文云：

吳中無一人語及此，奉床頭有《藏書》一部，愁可以破顏，病可以
健脾，昏可以醒眼，甚得力。有便莫惜佳示。（《箋校》卷三）

《藏書》是李卓吾反道學、叛聖道的代表作，內容分世紀與列傳，上至戰國，
下迄於元，旨在批判歷史人物，歷來目錄學家，皆放入史部。袁宏道以其可
療愁解病醒昏，有似一帖良藥，對李卓吾推崇倍至。

而李卓吾在〈九日至極樂寺聞袁中郎且至因喜而賦〉云：「世道由來未可
孤，百年端的是吾徒，時逢重九花應醉，人至論心病亦蘇。」〔註 18〕更以袁
宏道爲百年徒弟，可與論心，大有吾道不孤之欣慰。

然而從萬曆二十三年（二十八歲）後，袁宏道與李卓吾的關係，愈來愈

〔註17〕《箋校》卷二。

〔註18〕《焚書》卷六。

淡。萬曆二十五年（三十歲），袁宏道請辭縣令之職獲准後，曾結交陶望齡、蓮池等，遊山玩水。二十六年（三十一歲）入京師與兄弟朋友結社崇國寺。二十七年（三十二歲）則是袁宏道與李卓吾關係的轉變時期。袁氏以為李卓吾的「禪」，悟理廢修，尚欠穩實。依袁中道〈中郎行狀〉云：

> 踰年（萬曆二十七年），先生之學復稍變，覺龍湖（卓吾）等所見，尚欠穩實，以為悟修猶兩橛也，向者所見偏重悟理，而盡廢修持，遺棄倫物，面背繩墨，縱放習氣，亦是膏肓之病……遂一矯而主修，自律甚嚴，自檢甚密，以澹守之，以靜凝之。（《珂雪齋前集》卷十七）

袁宏道自覺以前偏重悟理，盡廢修持，放縱習氣，仍是一種禪病，故轉而以修行為主，嚴密以律己，靜澹以自處。也因為這個轉變，這年冬天，袁宏道撰述了《西方合論》這部淨土作品。

萬曆二十八年（三十三歲），袁宏道〈與李龍湖書〉中，表明他近日修持的態度，多學作下下根行，以修行持戒即是向上事，而徒言心性玄妙，只是驢橛馬樁而已。並讚美李卓吾《淨土決》之作，愛看者多，但仍需以戒為本。〔註19〕而袁宏道與李卓吾的書信交往，也止於此年，這是因為袁宏道不再覺得李卓吾的禪是可靠的。

二、無念禪師

無念（1544～1627），名深有，別號西影，楚黃麻邑人，生於明世宗嘉靖二十二年，卒於明熹宗天啓七年，享年八十四歲。年長袁宏道二十四歲。

無念十六歲即出家，到處行腳參訪，至萬曆七年，才由石潭居士延居龍湖。萬曆九年李卓吾來訪，無念把參禪經過從頭到尾一一吐露，李卓吾回黃安，邀眾友至馴馬山相會，於會中無念受李卓吾之啓示，於禪有悟。〔註20〕於是建立兩人的交誼。萬曆十三年，李卓吾永別妻子，長住龍湖芝佛院。所以當袁氏兄弟往龍湖面會李卓吾時，自然也與無念相識。

其實袁宏道於萬曆十七年在京師，曾就教於無念。萬曆十八年在龍湖時也見到無念。萬曆十九年，無念到公安與袁氏兄弟會面，離別時，袁宏道作〈別無念〉八首以表情意。其六云：

> 謂爾真吾師，謂吾真爾友。不知歐冶鑪，肯鑄頑鐵否？（《箋校》卷

〔註19〕《箋校》卷二十二。
〔註20〕《黃蘗無念禪師復問》卷六〈行由〉。

一）

袁宏道與無念之交往，亦師亦友，且自比頑鐵，請無念多加鍛鍊。推崇欣賞之意，不下於李卓吾。

萬曆二十一年（二十六歲），袁氏兄弟往龍湖時，無念與李卓吾等相處有隙，離開此地，另往黃蘗山開闢道場，此山位於湖北省黃州府麻城縣北方。袁宏道於〈開黃蘗山記〉云：

> 無念禪師，少年苦參，至四十始了，初創金地龍潭，參禪最號勝處……
> 又得黃蘗山。蓋師去黃蘗，正愚兄弟來龍潭時也，急遣使邀回，對
> 談數日，語牽抵掌。（《黃蘗無念禪師復問》卷五）

李卓吾〈與焦弱侯〉書信，曾批評無念好結交京師官員，求幾貫施鈔。[註21] 在〈三蠢記〉中，又說無念雖有心向道，但不是向上直去之人，往往認定死句，以辛勤日用為枷鎖，以富貴受用為極自在法門、免不了自誤誤人。[註22] 故於〈窮途說〉一文，表明兩人止於相愛而不相知，無念後又以事怪徒弟常聞，於是憤而上山。[註23] 袁氏兄弟急遣使邀回，交談數日，極為歡洽。

袁氏兄弟一直都非常敬重無念，無念亦常與之論禪。如〈復袁考功石公〉一文，批評袁宏道性好奇勝，膽壯神雄，但開口應對，便為機語氣魄瞞過。[註24] 於〈復蘇兵憲雲浦〉也批評袁宏道的禪，只在播弄神機，竟非了義。[註25]

而袁宏道在〈法眼寺記〉一文，稱讚無念創立的黃蘗山法眼寺道場，自鋤自種自食，無求于世，即道可辦，有古代叢林的風範。[註26] 萬曆三十八年在〈書念公冊後〉，贊無念使舌能如其心，乃於道有得者，而自嘆弗如。所以說袁宏道與無念的交往更為長久，對無念的讚賞也更甚於李卓吾。

第三節　時代的風尚

袁宏道接觸佛教之因緣，除了以上探討的兩種因素外，更可以歸因於整

[註21] 《續焚書》卷一。
[註22] 《焚書》卷三。
[註23] 《續焚書》卷二。
[註24] 《黃蘗無念禪師復問》卷一。
[註25] 《黃蘗無念禪師復問》卷二。
[註26] 《黃蘗無念禪師復問》卷五。

個時代的風尙：一則禪淨思想的興盛，二則士大夫好禪的風氣。而此二者又相互縮結，密不可分。以下分別加以敘述：

一、禪淨思想的興盛

佛教各宗於隋唐之時，燦然競秀，唐後唯禪淨二宗較有可觀，但僅止於維持的局面。至明末萬曆年間，似有迴光反照之勢。如淨土禪宗之著作急增，人物輩出，﹝註27﹞究其興盛之主要原因如下：

（一）禪

明末禪宗的興盛，以禪者之提倡與王學之激盪最爲有關。

1. 禪者的提倡

明末禪宗人才輩出，以紫柏眞可（1530～1603）與憨山德清（1546～1623）對禪門之提倡，最爲有功。黃宗羲在〈錢淸谿墓誌銘〉一文云：

> 有明自楚石以後，佛法中衰，得紫柏憨山再振。（嵇文甫《晚明思想史論》第六章〈佛門的幾個龍象〉）

「楚石」者，指「國初第一宗門──梵琦」（1296～1370）。梵琦曾受「印可」於元叟行端，爲大慧宗杲五傳弟子，南嶽懷讓下第二十世，宣揚禪宗，「五十年間，六坐道場」，﹝註28﹞禪門曾盛一時。楚石後，佛法衰落，至萬曆年間，得「紫柏憨山」而再振。黃宗羲在〈三峰禪師塔銘〉更云，紫柏憨山於禪門別樹法幢，其文云：

﹝註27﹞淨土方面，釋聖嚴在〈明末的淨土教人物及其思想〉一文，作了一個數字統計：（一）明末淨土教人物，有僧侶、尼僧、居士、婦女，共計一三一人。（二）明末淨土教著述，有經疏類、撰述編著類、史傳類、註解撰述類，共計二四種七一卷。（《明末佛教研究》，頁87～105）這些人物都是有史傳記載者，實際人數當然過之；而有關著述者，則皆藏經所載，未入藏者，自然亦有。人物與著述之多，代表「淨土」之興盛。禪宗方面，依釋聖嚴在〈明末禪宗人物及其特色〉一文所述，主要有三點：（一）記載禪宗人物傳承之燈錄，較任何一時期爲多，有《指月錄》、《教外別傳》、《禪燈世譜》、《居士分燈錄》、《佛祖綱目》、《五燈會元》、《繼燈錄》、《五燈嚴統》、《續燈存稿》等；（二）禪宗人才輩出，由以上燈錄之記載統計出來，共117人，其中六位是居士；（三）禪宗重要典籍的出現，如雲棲袾宏《禪關策進》、虛一《宗門玄鑑圖》、成正《博山參禪警語》、法藏《五宗原附臨濟宗頌語》等五十種。（《明末佛教研究》，頁2～3）這種「禪宗人物」之多，以及「禪宗典籍」與「禪宗燈錄」之豐富，是其他時代所不及的；尤其像雲棲袾宏《禪關策進》，是一部非常重要的禪宗典籍。

﹝註28﹞祖光等《佛日普照慧辯楚石禪師語錄序》，《卍續藏經》，第一二四冊。

> 萬曆以前，宗風衰息，雲門、潙仰、法眼皆絕；曹洞之存，密室傳
> 帕；臨濟亦若存若沒，什百為偶，甲乙相授，類多墮窳之徒。紫柏
> 憨山別樹法幢，過而唾之。(同上)

禪宗自惠能而下，一花五葉，五家七宗，盛傳一時，雲門、潙仰與法眼，由
於宗風與傳人之關係，先後衰微以至絕滅，只有臨濟與曹洞，宋後一直綿延
不絕，然盛況大不如前，至於明代，弊病叢生，「密室傳帕」、「甲乙相授」，
更無法轉禪門之生機。「紫柏憨山」於宗門傳承之外，別樹一幟，力挽狂瀾於
既倒。

　　紫柏從他出家當晚徹夜打坐，就終生修禪。憨山涉及的範圍較廣，但他
出於禪亦匯歸於禪，將參禪、念佛、持咒均當作禪法修持。此外憨山於〈徑
山達觀可禪師塔銘〉中，更提到修禪門傳燈錄與疏濬曹溪之事。其文云：

> 師(紫柏)與予計，修我朝傳燈錄。予以禪宗凋敝，與師約，往濬
> 曹溪，以開法脈。(《憨山老人夢遊集》卷二十七)

傳燈錄指記載禪宗歷代傳法機緣之著作。燈或傳燈，意謂以法傳人。如燈火相
傳，輾轉不絕。曹溪位於廣東韶州(今曲江縣東南)之河。梁天監元年(502)
天竺婆羅門三藏智藥到曹溪口，飲其水而知此源為勝地，及勸村人建寺，號寶
林寺。至唐儀鳳二年(677)春，六祖惠能從弘忍得法後，從印宗剃髮，受具足
戒而歸寶林寺，大弘法化，人稱曹溪法門。禪道衰落，紫柏憨山以為曹溪涸淤
所致，故前往疏通，冀望禪門之振興。故晚明禪門之盛，紫柏、憨山首居其功。

2. 王學的激盪

　　晚明王學，為禪宗帶來不少的激盪，使原本消寂的禪門，又開拓出發展
的空間。明末雲門麥浪禪師於《宗門設難》一書，點出禪門之盛與陽明創良
知之學有關，他說：

> (明)成祖以後，典籍殘缺而無微，僧行徒有其名，而不知奚事，
> 茫茫八表，求一律寺，具不可得，何曾有禪教淨土之叢林耶？突出
> 陽明夫子，以應化大權，創良知之說，揭禪宗語，和會融通，使儒
> 門英傑，始知趨向。(《卍續藏經》，第一二七冊，頁 1009 上)

佛教典籍殘缺不全，僧徒不事修行，禪教淨土律寺蕩然頹廢，這是明成祖後
佛門面貌的最佳寫照。至陽明創良知學說，以禪宗語彙，會通儒佛，一時儒
者趨之若鶩。

　　陽明所藉用的禪宗語詞，如「不修不證說」、「無所住」、「本來面目」、「不

立文字」、「見性頓悟」、「人心一無我」、「常惺惺」、「轉說轉遠」、「一句道盡」、「自喫自知」、「將汝己私來」、「認賊爲子」等。於禪宗之傳播，自有其功效。而儒門英傑歸於禪門，陶望齡於〈辛丑入都寄尹爽弟書十五音〉之十亦說道：

> 使陽明不借言闢佛，則儒生輩斷無佛種矣！今之學佛者，皆因良知二字誘之也。（《歇庵集》卷十六）

陶望齡以爲「陽明之於佛氏，陽抑而陰扶」，故雖「闢佛」，而實「揚佛」，於是諸儒生皆因其「良知」之學，而導入佛海。蕅益在〈閱陽明全集畢偶二則〉一文，亦云：「繼陽明起，諸大儒無不醉心佛乘。」〔註29〕清彭際清更說，趙宋以來，理學家以道統儒學自居，「闢佛」之聲不斷。因陽明倡「良知」之說，轉而入佛門者，有泰州學派人物趙大洲、楊復所、周海門、陶石簣、焦澹園、管東溟、全正希等，〔註30〕故儒者歸佛，壯大禪門，王學實有其功。

（二）淨土

　　晚明淨土之盛，除了各宗傳人對自宗的解脫之道喪失信心外，主要是來自蓮池大師的倡導。

　　蓮池（1535～1615），名袾宏，別號雲樓。三十二歲出家，曾參禮辯融，辯融示以莫貪名利，莫攀援貴要之門，要老實念佛，一心辦道。後又於柳菴參天奇本瑞之法孫笑嚴德寶，忽於歸途中，聞樵樓之鼓聲而大悟，且作偈曰：「二十年前事可疑，三千里外遇何奇，焚香擲戟渾如夢，魔佛空爭是與非。」隆慶五年入杭州雲樓山，見山水幽美，於是卜居山中修念佛三昧，結果教化遠近，道俗咸集，遂成一大叢林。世稱雲樓禪師，又號蓮池大師，且尊爲蓮宗第八祖。〔註31〕

　　蓮池一生兼重禪、教、律、淨之弘揚；禪有《禪關策進》、教有《楞嚴模象記》、律有《戒疏發隱》、淨土有《阿彌陀經疏鈔》等，而一以淨土爲依歸。

　　明末雲門麥浪禪師《宗門設難》中，以晚明佛教振興之功，首推蓮池，其文云：

> 時有雲樓大師，實古佛之應身……其以語教眾生也，則有百千卷之牙籤；禪，則有《禪關策進》等；教，則有《楞嚴模象》等；律，則有《戒疏發隱》等；淨土，則有《彌陀疏鈔》等……雖其大用如

〔註29〕《靈峰宗論》卷四之三。
〔註30〕《二林居集》卷二二。
〔註31〕釋德清〈古杭雲樓蓮池大師塔銘〉，《蓮池大師全集》（四）。

此，皆以淨土爲指歸也。(《卍續藏經》，第一二七冊，頁 1009)
其中《禪關策進》收錄「諸祖法語節要三十九章」，有黃蘗希運、玄門師備、永明延壽等師示眾、普說之言；「諸祖苦功節略二十四章」，略敘祖師苦行與開悟的經過，內容包括懸崖坐樹，引錐自策，誓不展被等；「諸經引證節略」，則引用經典中有關修行者精進努力的事蹟，本書流行甚廣，爲修禪者必讀之精進總集。而《阿彌陀經疏鈔》，則把一千八百多字的《阿彌陀經》鋪陳爲十萬多言。以華嚴宗解經之十門，廣引之經論達五十多種；以華嚴理事無礙之理論，攝禪歸淨，倡導「持名念佛」與「參究念佛」。

念佛法門原有「觀想念佛」、「實相念佛」與「持名念佛」三種。靜坐而觀想佛之相好功德，即「觀想念佛」；觀佛之法身，非有非空，中道實相之理，屬「實相念佛」；口稱佛名，是爲「持名念佛」。蓮池在《阿彌陀經疏鈔》中，除主張「持名念佛」外，又主張「參究念佛」，[註32] 即「且念且參，觀心究理」。[註33] 這且念且參之「參」，融合禪門「參」禪之參。蕅益曾批評爲「與禪宗相濫」，「單恃己靈，不求佛力」。[註34]

雖然如此，時人對蓮池兼具「禪修」與「念佛」，雙重法門之修行，並不以爲怪，甚而因爲蓮池不排除「參」的法門，所以受到知識分子的推崇，使淨土信仰者之層面爲之推廣。彭際清(1740～1796)在《居士傳》卷四六中說，蓮池大師以淨土法門，倡於雲棲，從之遊者，多彬彬踐履篤實之士。[註35] 又說雲棲蓮池大師，弘淨土之教，一時學士聞風響應，各著書羽翼蓮宗，若袁宏道、唐宜之、莊復眞輩，不可一一勝數。[註36] 即爲最佳說明。

[註32] 蓮池到底是提出「參究念佛」，還是「體究念佛」，此中有其曖昧。按「體」似有一明顯目標在，「參」則不明究理，只管疑去。參有疑在，體則無疑。蓮池以爲：「體究者，聞佛名號，不惟憶念，即念反觀，體察究審，鞠其根源，體究之極，於自本心，自然契合」(《阿彌陀經疏鈔》卷三，頁 445)。但又云：「但念不忘，與持咒同，是名曰密；且念且『參』，觀心『究』理，是名曰顯」(同前書，頁 450)。在此用的是「參究」。此外在其他作品，如《竹窗隨筆》等，用的都是「參究念佛」，故本文以爲蓮池提倡的其實是「參究念佛」。

[註33] 《卍續藏經》，第三三冊，頁 450。

[註34] 蕅益〈參究念佛論〉云：「法門雖異，同以淨土爲歸，獨參究之說，既與禪宗相濫，不無諸僞可商……言大害者，既涉參究，便單恃己靈，不求佛力。」(《靈峰宗論》卷五之二) 此外《靈峰宗論》卷二之三〈示方爾階〉與卷四之一〈答卓左車茶話〉之文，亦都批評蓮池「參究念佛」之思想。

[註35] 《卍續藏經》第一四九冊，頁 487 下。

[註36] 《一行居集》卷三。

二、士大夫禪悅的風氣

　　晚明士大夫好禪，是禪者提倡與王學激盪所產生的一股潮流。進一步深化，則是「士大夫與禪師結納」與「儒佛之爭淡化」，所形成的必然現象。

　　晚明士大夫禪悅之風氣，陳援庵於《明季滇黔佛教考》卷十〈士大夫之禪悅及出家〉中曾討論過，摘要如下：（一）萬曆以後，禪風浸盛，士大夫無不談禪。（二）僧人亦多與士大夫結納。（三）當時京師學人如林，善知識有達觀、朗目、憨山、月川、雪浪、隱菴、清處、愚菴諸公。（四）宰官有黃慎軒、李卓吾、袁宏道、袁小修、王性海、段幻然、陶石簣、蔡五岳、陶不退、蔡承值等。

　　此外依《黃蘗無念禪師復問》中所收書信，與無念禪師交往之士大夫就有三十多位，〔註37〕無念是當時著名的禪師之一。董其昌〈禪悅〉文中亦記載同道禪友唐元徵、袁伯修、瞿洞觀、吳觀我、吳本如、薰玄圃與憨山禪師同會於龍華寺談禪。〔註38〕

　　袁宏道等人成立的「葡萄詩社」，也是這種風氣的產物。萬曆二十六年（三十二歲），宏道復入京就選，得京兆校官，於是兄弟邀集友朋，成立「葡萄詩社」，相與論學，雖然亦涉及政治，但仍以坐禪、作詩為主。袁中道於〈潘去華尚寶傳〉云：

> 當入社日，輪一人具伊蒲之食，至則聚譚，或遊水邊，或覽貝葉，或數人相聚問近日見，或靜坐禪榻上，或作詩，至日暮始解。（《珂雪齋前集》，卷十六）

潘去華（士藻），泰州學派人物，曾師事耿天台與李卓吾。袁中道於此傳中記錄「葡萄詩社」活動的內容，除了交誼外，讀佛經、坐禪、作詩是他們的主活動。

〔註37〕由《黃蘗無念禪師復問》目錄之卷一、卷二、卷三統計起來，共有四十三位，去掉「復尼大士澹然」（卷一），「復中海禪師」、「復樊居士山圖」、「復高麗禪師」、「復天倪禪師」（卷三）五位外，其他三十八位都是士大夫級。

〔註38〕《容臺集》，卷三題跋〈禪悅〉。

第三章 袁宏道的禪學思想

袁宏道的佛學思想，如同晚明佛教思潮，以禪淨為主。〔註1〕

袁宏道對禪的造詣，頗為自得。萬曆二十五年（三十歲）〈與張幼于書〉云：「僕自知詩文，一字不通，唯禪宗一事，不敢多讓。」〔註2〕〈別石簣〉十首之五亦云：「每笑儒生禪，顛倒若狂醉。除卻袁中郎，天下盡兒戲。」〔註3〕

本章先闡明袁宏道的禪學思想，由其參禪的進路，禪思的核心，以及對晚明狂禪的批判，作一完整的敘述。

第一節　參禪的進路

「禪」是古代印度人一種修鍊身心的方法。它的方式是把心集中在一定的對象上，以止息心的煩亂，得到無我的明朗的智慧。

印度有印度的禪，〔註4〕中國禪宗的禪，來自印度達摩禪。達摩禪主要還在「理入」與「行入」並行。「理入」者，「藉教悟宗」；「行入」者，「修四行：報怨行、隨緣行、無所求行、稱法行」。「理入」在悟理，「行入」主修行。

〔註1〕此外，袁宏道的唯識及三教融合思想只是一些簡單概念，不是主要重點。

〔註2〕《箋校》卷二。

〔註3〕《箋校》卷九。

〔註4〕印度禪有大小乘之分。悟我空（人空）偏真之理而修者，稱為小乘禪；悟我、法二空所顯之真理而修者，稱為大乘禪。修行的方法有止觀、三昧等。此種禪法傳到中國後，開發成中國天台宗的止觀（禪法）。唐智者大師《小止觀》與《摩訶止觀》之作，即是印度禪觀的發揮。

　　達摩禪受到中國文化社會及各種因素的影響，轉而成了道地的「中國禪」。六祖惠能的直指人心、見性成佛的頓悟禪成為主流。經過各個祖師的發揚，各有其宗風，然皆重「禪機」，在不拘各種形式的動作與語句下，教化禪者。把祖師透過「禪機」而證入或印心的故事，一則一則的收錄，即為「禪宗語錄」，亦稱公案。公案本是法庭案牘，用以判斷案情；而祖師應機問答亦稱公案者，是用以判斷迷悟，剔抉淵源，剖析底理。以公案為參禪入道之敲門磚，稱為公案禪。公案禪乃五宗分燈後繼起的禪法。而北宋永明延壽（904～975），屬法眼宗法嗣，曾著《宗鏡錄》百卷，導唯識、華嚴、天台思想以歸於宗，集禪理之大成，又著《萬善同歸集》，以禪融淨，倡禪淨雙修，禪淨雙修遂亦成為禪門修持之法門。

　　到了南宋大慧宗杲（1089～1163）以公案禪流於知解，失其意義，遂提倡「看話禪」，以參究「無」字話頭為主。看話禪是公案禪的另一名稱，比公案禪更簡捷，把心力集中在一句話或一個字上。後人把大慧以前者稱為「公案禪」，大慧禪稱為「看話禪」。「看話禪」一枝獨秀，影響後代最為深遠。

　　袁宏道參禪的進路，以萬曆二十七年（三十二歲）前後為界限。萬曆二十七年前受李卓吾的影響最大，以李卓吾的禪法為主；萬曆二十七年後，轉向禪淨雙修，以念佛為行持，「以悟為導」，〔註5〕參禪法門以大慧宗杲的看話禪為主。

一、李卓吾的禪法

　　袁宏道受兄長的啟迪，於「張子韶論格物」，卓然有悟，後又參「楊岐公案」，有所體悟，乃拈經文、語錄加以參究，著《金屑篇》。這是袁宏道最早的參禪經驗。萬曆十八年，袁宏道開始與李卓吾交往，傾心於李卓吾的禪法，一改往昔掇拾陳言，株守俗見，死於句下，不得開悟的困境，自是「披露精光」，如毛遇順風，魚縱大壑，能為心師，能轉古人，且發為言語，一一從自己胸襟流出，蓋天蓋地。〔註6〕直到萬曆二十七年，袁宏道發覺李卓吾的禪不夠穩實，且自悔參究十年的禪，墮於狂病，貪瞋邪見，熾熱如火，縱意之情，未能全脫。

　　李卓吾參禪之經歷與內涵，依其自敘所言：「余自幼倔強難化，不信學，不信道，不信仙釋……不幸年甫四十，為友人李逢陽、徐用檢所誘，告我龍

〔註5〕袁宗道〈西方合論敘〉，《嘉興藏》，第三十一冊，頁488中。
〔註6〕袁中道《珂雪齋前集》卷十七〈中郎行狀〉。

谿先生語，示我陽明先生書，乃知得道眞人不死，實與眞佛眞仙同，雖倔強，不得不信之矣！」〔註7〕李卓吾由個性倔強難化，不信學、道、仙、釋，轉而信仰學習，其原因，主要來自親人連續死亡，與外在環境所遭遇的困難，使其萌生求道的心理。

李卓吾對王陽明與王龍谿，傾服不已，尤其是王龍谿。李卓吾曾見過王龍谿兩次，〔註8〕從此以後，言談之間必提及王龍谿，〔註9〕在〈復焦弱侯〉書中，特別提到王龍谿的書，明快透髓，好讀易解，其文云：

> 世間講學諸書，明快透髓，自古至今，未有如龍谿先生者……諸朋
> 友人讀大慧法語又難，惟龍谿先生書無不喜看。（《焚書》卷二）

晚明以大慧看話禪爲禪門主流，然大慧語錄難讀難懂，故王龍谿的書，普遍受到歡迎。李卓吾又說：

> 王先生（龍谿）字字皆解脫門，既得者讀之足以印心，未得者讀之
> 足以證入也。（同上）

解脫是佛教終極的關懷，李卓吾以爲王龍谿之語，字字皆解脫門，開悟者可以用來印心，未開悟者可以證入，這種評價甚高。

其實王龍谿的的思想，主要秉承於王陽明的「良知之學」，進而講「良知現成」，〔註10〕並把王學加以禪化。〔註11〕以爲良知是現成的，則不必參究，對「修行」也不再重視，流於口頭。流於口頭的王學，又與禪合流，於是禪亦成爲「口頭禪」（狂禪）。李卓吾的禪法，即是這種狂禪，而袁宏道前期參

〔註7〕容肇祖《明代思想史》第七章〈王門的再傳及其流派〉。

〔註8〕李卓吾在〈羅近溪先生告文〉中云：「我（卓吾）於南都得見王先生（龍谿）者再，羅先生（近溪）者一。及入滇，復於龍里得再見羅先生焉。」（《焚書》卷三）

〔註9〕〈羅近溪先生告文〉云：「深有（無念）曰：『某（無念）自從公（卓吾）游，于今九年矣！每一聽公，談必首及王先生（龍谿）也。』」（《焚書》卷三）

〔註10〕王龍谿云：「先師提出良知二字，正指見在（現成）而言，見在良知與聖人未嘗不同，所不同者，能致與不能致耳。」（《王龍谿全集》卷四〈與獅泉劉子問答〉）

〔註11〕王龍谿說：「聖狂之分無他，只在一念克與罔之間而已。一念明定，便是緝熙之學。一念者，無念也，即念而離念也，故君子之學以無念爲宗。」（《王龍谿全集》卷十五〈趙庭謾語付應斌兒〉）《六祖壇經》，惠能云：「我此法門，從上而來頓漸皆立，無念爲宗。」王龍谿以君子之學「無念」爲宗，豈非等同於惠能之無念。儒佛之界爲之混淆，難怪後人都說，王龍谿把王學禪學化，使王學更進於禪。

究的禪法，也就是這種「狂禪」。

二、大慧宗杲的看話禪

萬曆二十七年（三十二歲）後，袁宏道的思想有些轉變，以念佛爲行持，以悟爲主導，參禪仍是主要修行法門。並認爲「念佛爲鄉舉」，「參禪則甲第」。〔註12〕

其參究法門以「話頭」爲主。以爲「悟無方便，參禪其方便也；參禪無方便，提話頭其方便也。」〔註13〕又云：「參禪將徹時，惟守定一箇話頭，便是眞工夫，若捨話頭而別求路，必難透脫矣！」〔註14〕此外在《珊瑚林》中亦有多則討論「話頭」的修持問題。

袁宏道由李卓吾的禪法，轉而參話頭，主要原因有二：一是看話禪在晚明的流行；二是無念的影響。

（一）看話禪在晚明的流行

大慧提倡看話禪，主參「無」字話頭，其云：

> 千疑萬疑，只是一疑。話頭上疑破，則千疑萬疑一時破。話頭不破，則且就上面與之廝崖……若透得個無字，一時透過，不著問人。（《大慧普覺禪師語錄》之〈李參政漢老書〉，頁930上，《大正藏》，第四七冊）

大慧特別拈出「僧問趙州狗子還有佛性也無」，這一「無」字。此乃大慧經過一段時期的醞釀，到五十歲以後才積極以此話頭來接引人，以爲這一「無」字，便是破生死疑心的刀子。於是參話頭的風氣，儼然成爲後來禪門的主流，甚至影響到明末。〔註15〕

禪宗發展到明末，日傾衰落，禪法愈趨浮濫，著名禪師撰著有關禪門書籍，以利導風氣。如蓮池《禪關策進》、博山元來《參禪警語》、湛然圓澄《宗門或問》、費隱通容《祖庭鉗鎚錄》、晦山戒顯《禪門鍛鍊說》，這些著作中，對大慧的禪法都予極高的評價。〔註16〕

〔註12〕《珊瑚林》下卷，葉18。
〔註13〕《珊瑚林》上卷，葉41。
〔註14〕《珊瑚林》下卷，葉28。
〔註15〕明末不一定參大慧「無」字話頭，但以一「話頭」爲參禪之主要法門。
〔註16〕如蓮池《禪關策進》中「諸祖法語節第一」，列入〈徑山大慧杲師答問〉一

著名禪師，如紫柏眞可、憨山德清皆以「看話禪」爲修行方法。紫柏眞可云：「凡鍊心者，必以話題爲椎輪」。〔註 17〕憨山德清亦云：「看話頭一路，最爲明心切要」。〔註 18〕〈與黃子光〉書更云：「寄去大慧語錄，幸時披剝，冀足下時與此老把臂共行，眞使佛祖避舍三十。」〔註 19〕由此看來，參話頭幾乎成爲晚明禪門參究的捷徑。

（二）無念禪師的關係

袁宏道與無念禪師的交往，從萬曆十八年（二十三歲）至萬曆三十八（四十三歲），有二十年左右的時間。

袁宏道對無念禪師甚爲佩服，除了贊揚無念開創的黃蘗山法眼寺，保有古代叢林的風範外，袁宏道甚至認爲無念乃宗門中具有「正知正見」者，〔註 20〕「超悟絕響」〔註 21〕於海內。

無念的禪法，一以大慧宗杲「看話禪」爲主。他在〈復王憲副豐輿〉中說：

> 至于日用行持，尤宜綿密。昔李漢老已明大事，而大慧猶叮嚀之。（《黃蘗無念禪師復問》卷一）

大慧看話禪，不離日用間綿密行持。在〈法語〉中又云：

> 世間無法，世出世間透得這個無法，便知起處落處。（《黃蘗無念禪師復問》卷四）

世間「無」法，透得這「無」法，便知心識之起落。此「無」法，即大慧特別倡導的參「無字話頭」。

萬曆二十七年後，袁宏道轉而主修「看話禪」，除了看話禪在晚明的流行外，由於袁宏道與無念的交往，無念也成爲袁宏道轉向「看話禪」的關鍵人物。

文，並評曰：「師自云他人先定而後慧。某甲先慧而後定。蓋話頭疑話，所謂休去歇去者，不期然而然矣。」（《蓮池大師全集》（二），頁 2017～2018）。
〔註 17〕《紫柏尊者全集》卷三，頁 340，《卍續藏經》，第一二六冊。
〔註 18〕《憨山大師夢遊集》卷四，頁 134。
〔註 19〕《憨山大師夢遊集》卷四，頁 137。
〔註 20〕袁宏道於〈法眼寺記〉一文云：「余見天下衲子多矣！窮山僻谷或未盡見，然求苦參密究，具宗門正知見者，如吾友無念禪師，實近日海內之優曇也。」（《黃蘗無念禪師復問》卷五）「優曇」是一種花名，聽說「三千年一現，現則金輪王出」，喻爲稀意。袁宏道以爲無念乃今日眾多禪門衲子中，少有之「正知正見」者。
〔註 21〕萬曆三十五年，宏道〈與無念〉尺牘中云：「海內如念師超悟，絕響矣！」（《箋校》卷五五）

第二節　禪思的核心

　　袁宏道透過參禪的進路，於禪的修行，有他獨到的經驗，也有他根本的思想與關懷的重點，本節擬從「禪修理念」、「眞常唯心」、「教禪一致說」等問題來加以討論。

一、禪修理念

　　袁宏道的禪修理念，主要表達在與兄弟、朋友間的書信問答，本單元依時間先後順序，舉其重要內容者敘述如下：

　　萬曆二十四年（二十九歲），袁宏道〈與陶石簣書〉中，討論到有關參禪「疑與悟」的問題，其文云：

> 僧來，讀手書，知兄已是不疑。但不疑即悟，悟即了，今不疑又不
> 了，此何哉？（《箋校》卷六）

參禪就是要起疑，即發起疑情，再就疑深入探索。依大慧言：「千疑萬疑，只是一疑，話頭上疑破，則千疑萬疑一時破。」〔註22〕也惟有疑情昭昭靈靈，推之不去，盪之不散，猶如寒潭秋月，無有纖毫趣向，忽然一聲，疑團粉碎，大地平沈，才能露出本地風光。但要專志於公案、話頭，發起疑情，仍需一段功夫，今陶石簣不疑又不了，主要在於疑情難起，自然也無了悟。

　　萬曆二十四年，袁宗道苦於「參話頭工夫，難得純一」，〔註23〕爲「聞見所累，」宏道〈與伯修書〉中，即藉陶石簣兄弟參禪的困境，討論這個問題，他說：

> 前陶石簣兄弟，自言爲聞見所累。弟謂靈雲見桃，此亦見也；香嚴
> 擊竹，此亦聞也。聞見安能累人哉？（《箋校》卷六）

「靈雲見桃」與「香嚴擊竹」，都是唐代禪宗有名的公案。靈雲，即唐代福州靈雲山志勤禪師，福建長溪人，生卒年不詳，爲溈山靈祐禪師法嗣。初住大溈山，因睹桃花而悟道，有偈云：「三十年來尋劍客，幾回落葉又抽枝。自從一見桃華後，直至如今更不疑。」故禪林稱爲「靈雲見桃明心」、「靈雲桃華悟道」。香嚴，即唐代智閑禪師，亦爲溈山靈祐禪師法嗣。智閑依溈山靈祐，

〔註22〕《大正藏》，第四七冊，頁919下。

〔註23〕宗道在〈寄三弟〉書云：「吾以冷澹無所事，只得苦參……但參話頭工夫，難
　　　　得純一。（《白蘇齋類集》卷十六箋牘類）宗道晚年參禪更不得其力，故臨終
　　　　前覺不能受用，乃念佛而去。

祐知其爲禪門法器，想激發他。有一天溈山靈祐說：「我不問你平生學得多少
經典上的句子，只就你未出胞胎未辨東西時，由本分事試道來一句。」智閑
進數語，皆不契機，復歸堂遍檢所集諸方語句，皆無可酬對，乃盡焚燒，泣
辭溈山而別。抵南陽，安頓於忠國師遺跡處，日日掃地除草。有一天，於山
中芟除草木時，以瓦礫擊竹，竹破一聲，俄然間失笑，廓然省悟。

袁宏道以爲這些悟道的禪宗公案，雖是一種「聞見之知」，但藉由聞見亦
可開悟，所以聞見非能累人，在於你如何修持，如何攝心而定，由定而開發
智慧。

萬曆二十六年（三十一歲），袁宏道在北京〈答陶石簀編修〉書中，討論
到「參禪」的問題，其文云：

> 得來札，知兩兄在參禪。世豈有參得明白的禪？若禪可參得明白，
> 則現今目視耳聽鬚豎眉橫，皆可參得明白矣！須知鬚不以不參而不
> 豎，眉不以不參而不橫，則禪不以不參而不明，明矣！（《箋校》卷
> 二一）

袁宏道以爲「禪不是要參明白」，參明白即流於知解，流於知解，就不是禪。
故參禪者，要把從前所知所解，置諸腦後，一有道理知見，即非參禪之道。
而「禪」亦不一定要參。袁宏道〈與曹魯川書〉云：「禪者，定也，又禪代不
息之義，如春之禪而爲秋，晝之禪而爲夜是也。既謂之禪，則遷流無已，變
動不常，安有定轍，而學禪者，又安有定法可守哉？」〔註24〕故學禪無定法，
不一定要參。

萬曆二十七年，袁宏道在〈答陶石簀〉書中，討論「淨妙境界」，與惠能、
神秀「本來無物」、「時時拂拭」這頓漸的見解，其文云：

> 弟近日始悟從前入處，多是淨妙境界，一屬淨妙，便是惡知惡解。
> 彼以本來無物，與時時拂拭分頓漸優劣者，此下劣凡夫之見耳，尚
> 未得謂之開眼，況可謂之入道與？（《箋校》卷二二）

修禪到了某種見地，是佛來斬佛，魔來斬魔。清淨微妙是禪修的一種境界，
如果一直貪著此境，離「明心見性」，仍然遙遙無期。袁宏道以爲一屬淨妙境
界，便是惡知惡解，即是此意。而常人又往往以六祖惠能「菩提本無樹，明
鏡亦非臺，本來無一物，何處惹塵埃。」與神秀「身是菩提樹，心如明鏡臺，
時時勤拂拭，莫使惹塵埃。」來分頓修與漸修的優劣，這是凡夫下劣之見。

〔註24〕《箋校》卷五。

所謂頓漸乃基於人性之利鈍不同而已，六祖惠能《壇經》云：

> 何以頓漸，法即一種，見有遲疾，見遲即漸，見疾即頓，法無頓漸，
> 人有利鈍，故名漸頓。（《大正藏》第四八冊，頁342）

所以說，以頓修與漸修來分優劣，是凡夫之見。

惠能與神秀，南頓北漸的差別，在於惠能「直指人心，見性成佛」。由初發心「一念相應」，更無階漸。「一念相應」就是「無念」，只此「無念」，單刀直入，直了見性，就是「頓」；而神秀的禪法，「專念以息想，極力以攝心……趣定之前，萬緣盡閉；發慧之後，一切皆如」，且「須隨方便始悟」。如此經種種方便——攝心方便，觀察次第方便，才能悟入的，就是「漸」。故「頓」與「漸」，只是根機的利鈍問題，不是「法」的不同。〔註25〕

萬曆二十九年（三十四歲），袁宏道〈與陶周望官諭〉尺牘中，更就何謂「頓除漸修」加以探究，其文云：

> 所云頓除漸修，大非弟指，不知以何為修？若云蔬食斷腥是修，則
> 牛羊鹿豕亦蔬也；云若長夜不眠是修，則訓狐蝙鼠亦不眠也；若云
> 騰騰任運不著不滯是修，則蛙鳴鳥語，亦騰騰任運也。（《箋校》卷
> 四一）

唐代圭峯宗密於《禪源諸詮集都序》卷下之一，把禪門頓漸問題，逐分為六類：（一）漸修頓悟：如伐木，片片漸斫，一時頓倒；（二）頓修漸悟：如人學射，頓者箭箭直注，意在中的，漸者日久，方始漸親漸中；（三）漸修漸悟：如登九層之台，足履漸高，所見漸遠；（四）頓悟漸修：如孩子生即頓具四肢六根，長即漸成志氣功業；（五）頓悟頓修：斷障如斬一綟絲，萬條頓斷，修德如染一綟絲，萬修頓色也；（六）法無頓漸：頓漸在機者。〔註26〕

袁宏道的質疑是何謂修？吃素斷腥是修乎？長夜不眠是修乎？一念不起是修乎？騰騰任運不著不滯是修乎？什麼才是真修行？這是袁宏道一生之所以又參禪，又念佛，又時而吃素，時而開葷的表現。然而無可懷疑的，袁宏道雖提出這些疑問，但他對什麼是修行已能加以深思。即修行旨在修心，這也是為什麼他一輩子都離不開「禪修」的原因，因為修禪即在修心，使心極端安靜澄明，以突破煩惱，達到無我的境地。

萬曆三十二年（三十七歲），袁宏道於《珊瑚林》中，就「如來禪與祖師

〔註25〕印順導師《中國禪宗史》，頁314～315。
〔註26〕《大正藏》，第四八冊，頁407下～408上。

禪」的問題加以討論，其文云：

> 走明白路者，求解也，解通名如來禪；走漆黑路者，求悟也，悟透
> 名祖師禪。（下卷，葉三二）

袁宏道以爲如來禪求解，是明白路；祖師禪求悟，是漆黑路（無定法）。「禪」不在在求解，而在求悟。袁宏道貶如來禪，而贊揚祖師禪。袁宏道又云：「明白的乃順路，黑漆漆的乃逆路，順路所得雖多，而實無用，逆路只子，都是無窮受用。」〔註27〕

　　袁宏道批評如來禪走明白的路，對於北宋永明延壽所著《宗鏡錄》，導教理以入宗門，以致流於知解亦加以批判，以爲「看《宗鏡》乃順事，如放下水舟順快無比，然未免有障」，〔註28〕「《宗鏡錄》乃參禪之忌」，〔註29〕「《宗鏡錄》都只引人進步耳，過關以後事俱未談及也」。〔註30〕萬曆二十四年〈與伯修書〉中亦曾說：「弟謂永明一向只道此事是可以明得的，故著《宗鏡》一書，極力講解，而豈知愈講愈支，愈明愈晦乎？」〔註31〕袁宏道以爲將禪說得明白，是死語，是實語，對參禪無益。袁宏道不滿永明《宗鏡錄》（一百卷）把禪解說得愈支離愈晦暗，故加以刪節成《宗鏡攝錄》（十二卷）。

　　袁宏道稱道走漆黑路的祖師禪，以爲大慧所說用功，總不出四句：「謂不可以有心求，不可以無心得，不可以言語造，不可以寂默通」。〔註32〕這四句乃聖賢學精髓，凡有絲毫工夫，有絲毫依倚，皆非眞學問。大慧這四句，不可有心，不可無心，不可言道，不可寂通，就在截斷思念，排除思路，使其無路可尋，故是漆黑路。

　　如來禪之名，首先出現於《楞伽經》。其文云：

> 復次，大慧有四種禪，云何爲四？謂愚夫所行禪、觀察義禪、攀緣
> 如禪、如來禪。云何愚夫所行禪？謂聲聞緣覺外道修行者，觀人無
> 我性，自相、共相、骨鎖，無常苦不淨相計者爲首，如是相不異觀，
> 前後轉進，想不除滅，是名愚夫所行禪……云何如來禪？謂入如來
> 地，行自覺聖智相三種樂住，成辦眾生不思議事，是名如來禪。（《大

〔註27〕《珊瑚林》，下卷葉 37。
〔註28〕《珊瑚林》，上卷葉 26。
〔註29〕《珊瑚林》，上卷葉 27。
〔註30〕《珊瑚林》，上卷葉 29。
〔註31〕《箋校》，卷六。
〔註32〕《珊瑚林》，下卷，葉 34。

正藏》，第一六冊，頁 492 上）

此言禪法之修行階段，乃由淺而深，始而愚夫所行禪，最後生大智慧，證入如來地者，則名如來禪，而此如來禪亦是禪法修行之最高境界。

圭峯宗密在《禪源諸詮集都序》卷上之一，亦云：

> 若頓悟自心，本來清淨……亦名如來清淨禪……達摩門下展轉相傳者，是此禪也。（《大正藏》，第四八冊，頁 399）

所以「如來禪」又名「如來清淨禪」，為達摩所傳之禪。達摩禪以《楞伽》印心，主張理入與行入，禪教互證，藉教悟宗，有其階漸。中國禪法，自達摩以迄弘忍、神秀等，俱保持一貫如來禪之特色，其間義理之基礎，或據《楞伽》以為心要，或以《金剛經》、《起信論》取代，而其禪法皆是如來禪。

至於「祖師禪」，為唐仰山慧寂禪師所立之名，據《景德傳燈錄》卷十一所云：

> 師（仰山）問香嚴，師弟近日見處如何？嚴曰：某甲卒說不得，乃有偈曰：去年貧未是貧，今年貧始是貧。去年無卓錐之地；今年錐也無。師曰：汝只得如來禪，未得祖師禪。

仰山慧寂禪師以為香嚴流於知解，以「無卓錐之地」比喻「貧未是貧」，以「錐也無」說明「貧始是貧」。故以為只得如來禪而未得祖師禪。

「祖師禪」，指不立文字，祖祖相傳之禪，特對「如來禪」而立名。祖師禪乃活潑潑，圓陀陀，不著言語，不落階漸之禪法。祖師禪至六祖惠能而展開，至洪州宗〔註33〕而大盛。

總之，如來禪與祖師禪之分，乃在前者之悟仍屬階梯之漸，後者則當下默契，跡相俱泯，如泥牛入海，但論息機忘見，則語默動靜之間，無非禪境。袁宏道以如來禪走明白路，而祖師禪則走漆黑路，亦即就此而言。

萬曆三十二年（三十七歲），袁宏道在《珊瑚林》中，就「話頭」修行問題，提出一些理念。如問「舉話時，妄念乘間竊發，當若之何？」〔註34〕袁宏道答：

> 舉話頭時，外又生出念來，此人心之常，不甚害事，亦不必除他，只

〔註33〕洪州宗，為馬祖道一（709～788）之門派。洪州為江西南昌縣之通稱，其地有馬祖道一所住之開元寺、石門山寶峰寺、百丈懷海所住之百丈山大智壽聖寺等。馬祖一向住洪州，大揚禪風，故其門派稱洪州宗。主張一切起心動念、揚眉瞬目等日常生活，皆是佛性之顯現。

〔註34〕《珊瑚林》，下卷，葉 6～7。

是你才舉話頭時，情識已先起了，此正生死根本。（下卷，葉6～7）

袁宏道以爲舉「話頭」時，生出意念乃正常現象，要知「念頭不停」，「胡亂竄發」，即是「生死根本」。參禪旨在開悟，以「解脫生死」。如何處理這「生生滅滅」，如「瀑布」不斷的生死意識，正是「參禪修行」的目的。

問「話頭未舉，情識先起，此情識既看不見，如何可殺得他？」袁宏道答：

> 參禪人須知念生念滅，人皆有之。如浮雲水泡，倏去倏來，不必嗔
> 嫌，只以悟爲則。今人所患者，迷耳，不關妄念生滅事。即能遏捺
> 妄念，而不能透悟，亦與生死不相干。（同上）

參話頭是要透悟生死，而非按捺念頭。人的念頭原本生生滅滅。所以主要把握「悟」的原則，儘管繫住話頭，行也提撕，坐也提撕，提撕來，提撕去，總有心華發明，照刹十方，解脫生死的時候。

以上所列舉探討的問題，如「頓漸之修」、「如來禪與祖師禪」，充分顯示袁宏道偏向頓門的祖師禪，而批判漸門的如來禪；對於「疑與悟」、「聞見之知」、「禪豈可參得明白」、「妄念情識」等問題，都是兄弟朋友參禪時遭遇到的疑難。袁宏道以自己參禪的經驗，去解說這些疑問，更可發現其參禪功力之深厚。

二、眞常唯心

袁宏道禪學的根本思想，即傳統如來藏（佛性）〔註35〕眞常唯心思想。

眞常唯心這個名詞的界定與使用是依據印順導師分判大乘佛教思想而來。印順導師曾把印度大乘佛教教思想之內涵，分成三系：一是性空唯名；二是虛妄唯識；三是眞常唯心。〔註36〕在〈禪宗是否眞常唯心論〉一文，說

〔註35〕印順導師《如來藏之研究》云：「如來藏、如來界、如來性、佛性、佛界等，這一類名詞，在意義上雖有多少的差別，然作爲成佛的可能性，眾生與佛的本性不二來說，有著一致的意義。」（頁1）印度人稱如來藏，中國人都講佛性。

〔註36〕印順導師在《印度佛教思想史》一書中，分判印度大乘思想有三系，一、性空唯名論：「般若經」說空性，說一切但有名字——唯名：龍樹依中道的緣起說，闡揚大乘的（無自）性空與但有假名。一切依於性空，依性空而成立一切；依空而有一切，但有假名（受假），所以我稱之爲「性空唯名論」（頁131）；二、虛妄唯識論：大乘不共的唯識說，雖有不同派別，然依虛妄分別識爲依止，是一致的。虛妄分別的根本——阿賴耶識，是妄識，刹那刹那的生滅如

明禪宗是唯心論，且是眞常唯心論，如六祖說：「汝等諸人，自心是佛，切莫狐疑！」「若欲求佛，即心是佛；若欲會道，無心是道。」馬祖道一：「各信自心是佛，此心即是佛心」，「佛語心爲宗，無門爲法門。」石頭希遷：「吾之法門，先佛傳授，不論禪定解脫，唯達佛之知見，即心即佛……當知自己心靈，體離斷常，性無垢染，湛然圓滿。」此即心即佛之心，是體離斷常，迥絕名相之「眞常心」。〔註37〕

禪宗眞常唯心思想並沒有因爲六祖惠能以般若系《金剛經》悟道而轉爲般若系性空唯名思想，而一秉達摩禪「深信含生凡聖同一眞性，但爲客塵妄覆，不能顯了」〔註38〕之如來藏眞常心思想。這是爲什麼呢？印順導師曾加以分判的解說：

> 般若法門的「一切皆空」，天臺學者說得好：或見其爲空，或即空而見不空，或見即空即不空，非空非不空。換言之，《般若經》所說的空，有一類根性，是於空而悟解爲不空的；這就是在一切不可得的寂滅中，直覺爲不可思議的眞性（心性）。大乘佛教從性空而移入眞常妙有，就是在這一意趣下演進的。達摩以「楞伽」印心，而有「般若」虛空的風格；道信的「楞伽」與「般若」相融合，都是悟解般若爲即空的妙有，而不覺得與「楞伽」如來藏性有任何差別的。（《中國禪宗史》，頁55）

般若系經典雖講空，講性空，強調沒有一個眞實不變的體性。但有些人於般若空，悟解爲不空，於一切不可得中，直覺有一不可思議的眞性，於是悟解般若爲空中妙有，以此妙有即楞伽之如來藏性、眞性，而不覺其中有何分別。

袁宏道雖亦讀《金剛經》、《大智度論》等般若系經典。在《西方合論》卷五〈理諦門〉之「即心即相門」，並引龍樹「因緣所生法，我說即是空，亦名爲假名，亦名中道義……諸法不自生，亦不從他生，不共不無因，是故說

流；攝持的種子，也是剎那生滅，瀑流那樣的恆轉。以虛妄分別攝持種子爲依，依此而現起一切，「一切唯識現」，是「緣起」的從因果。現起的一切，境不離識，境依識起，「一切唯識現」，是「緣起所生」的依心有境。雖有二系，都是虛妄分別識爲依的唯識說，所以我稱之爲「虛妄唯識論」（頁275）；三、眞常唯心論：《楞伽》與《密嚴經》，是在如來藏我的基石上，融攝了瑜伽學──阿賴耶識爲依止的唯識，充實了內容，成爲「眞常（爲依止的）唯心論」（頁308）。

〔註37〕 《無諍之辯》，頁174。
〔註38〕 《楞伽師資記》，《大正藏》，第八五冊，頁1285上。

無生」，〔註39〕這種「無自性的因緣生」的空的思想，但不知其中思想的區別，故仍是傳統如來藏眞常唯心思想。

眞常唯心思想之特性有三：（一）肯定自性清淨心是眞常不變的（故稱眞常心）；（二）一切現象皆是唯心所現，心具萬法，且能生萬法；（三）萬物皆有佛性。

萬曆二十五年，袁宏道〈答石簣〉一文中云：「但既云『唯心』，一切好惡境界，皆自心現量。」〔註40〕也就是「心能生萬法」、「心生則種種法生」，一切好壞境界皆自心之表現。〈與仙人論性書〉云：「無處非佛」、「無念非佛」。〔註41〕即是「萬物皆有佛性」的說明。

萬曆二十七年在《西方合論》卷五〈理諦門〉之「即相即心門」亦云：

> 以心見佛，以心作佛，心即是佛，心即我身……心外見佛，即成魔境，何以故？以心外無一法可得故。（《嘉興藏》，第三一冊，頁478中）

心就是佛，心與佛的本性不二。心外亦無一法，故心外見佛，是爲魔境，這也是如來藏眞常唯心思想。

萬曆三十二年於《珊瑚林》一書更云：

> 人生過去歷刮（劫）事，未來歷刮事，在如來藏中皆照得極分明在。（上卷，葉三四）

強調「如來藏」自性清淨心，於「定」中一切皆歷歷分明，且萬物畢照。且有人問：「眼識與色相可分別乎?」（同上），袁宏道答曰：「一即一切，此如來藏也。」一即一切，說明體用相融而不二之理，這即是如來藏眞常唯心思想。

三、教禪一致說

教禪一致說的觀念，起源於唐代圭峰宗密，到了晚明，佛教雖以禪宗爲精神支柱，爲思想的精髓，但天台、華嚴、律學、淨土等學者，多曾參究禪門，而禪者除參禪外，亦多出入於天台、華嚴等。最明顯的例證，如憨山德清與紫柏眞可，一生志在弘禪，然亦提倡刻藏，以促進經典流傳，又以經論印證自己禪修境地，充分顯示晚明禪門教禪一致的局面。袁宏道亦爲此風潮人物之一。

〔註39〕《嘉興藏》，第三一冊，頁478下。
〔註40〕《箋校》卷二。
〔註41〕《箋校》卷一一。

唐宗密（780～842），號圭峯（終南山之一峯，今陝西省鄠縣紫閣峰東，師久居此山，故得斯號），生於唐德宗建中元年，卒於唐武宗會昌元年，享年六十二歲。大師身兼華嚴宗第五代祖師及荷澤禪第五世法嗣。當時佛教發展盛，禪教並立而齊揚，漸而互相爭執，大師為救其弊病而加以調和，於是著《禪源諸詮集》，唱「教禪一致說」。並以教之三教判攝禪之三宗。〔註42〕

萬曆二十七年是袁宏道禪學的轉型期，不再只是「參禪」，而趨向經典的印證。萬曆二十七年〈答陶石簣〉一文云：「弟學道至此時，乃始得下落耳……四卷《楞伽》，達摩印宗之著也，龍樹《智度論》，馬鳴《起信論》，二祖師續佛慧燈之書也，《萬善同歸》六卷，永明和尚救宗門極弊之書也，兄試看此書，與時毛道所談之禪，同耶？否耶？」〔註43〕在〈與管東溟書〉更云：「見即教，《金剛》以無我相滅度眾生；教即見，《楞嚴》以一微塵轉大法輪。」〔註44〕「見」，指禪的悟入；而「教」，則指對經論的研究，見即教，教即見，即為「教禪一致」說。

然而「教禪」為何可以「一致」？這就得探究一下「華嚴」與「禪」的根本思想。印順導師在〈禪宗是否真常唯心論〉中云：

　　大乘有第三系（賢首家務之為法性宗）……空與心融合，自心清淨與法性清淨融合，以即心即性、即寂即照之真常心為本，說「性起」、「性生」。此義，華嚴與禪，並無根本不同，所以圭峯有教禪一致之說。（《無諍之辯》，頁171，172，《妙雲集》下編（7））

原來「華嚴」與「禪」基本理論相同，都是以「真常心」為本，以「心」為萬化根本，且能生萬法，故教與禪方能一致。

袁宏道又參禪又研究華嚴，後期參禪更傾向經典研究。雖亦主張「教禪一致」，但對圭峰「教禪一致」仍有批評。袁宏道說：

　　自圭峯將宗教混作一樣看，故後世單傳直指之脈不明，多有以教中事例宗門者。（《珊瑚林》上卷，葉二七）

宏道以為禪宗「直指人心」、「見性成佛」之修證，因圭峰「教禪」一致之說

〔註42〕宗密在《禪源諸詮集都序》卷上之二云：「先敘禪門，後以教證，禪三宗者，一息妄修心宗，二泯絕無寄宗，三直顯心性宗；教三種者：一密意依性說相教，二密意破相顯性教，三顯示真心即性教。右此三教，如次同前三宗相對，一一證之，然後總會為一味。」（《大正藏》，第四八冊，頁402中）

〔註43〕《箋校》卷二二。

〔註44〕《箋校》卷一五。

以後，「修證」之法，有所不明。原來「教禪」雖是一致，但是「教多重於事理之敘說」，而「禪多重於諸法實相心之體證」，如果禪「流於名相，作道理會，不易鞭辟入裏，直趨修證。」〔註45〕

　　基本上，袁宏道是先由禪入手，而後轉向經教，提倡教禪合一，而圭峯宗密則以教證禪，故各有偏重。

第三節　對禪者的批判

　　袁宏道經歷過十年的狂禪歲月，於萬曆二十七年有所悔悟，轉而親近淨土，並對狂禪加以批判。萬曆二十八年伯修去世，宏道感懷不已，絕葷血數年，不想為官，乃於城南下得窪地三百畝，種樹築屋，號柳浪，與中道及一、二名僧侶共居，潛心道妙，專心修行。對以往之行徑反省檢討，於狂禪之批評更是不遺餘力，尤其是對李卓吾。並認為在晚明狂禪之流行，與「王學」有其絕對關係。

一、狂禪與王學的關係

　　萬曆二十七年，袁宏道〈答陶石簣〉云：

> 近代之禪，所以有此流弊者，始則陽明以儒而濫禪，既則鄧豁渠〔註46〕
> 諸人，以禪而濫儒……不惟禪不成禪，而儒亦不成儒矣。（《箋校》
> 卷二二）

這是一段晚明「儒佛」思想史的縮影。袁宏道以為狂禪與王學之關係，實肇因於陽明以儒濫禪，既而鄧豁渠等人，又以禪濫儒。禪者見儒者沈溺於世情俗塵之中，以為不礙修行，遂撥去因果觀念；而儒者又藉禪門一切圓融無礙的理念，以為發前人所未發，遂放縱情逸，毫無規範。於是禪不成其為禪，而儒亦不成其為儒。

　　陽明之學在當時就有人批評為禪。正德九年，陽明在〈書王天宇卷〉，即云：「今之君子或疑予言之為禪矣！」〔註47〕而陽明的弟子王龍谿更近於禪。由於晚明「禪儒相雜」，狂禪與王學也就相混在一起。

〔註45〕印順導師〈禪宗是否真常唯心論〉，《無諍之辯》，頁172～173。
〔註46〕鄧豁渠，初名鶴，號太湖，蜀之內江人。一旦棄家出游，落髮為僧，行行不
　　　　拘戒律，近乎「狂」禪。
〔註47〕《王陽明全書》別錄卷一〈雜著〉。

二、批判李卓吾

　　嵇文甫在《晚明思想史》中討論到所謂狂禪派，以為萬曆以後，有一種似儒非儒似禪非禪的「狂禪」運動，風靡一時。這種運動以李卓吾為中心，上溯至泰州派下的顏（山農）何（心隱）一系，而其流波及於明末的一斑文人。李卓吾是當時狂禪的核心人物，袁宏道曾以之為師，但自萬曆二十七年後，則轉而批判李卓吾的狂禪。

　　關於李卓吾的狂禪問題，江燦騰〈李卓吾的生平與佛教思想〉〔註48〕已詳細討論，舉證有代表性者之言論，如鄒元標、袁宏道、紀曉嵐等，加以分析，並歸納出三點有關狂禪的問題：

　　　第一，「狂禪」是貶詞：以禪法而言，就是略悟本體，即不再保任。一切
　　　　　討現成，專恃本身利根行事。

　　　第二，「祖師禪」雖為禪宗明心見性之法，但如涉世太深，社會性太強，
　　　　　則流弊必生。可是並不等同「狂禪」。而李卓吾只是文字涉世，人
　　　　　卻避世，與原意亦不符。

　　　第三，「狂禪」是褒語：是焦竑對李卓吾的讚美；也是李卓吾的自我肯
　　　　　定。但這並不意味李卓吾自我標榜為「狂禪」。只是表示他對本身
　　　　　的「禪學」能堅持到底而已！

　　袁宏道於萬曆二十七年，發現李卓吾的禪不夠穩實，偏重悟理，盡廢修持。所以在萬曆二十八年〈與李龍湖書〉信中，首先表達自己為道日退，近來益學作下下根行；其次強調修行持戒，即是向上事，而言心性玄妙，只是驢橛馬樁而已；此外表明李卓吾《淨土決》一書，人多愛看，但需以戒為本。〔註49〕批評的重點，都集中在李卓吾對戒的輕忽與修持問題。

　　袁中道在〈李溫陵傳〉中，認為李卓吾為官清節凜凜；不入季女之室，不登冶童之牀；深入至道，見其大者；自少至老惟知讀書；直氣勁節，不為人屈，這五種是不可及者。但是好剛使氣，快意恩讎，意所不可，動筆之書；既已離仕而隱，即宜遁迹入山，而乃俳徊人世，禍逐名起；急乘緩戒，細行不修，任情適口，鸞刀狼藉，這三方面是不足取的。〔註50〕袁中道著重的是李卓吾脾氣倔強，隱而涉世與僧行不謹；只重佛教義理而輕忽戒律。

　　─────────────

〔註48〕《中華佛學學報》，第二期，頁296～307。
〔註49〕《箋校》卷二二。
〔註50〕《珂雪齋前集》卷十六。

　　袁宏道對李卓吾的思想本質，提出較深刻的批判，以〈論禪〉一文為代表。

　　袁宏道〈論禪〉中批評二種禪：一種是狂禪；一種是不求悟入。其文云：

> 禪有二種，有一種狂禪，於本體偶有所入，便一切討現成去，故大
> 慧語李老漢云：此事極不容易，須生慚愧始得，往往利根上智者，
> 得之不費力，遂生容易心，便不修行，多被目前奪將去，作主宰不
> 得，日久月深，迷而不返，道力不能勝業力……又有一種不求悟入，
> 唯向事上理會。（《黃檗無念禪師復問》卷五）

就禪者而言，開悟是其道業的主要目標，而開悟之後，尚須致力於滌蕩積習，磨礪心行，即所謂「保任」工夫。而其方式，端視個人的性情與境遇而異，有的韜光養晦，有的狂佯放達。至於狂禪者，在本體上雖有所契入，但不能生慚愧心，被境界所奪，便認為一切都是現成，不再修行，日久月深，不能反身而省，成就的道力抵不過業力，臨命終時，也使不得力。所以說，狂禪者，並未開悟，更談不上保任的工夫。至於不求悟入，執著事行上如念佛習定等者，也達不到修禪的開悟目的。

　　袁宏道對「狂禪」的批判，雖沒有明指李卓吾，但以袁宏道對李卓吾的深刻理解，以其批判李卓吾，豈不更為恰當。

第四章 袁宏道的淨土思想——以《西方合論》爲中心

　　淨土思想是袁宏道佛教思想中相當重要的一部分，萬曆二十七年（三十二歲）他所描述的《西方合論》一書，是淨土思想的主要代表作品。此外有關淨土之作，《袁宏道全集》中，僅有萬曆二十五（三十歲）年所寫〈與方子論淨土〉〔註1〕一文，旨在舉證念佛往生的故事而已。故本章探討袁宏道淨土思想，一以《西方合論》爲主，先把《西方合論》作一簡介，再探討其主要思想課題與價值。

第一節　《西方合論》的簡介

　　袁宏道自萬曆十七年（二十二歲）即開始致力參禪，至萬曆二十七年（三

〔註1〕　〈與方子論淨土〉一文，方子曰：「余聞雲棲諸僧云，念佛可生淨土，是不？」余曰：「然書傳所載，于暇遠引，姑言余所目及者。家伯修有次子名登，年甫十三，病癖，自知不救。將終，泣問余曰：『姪今日死矣，有何法可以救我？』余曰：『汝但念佛，即得往生佛國，此五濁世無可戀者，汝當一意想佛可也。』余因令姪合掌念佛，諸眷屬圍繞，高聲讚揚，頃之，姪忽微笑云：『見一蓮花，如土色而微紅。』言既，復念。頃之，忽言蓮花鮮明甚，世間花色無可比者，比前較大。頃之，忽言佛至，相好光明，充滿一室。頃之，忽言室中有不潔人，花佛皆沒。伯修因起索，屏然適一婢至，正當浣濯之夕。伯修叱出，令諸人依前圍繞念佛，姪時又氣短。伯修曰：『汝但念佛之一字可也。』姪問余『可否？』余曰：『可。』念未數聲，合掌而卒。已余二祝氏，聞余輩譚佛事，亦持念佛號。前者小修書來云：『姈子未死前三日，即告諸郎，云佛言三日後，當來接我。』至期沐浴坐堂上，諸眷屬皆立而待，良久曰：『佛至矣！』遂瞑。二事皆余耳目睹記最眞者。」方子笑曰：「有是哉？余之長械，即此可立破矣！」（《箋校》卷十）

十二歲）則由禪進而接觸淨土，並撰述《西方合論》，本節擬從其寫作動機與思想架構作一敘述。

一、《西方合論》的寫作動機

袁宏道寫作《西方合論》的動機，主要有三：一、參禪不穩；二經典的啓示；三蓮池的關係。

（一）參禪不穩

袁宏道參禪受到李卓吾的影響，後來覺得李卓吾的見解並不穩當，乃轉向淨土。袁宏道於〈西方合論引〉中自言：

> 余學道十年，墮此狂病。後因觸機，薄有所發，遂簡塵勞，歸心淨土。（《嘉興藏》，第三十一冊，頁467中）

十年學禪，不得其道，反墮狂病，後因某機緣，有所啓發，遂歸心淨土。袁宗道〈西方合論序文〉亦云：

> 石頭居士，少志參禪，根性猛利，十年之內，洞有所入……然嘲風弄月，登山玩水，流連文酒之場，沈酣騷雅之業，懶慢疏狂，未免縱意，如前之病，未能全脫。（同前書，頁466下）

袁宏道參禪，根性猛利，十年之內，洞然了悟，「坐斷一時禪宿舌頭」，[註2]然昔時「嘲風弄月」、「登山玩水」、「流連文場」、「沈酣騷雅」等俗病，並未脫卻。袁宏道〈與李湘州編修〉曾云：「弟往時亦有青娥之癖」。[註3] 參禪並未改掉他好酒好色的毛病。故轉而「涉入普賢之海」，研究《華嚴經》，且以念佛爲修行之門。

萬曆三十二年秋，袁宏道於《瑚珊林》一書，亦談及此事，有人問之曰：「先生往年修淨土？是何見？」[註4] 宏道答曰：「大凡參禪而尋別路者，皆係見未穩故。」[註5] 宏道轉習「淨土」，乃因參禪身心亦不得安定，於生死煩惱得不到解脫，故轉修「淨土」。汪大紳評袁氏兄弟於禪法「知無所得，歸心淨土」[註6]

[註2] 蕅益《評點西方合論》云：「袁中郎少年穎悟，坐斷一時禪宿舌頭。」（《卍續藏經》，第一〇八冊，頁863）。

[註3] 《箋校》卷四十四。

[註4] 《珊瑚林》下卷，葉三二。

[註5] 同註4。

[註6] 彭際清《居士傳》卷四十六，汪大紳評袁氏兄弟曰：「袁氏禪非敢遽斷爲口頭，得法於龍湖，龍湖不無狂魔入肺腑之證，至袁氏一轉而爲輕清魔，墜在輕安

乃正確之見解。

（二）經典的啟示

　　「參禪不穩」導致袁宏道回頭尋找經典中的義理。淨土思想之形成，即來自「經典」的啓示。袁宏道〈西方合論引〉云：「禮誦之暇，取龍樹、天台、長者、永明等論，細心披讀，忽爾疑豁，既深信淨土。」〔註7〕「龍樹」、「天台」、「長者」、「永明」等，都是他淨土思想的來源。

　　龍樹唸佛觀念，主要表現在《十住毘婆沙論》〔註8〕之〈易行品〉。〈易行品〉主要重點在說明：佛法無量門，有難行道與易行道之分。以陸路步行之難，比喻眾生於五濁惡世欲憑自力而期入聖得果之修行，稱爲難行道；反之，以水上航行之易，比喻眾生依佛之慈悲與廣大智慧，而往生淨土，證果開悟之法門，稱爲易行道。難行道只要在「勤行精進」；而易行道只要是以「信」爲方便。信者當念十方諸佛名號，且更有「阿彌陀」等諸佛亦應恭敬禮拜。〔註9〕

　　「天台」，是指天台祖師而兼弘淨土者，如唐智者大師（538～599）深信彌陀，臨終右脇西向而臥。而其門人，如法喜、等觀、法俊等，亦願生淨土。此外天台學者飛錫（生卒不詳），著有《念佛三昧寶王論》，對淨土亦多讚揚。〔註10〕

　　「長者」，是指唐代華嚴學者李通玄。〔註11〕宏道在《西方合論》一書中，凡論及李通玄的《華嚴合論》，〔註12〕都稱之爲長者《合論》，故知此長者即

　　　　快活裏作科臼，月流在光滑滑處，生知生見，無箇銀山鐵壁時節，後來知無
　　　　所得，歸心淨土，眞是奇特。」（《卍續藏經》，第一四九冊，頁973上）
〔註 7〕《嘉興藏》，第三十一冊，頁467中。
〔註 8〕《十住毘婆沙論》，龍樹造，姚秦鳩摩羅什譯，共十七卷，三十五品（《大正藏》，第二六冊，頁20～123）。
〔註 9〕龍樹《十住毘婆沙論》卷五〈易行品〉第九云：「佛法有無量門，如世間道有難有易，陸道步行則苦，水道乘船則樂。菩薩道亦如是，或有勤行精進，或有以信方便行疾至阿惟越致（不退）者……若菩薩欲於此身得至阿惟越致地成就阿耨多羅三藐三菩提者，應當念是十方諸佛稱其名號……更有阿彌陀等諸佛，亦應恭敬禮拜稱其名號。」（《大正藏》，第二六冊，頁41中～42下）
〔註10〕參閱望月信亨《中國淨土教理史》第九章〈天台智顗之淨土論及常行三昧〉，與第三十一章〈天台門葉之淨土讚揚與飛錫之三世佛通念說及淨土疑論〉。
〔註11〕唐李通玄（635～730），滄洲人（河北滄縣），學無常師，入林泉，遠離塵囂，掩室獨處。開元七年至太原，居山中土龕，每日僅食棗十顆，柏葉餅一枚，世稱棗柏大士。開元十八年，於龕中坐化，享年九十六歲。（參見《華嚴合論》之〈釋十方廣佛新華嚴經論主李長者事跡〉,《卍續藏經》，第五冊，頁654～655）。
〔註12〕唐李通玄著《新華嚴經論》四十卷，唐開元寺沙門志寧復以論入經，共成一

指李通玄。李通玄在《華嚴合論》中，簡別十種淨土，〔註13〕而特別推揚「毗盧遮那所居淨土（即居十佛剎塵蓮華佛國土）」，〔註14〕與袁宏道所指「西方阿彌陀淨土」有別，但同是對淨土的弘揚。

「永明」，則指北宋永明延壽禪師（904～975）。永明禪師，屬法眼宗，著《萬善同歸集》，倡導禪淨雙修，影響後代極深。

不僅如此，凡袁宏道《西方合論》中所引用之經典，如《法華經》、《起信論》、《華嚴經》、《阿彌陀經鈔疏》等，都是他淨土思想形成的來源。

（三）蓮池的關係

蓮池（1535～1615）倡淨土於浙江雲棲，從遊者甚多，袁宏道曾與之交往，這對他寫作《西方合論》，即禪淨雙修的契機仍有關係。

萬曆二十五年（三十歲），袁宏道與陶石簣等遊東南時，蓮池亦相與交遊，袁宏道〈與吳敦之書〉中，曾以「古佛」〔註15〕稱之。萬曆二十五年，袁宏道遊〈雲棲〉一文，對蓮池作了一番評價，其文云：

> 蓮池戒律精嚴，於道雖不大徹，然不為無所見。至於單提念佛一門，
> 則尤為直捷簡要，六箇字中，旋天轉地，何勞捏目更趨狂解，然則
> 雖謂蓮池一無所悟可也，一無所悟，是真阿彌，請急著眼。（《箋校》
> 卷十）

袁宏道以蓮池戒律精嚴，於道未大徹悟。至於提倡念「南無阿彌陀佛」六字，可說直捷簡要。所以如果說蓮池於道一無所悟也可以，但雖無所悟，卻是真阿彌陀佛。

此外，袁宏道於萬曆二十五年，亦有〈過雲棲見蓮池上人有狗醜非酒紐詩戲作〉二首，其二云：「少年曾盜子胡狗，父母不答親戚醜……讀書十年未識字，持戒三生不斷酒，恁有一般可笑人，逢著師尼便解紐。」〔註16〕其中

百二十卷，宋沙門慧研再加整理，這就是現傳之《華嚴合論》。（參見〈大方廣佛華嚴經合論序〉，頁 650～653，《卍續藏經》，第五冊）。

〔註13〕 此十種淨土為：一阿彌陀淨土，二無量壽觀經淨土，三維摩經淨土，四梵網經淨土，五摩醯首羅天淨土，六涅槃經所指淨土，七法華經三度淨土，八靈山會所指淨土，九唯心淨土，十毗盧遮那所居淨土。（《華嚴合論》卷六，《卍續藏經》，第五冊，頁 746～747）

〔註14〕 《嘉興藏》，第三十一冊，頁 466 下。

〔註15〕 《箋校》卷一一。

〔註16〕 《箋校》卷九。

笑謔之情，反應袁宏道生性浪漫之情懷，亦表現其二人交往之熟悉。

由上可知，袁宏道與蓮池之交遊，已有某種程度，也非常欣賞蓮池提倡淨土念佛法門，自然關係到他日後《西方合論》的創作。

二、《西方合論》的思想架構

袁宏道《西方合論》，以華嚴十門爲架構，每一門之下，又儘量分成十門，以示重重無盡之意，氣勢非常澎渤。此十門如下：

第一刹土門：毘盧遮那淨土、唯心淨土、恆眞淨土、變現淨土、寄報淨土、分身淨土、依他淨土、諸方淨土、一心四種淨土、攝受十方一切有情不可思議淨土。〔註17〕

第二緣起門：一大事故、宿因深故、顯果德故、依因性故、順眾生故、穢相空故、勝方便故、導二乘故、堅忍力故、示眞法故。〔註18〕

第三部類門：經中之經、經中之緯、緯中之經、緯中之緯。〔註19〕

第四教相門：純有教、趨寂教、有餘教、無餘教、頓悟教、圓極教。〔註20〕

第五理諦門：即相即心門、即心相門、非心非相門、離即離非門。〔註21〕

第六稱性門：信心行、止觀行、六度行、悲願行、稱法行。〔註22〕

第七往生門：菩薩生人中者、菩薩生兜迕天者、菩莛生長壽天者、菩薩生界外者、菩薩初發心時生如來家者、菩薩三祇行滿生十方世界利益一切眾生者。〔註23〕

第八見網門：斷滅墮、怯劣墮、隨語墮、狂恣墮、支離墮、癡空墮、隨緣墮、唯心墮、頓悟墮、圓寔（實）墮。〔註24〕

第九修持門：淨悟門、淨信門、淨觀門、淨念門、淨懺門、淨願門、淨戒門、淨處門、淨侶門、不定淨門。〔註25〕

〔註17〕《嘉興藏》，第三十一冊，頁467下。
〔註18〕《嘉興藏》，第三十一冊，頁469下。
〔註19〕《嘉興藏》，第三十一冊，頁472中。
〔註20〕《嘉興藏》，第三十一冊，頁475中。
〔註21〕《嘉興藏》，第三十一冊，頁477下。
〔註22〕《嘉興藏》，第三十一冊，頁480上。
〔註23〕《嘉興藏》，第三十一冊，頁481下。
〔註24〕《嘉興藏》，第三十一冊，頁483下。
〔註25〕《嘉興藏》，第三十一冊，頁488中。

第十釋異門：刹土遠近門釋、身城大小門釋、壽量多少釋、花輪大小釋、日月有無釋、二乘有無釋、婦女有無釋、發心大小釋、疑城胎生釋、五逆往生釋。〔註26〕

刹土門分爲十門，主要在敘述一眞法界，〔註27〕十佛刹海交參，淨穢無別，袛因眾生行業有殊，諸佛化現亦異，其中以「攝受十方一切有情不可思議淨土」，即阿彌陀佛西方淨土，最爲圓滿。

緣起門：以十義解說西方阿彌陀佛與此娑婆世界的種種因緣，故往生最易。

部類門：舉證宣揚淨土之經典，以說明西方淨土歷來所受的重視。

教相門：分別諸教，而推淨土爲圓極教。

理諦門：以華嚴理事不礙之理，融合唯心淨土與西方阿彌陀佛之爭。

稱性門：倡導以信阿彌陀佛爲先決條件，再廣修止觀、六度、悲願，並稱法而行。

往生門：說明菩薩應往生西方淨土，如法修行，待忍力堅固，再入世利生，方爲究竟。

見網門：旨在斥破一些見解偏差者。

修持門：羅列往生淨土者應作之修持，較「稱性門」更爲仔細說明。

釋異門：把修淨土者對西方淨土所產生之質疑一一釋解，目的要人全心信持，念念往生西方淨土。

總而言之，袁宏道試圖以華嚴十門，巨細靡遺的鋪展其西方淨土的概念，以達到宣揚淨土之目的。

第二節　《西方合論》的思想課題

袁宏道面對自己修行的問題，以及整個晚明時代思潮，撰述了《西方合論》。其思想課題主要有三：一、是禪與淨的調合；二、是唯心淨土與他方淨土的融合；三、是淨土與華嚴思想的融通，以下分別敘述：

〔註26〕《嘉興藏》，第三十一冊，頁491上。

〔註27〕一，即無二；眞，即不妄。交徹融攝，故稱法界。即是諸佛平等法身，從本以來不生不滅，非空非有，離名離相，無內無外，惟一眞實，不可思議，故稱一眞法界。

一、禪與淨的調合

晚明禪淨思想興盛，然修淨土者鄙薄禪者；修禪者歧視淨土者。袁宏道有見於此，乃著《西方合論》以調合之。袁宏道曾云：

> 《西方合論》一書，乃借淨土以發明宗乘，因談宗者，不屑淨土，修淨土者，不務禪宗，故合而論之。（《瑚珊林》上卷，葉二七）

《西方合論》合禪淨思想而論之，旨在教人，修禪亦可兼修淨土，而修淨土亦可兼修禪。

禪淨調合的思想，北宋永明延壽禪師即加以倡導。永明禪師有見於「禪宗失意之徒，執理迷事」，「學法之輩，執事迷理」，〔註28〕故提倡「禪淨雙修」，著《萬善同歸集》，以張揚之。並作參禪念佛四料簡，〔註29〕其詩偈云：

> 有禪無淨土，十人九蹉（一作錯）路，陰境若現前，瞥爾隨他去。無禪有淨土，萬修萬人去，但得見彌陀，何愁不開悟。有禪有淨土，猶如戴角虎，現世爲人師，來生爲佛祖。無禪無淨土，鐵床並銅柱，萬劫與千生，沒個人依怙。〔註30〕

永明禪師意謂：修禪未兼修淨土者，十之八、九，難免把握不住，隨業輪轉而去。只修淨土的，萬人修萬人皆可往生。而最好的是禪淨雙修者，猶如帶角之老虎，今生可爲人師表，來世亦可作佛祖。若禪與淨土皆未修者，則只有留連地獄，千生萬劫了無出期。

自永明延壽提倡「禪淨雙修」後，很多禪師以直接參禪不易，亦都轉爲「念佛」，或以參「念佛者是誰」，〔註31〕或以直接「念佛」而修定，於是「禪

〔註28〕《萬善同歸集》云：「古德釋云，禪宗失意之徒，執理迷事，云性本具足，何假須求，但要亡情，即眞佛自現。學法之輩，執事迷理，何須孜孜修習。理法合之雙美，離之雙傷。理事雙修，以彰圓妙。」（《卍續藏經》，第一一〇冊，頁915）此中「理事雙修」，就是破禪徒「執理迷事」與學法者「執事迷理」。永明禪師以爲只有「理事雙修」，才能彰顯佛法之「圓妙」。

〔註29〕四種簡別法，能夠隨機教導學人的四種規則。又稱「料揀」。

〔註30〕在永明延壽的著作中，查無此參禪念佛之四料簡，但多爲人所引用，故本文亦加以使用。（引自望月信亨《中國淨土教理史》第二十五章〈永明延壽之禪淨雙修論〉，頁231）。

〔註31〕元代智徹禪師有：「念佛一聲，或三五七聲，默默反問，這一聲佛從何處起？又問這念佛是誰？有疑只管疑去，若問處不親，疑情不切，再舉簡畢竟這念佛的是誰，於前一問，少問少疑，只問念佛是誰，諦審諦問。」（引自蓮池大師《禪關策進》中「諸祖法語節要第一」之「智徹禪師淨土玄門」。《蓮池大師全集》（二），頁2042）。

淨雙修」蔚成風尚。

袁宏道《西方合論》「以不思議第一義為宗，以悟為導，以十二時中持佛名號，一心不亂念念相續為行持。」〔註32〕與「行者欲生實淨土，當真參實究，如法了悟。」〔註33〕即「禪淨雙修」的延續。

袁宏道為調合禪淨，對晚明禪者不務淨業，以為淨土念佛法門，只接引中下根人者，提出質疑，並表示修淨土者，應遠離禪者。他在《西方合論》卷四〈教相門〉中說道：

> 竊附先哲，分別諸句，用彰一乘，庶使觀者知淨土法門，攝一代時
>
> 教，毋為儱侗禪宗，輕狂義虎，所誑惑云爾。（同前書，頁475中）

宏道以為先哲用各種言詞，無非在彰顯淨土法門，以淨土法門為一代時教，故不應為禪宗之「儱侗」與「輕狂」所欺騙。在卷八〈見網門〉之九「頓悟墮者」中又說：

> 今世禪人，皆云一超直入，不落功勳，尚不求佛，何況往生？（同
>
> 前書，頁487上）

宏道反詰之曰：

> 不求作佛者，捨身之後，將灰斷永滅邪？抑尚受後有邪？若受後有，
>
> 為生淨土邪？為三生界邪？若居三界，即不如淨土，若淨土者，即
>
> 同往生。（同上）

禪者不求，捨身之後，將是「肉身焚燒成灰」永遠斷滅？抑或還受「未來之果報」、「後世之身心」？如果還有後世，要生於欲界、色界、無色界，還是生於淨生？三界不及淨土，如生於淨土，即同往生。

這些質疑無非在攝禪者以淨土為依歸，以禪淨雙修為法門。此外在卷九〈修持門〉中，都強調修淨土者當遠離禪者，其六「淨願者」之六云：

> 不為色界故願，願離一切禪者，生淨土故。（同前書，頁489下）

為不生色界而往生淨土，故應遠離一切禪者。其八「淨處者」之十，亦云：

> 宗乘狂解，妄談頓悟，輕視戒律之處，當遠故。（同前書，頁490
>
> 中）

禪者狂解，只求頓悟，又輕視戒律，應當遠離。

袁宏道對禪者提出質疑之後，對淨土極力讚揚。袁宏道《西方合論》旨在

〔註32〕《嘉興藏》，第三十一冊，頁466下。
〔註33〕《嘉興藏》，第三十一冊，頁488中。

讚揚淨土。首先卷一〈刹土門〉中，列舉十個淨土，而特別贊賞「阿彌陀佛淨土」乃「攝受十方一切有情不可思議淨土」。以此淨土最不可思議，普度眾生最廣。一面舉證禪者倡導淨土之實例，一面則引用宣揚淨土之經典以爲證據。

卷二〈緣起門〉之九「堅忍力者」，宏道更提出禪師倡導淨土者：

(一) 永明和上 (尚)，深憐痛哀，剖出心肝，主張淨土，既以自修，又以化世。

(二) 死心新禪師，作勸修淨土之文。

(三) 眞歇了禪師，作淨土說。

(四) 至如天衣懷禪師、圓照本禪師、慈受深禪師……皆是禪門宗匠，究其密修顯化，發揚淨土者，則不約而同。〔註34〕

袁宏道共列舉了十七位禪師發揚淨土的實例，以爲此等禪師皆禪門宗匠，密修顯化，用以駁斥某些「禪徒」鄙棄淨土，不失爲有力之證據。

此外，卷三〈部類門〉中，袁宏道更搜集有關淨土經典，以經緯區分其重要性，歸類如下：

(一) 經中之經五部：《無量平等清淨覺經》、《無量壽經》、《阿彌陀經》、《無量壽莊嚴經》、出《寶積》第十八經名《無量壽如來會》。〔註35〕

(二) 經中之緯二部：《鼓音聲王經》、《後出阿彌陀佛偈經》。〔註36〕

(三) 緯中之經十三部：《華嚴經》、《法華經》、《楞嚴經》、《寶積經》、《般若三昧經》、《觀佛三昧經》、《大集經賢護品》、《十住斷結經》、《如來不思議境界經》、《稱揚諸佛功德經》、《大雲經》、《楞伽經》、《大悲經》。〔註37〕

(四) 緯中之緯十一部：《華嚴經》之〈毘盧遮那品〉、〈先明覺品〉、〈賢首品〉、〈十回向品〉、〈佛不思議法品〉、〈入法界品〉、《法華經》、《淨名經》、《涅槃經》、《大般若經》、《坐禪三昧經》、《增一阿含經》、《文殊般若經》、《大集經》、《法華三昧觀經》、《那先經》。〔註38〕

宏道舉證三十一部有關淨土的經典，用以闡明淨土思想的來源與其受到重視的事實。

〔註34〕　《嘉興藏》，第三十一冊，頁 471 下。

〔註35〕　《嘉興藏》，第三十一冊，頁 472 中。

〔註36〕　《嘉興藏》，第三十一冊，頁 472 中、下。

〔註37〕　《嘉興藏》，第三十一冊，頁 472 下～473 中。

〔註38〕　《嘉興藏》，第三十一冊，頁頁 473～474 下。

二、唯心淨土與他方淨土的融合

袁宏道「調合禪淨」，對於禪者與淨土者所爭辯的「唯心淨土」與「他方淨土」，則採融合的態度。

所謂「他方淨土」，在明末專指「西方阿彌陀佛淨土」。〔註39〕《佛說阿彌陀經》云：

> 佛告長老舍利弗，從是西方，過十萬億佛土，有世界名曰極樂，其土有佛，號阿彌陀佛，今現在說法。（《大正藏》，第十二冊，頁346下）

從此西方，過十萬億佛土之極樂世界，就是「阿彌陀佛」發四十八願，〔註40〕歷劫修持且渡化眾生所成就的淨土，乃淨土念佛往生之地。

至於「唯心淨土」，《維摩詰所說經》中〈佛國品〉第一云：

> 若菩薩欲得淨土，當淨其心，隨其心淨，則佛土淨。（《大正藏》，第十四冊，頁538下）

隨其心淨則佛土淨，此「唯心淨土」的論調。

《六祖壇經》順此「唯心淨土」之思想，更進一步說：

> 所以佛言，隨其心淨即佛土淨。使君東方人，但心淨即無罪，雖西方人，心不淨亦衍。東方人造罪，念佛求生西方，西方人造罪，念佛求生何國……今勸善知識先除十惡即行十萬，後除八邪，乃過八千……若悟無生頓法，見西方只在剎那。〔註41〕

《六祖壇經》這段文意，可歸納成四點：（1）迷人求生西方淨土，而悟人只要自淨其心，則佛土淨。（2）東方人造罪，求生西方；西方造罪，求生何國？（3）除十惡，即行十萬；除八邪，即行八千，何須往生？（4）若悟無生頓法，西方只在剎那。簡而言之，其主旨仍在強調「唯心淨土」，所謂「悟」則心淨而佛土淨，不須往生。

由於《六祖壇經》為一般禪者之寶典，故修禪者往往強調「唯心淨土」，

〔註39〕在佛經中說，十方都有淨土，與西方阿彌陀佛淨土相對的，有東方藥師琉璃光如來淨琉璃世界，稱東方淨土。但中國淨土專弘「西方阿彌陀淨土」。

〔註40〕此四十八願記載於《無量壽經》。

〔註41〕元宗寶編《六祖大師法寶壇經》之〈彭問〉第三。（《大正藏》，第四十八冊，頁352上中）。在《大正藏》中還有更早的敦煌本，唐法海集，全名為《南宗頓教最上大乘摩訶般若波羅蜜經六祖惠能大師於韶州大梵寺施法壇經》。有關此段之說明，二本大同小異。

對於淨土信仰強調往生「西方淨土」有所批評與質疑。宏道《西方合論》合禪淨以論之，並標明「西方」，故對唯心淨土與他方淨土採取融合的態度。

宏道在《西方合論》卷八〈見網門〉之三「隨語墮」中，對上段《六祖壇經》有所批評。其文云：

> 《彌陀疏鈔》曰：「西方去此十萬億土，《壇經》言十萬八千者，是錯以五天竺等爲極樂也。」此語近是，爲六祖未閱《大藏》，聞人說西方，即以爲五天竺者有之。教中分明言，極樂國土三毒不生，得不退轉，今言西方造罪，求生何土？此亦一證也。（《嘉興藏》，第三十一冊，頁485中）

宏道反駁《六祖壇經》(1)十萬八千之言，按蓮池《阿彌陀經疏鈔》據《阿彌陀經》所言，要過十萬億土；(2)西方極樂三毒不生，故無「西方」人造罪之事。且又進一步批評只學這三言兩語而專崇「唯心淨土」的人是「隨語墮」。然又反過來說：

> 噫！學人果能頓悟頓修，解行相應，如六祖；投金漢水，遊戲生死中，如龐老，雖不求生，亦何害于生哉？（同上）

宏道雖然對《六祖壇經》有所批評，但同時強調，如果學佛者，能像「六祖」、「龐居士（蘊）」〔註42〕那樣「頓悟頓修」、「解行相應」、「投金漢水」、「遊戲生死」中，雖不求往生西方淨土，亦不害生於淨土。可見宏道並非摒棄「唯心淨土」。

宏道在《西方合論》卷一〈刹土門〉之二「唯心淨土」又說道：

> 夫心是即土之心，土是即心之土，心淨土淨，法留如故，此語豈非西方註腳？（《嘉興藏》，第三十一冊，頁468上）

宏道對《維摩詰經》中所強調之「心淨即佛土淨」，更進一步的說：「心是即土之心」、「土是即心之土」，所以說「心淨土淨」其實就是「西方淨土」的註腳。接著宏道又說：

> 夫念即是心，念佛豈非心淨？心本含土，蓮邦豈在心外，故知，約相非乖唯心，稱心實礙普度矣。（同上）

心本含土，所以西方蓮邦並不在心外，約「西方」之相而言，並不違背「唯

〔註42〕唐龐蘊，字道元，襄陽人，初參石頭，又參馬祖，於道有悟，遂載家珍金銀投於江水。（參閱清彭際清《居士傳》卷十七，頁859～860，《卍續藏經》，第一四九冊）。

心」，但如果只強調「唯心」，那對普度眾生是有妨礙的。所以宏道是站在「唯心」而又不捨「他方」的立場，試圖為「唯心淨土」與「他方淨土」作一融合。所以在《西方合論》卷五〈理諦門〉之「即心即相門」又言：

> 智者熾然求生淨土……愚者為生所縛，聞生即作生解……不知生即
> 無生，無生即生。（同前書，頁 478 下）

宏道以為「生即無生」，「無生即生」，所以「唯心淨土」與「他方淨土」是可以融合為一的。往生西方淨土，就事而言是生，就理而言是無生。此生即無生，無生即生，即華嚴理事相容無礙之理。

　　總而言之，「唯心淨土」表現袁宏道的理性層面，而「他方淨土」表現他的信仰層面，並非一般禪者「撥無西方論」，而是試圖為「唯心淨土」與「他方淨土」作一溝通，以解決歷來唯心淨土與他方淨土思想的衝突與矛盾。

三、淨土與華嚴思想的融通

　　明末存在著某些淨土與華嚴的爭執。[註43] 倡導華嚴者，往往批評淨土「是權非實」。面對這種現象，袁宏道試圖以華嚴「一多相即」的概念加以融通。

　　首先宏道在《西方合論》卷一之一「毘盧遮那淨土」，即提到批評西方淨土者，有兩種類型，其一：

> 或曰：此（華藏世界）是眾生實報莊嚴，不同權教，推淨土於他方，
> 是為實教。（《嘉興藏》，第三十一冊，頁 467 下）

按此「或曰」乃宏道針對唐李通玄《華嚴合論》卷六「第七明淨勸實」所說之內容──以華藏世界是實，也就是真實不虛，永久不變之究極真實；而西方淨土是權非實，為一時之需要所設之方便。李通玄《華嚴合論》云：

> 第一阿彌陀淨土者，此為一分取相凡夫不信法空實理，以專憶念，
> 念想不移，以專誠故，其心分淨，得生淨土，是權未實。（《卍續藏

〔註43〕曹魯川曾與蓮池爭論淨土與華嚴的問題，今保留於《蓮池大師全集》之〈遺稿〉中有一文。曹魯川對蓮池提出不滿與質疑，要點有三：（一）曹魯川不滿意蓮池提倡淨土，而廢華嚴；（二）以為蓮池把淨土架於華嚴之上；（三）曹魯川推崇唐李通玄《華嚴合論》最能把握華嚴之旨，而鄙視唐清涼澄觀《華嚴經疏鈔》。（頁 4452～4454）蓮池〈答蘇州曹魯川邑令〉，就以上三點加以答覆，其重點如下：（一）淨土亦是華嚴之一門，提倡淨土並非全廢華嚴；（二）華嚴如天子，淨土如大臣，安敢置淨土於華嚴之上；（三）方山之論，得清涼之疏鈔，更為完全。

經》，第五冊，頁 747 上）

李玄通以爲「阿彌陀淨土」乃爲「凡夫」不明法空實理而設，以專心念佛，得生淨土，所以是方便設施，是權非實。其二：

> 或曰：眾生雖具此實報，爭奈眞如無性，不能自證……若非假之方便，由權入實，眾生豈有證毘盧之日也。（《嘉興藏》，第三十一冊，頁 467 下）

以爲眾生雖具有佛性，具有「華藏實報淨土」，但是眼前所見之世界，仍是「銅柱鐵床」，如海邊有水，而餓鬼依然渴死，而洞窟有金銀，貧人可數而得之，但仍是窮人。所以必須假「西方淨土」之權，以入「華嚴世界」之實。這兩種說法都批評「西方淨土」是權非實。

袁宏道力倡淨土，於淨土與華嚴之爭論，提出華嚴「一多相即」之概念，以爲化解之道。袁宏道曰：

> 夫當釋迦爲主，則釋迦遍一切，而阿彌陀佛爲所遍之一處。當阿彌爲主，則阿彌遍一切，而釋迦牟尼爲所遍之一處。如一人之身，當自自時，不妨爲一切人之他，當他他時，不妨爲一切人之自，以是義故，自他不成……是故西方毘盧，非自他故。何以故，毘盧無不偏，故若言權言方便，即有不偏，有不偏者，毘盧之義不成。（同前書，頁 467 下～468 上）

宏道以「自他不成」，自遍一切處，他亦遍一切處，來消解西方與毘盧淨土的權實問題。換言之，毘盧是實，則西方亦是實；若以西方是權，則毘盧即有不遍義。毘盧有不遍義，則毘盧遮那淨土之義也不成立。此「自他不成」之理，即華嚴十玄門中，「一多相容不同門」之理念。此門乃在說明現象之作用，有「一中之多，多中之一」之相入說，亦即「即一具多，多相容一，一多相入無礙，然而其體不同，不失一多之相。」換言之，就是西方與毘盧是相入的，以西方爲主，則西方亦具毘盧淨土；以毘盧爲主，則毘盧中有西方淨土。二者是可以相入無礙，但又不失其個體。袁宏道以此解決淨土與華嚴「權實」的爭辯。

袁宏道又以執著華嚴世界是實，西方淨土是權者，爲「圓實墮者」。在《西方合論》卷八〈見網門〉之十「圓實墮者」云：

> 圓實墮者，謂華藏世界，一刹一塵，具含無量國土，本無淨穢，焉有往來，故長者（李通玄）言，西方淨土，是權非實，以情存取捨，

非法界如如之體故。(同前書,頁 487 下)

宏道將推崇華嚴世界,而批評西方淨土者,批評爲「圓實墮者」,以爲李通玄以權實分西方淨土與華嚴世界,是以「情」取捨,眞實世界並不如此。

第三節　《西方合論》的價值

袁宏道《西方合論》爲晚明淨土之作,其價值爲何?本節擬從袁宏道與蓮池淨土思想的比較,及澫益對《西方合論》的評價,作一說明。

一、袁宏道與蓮池淨土思想的比較

蓮池宣揚淨土思想之作,以《阿彌陀經疏鈔》爲代表,共十萬餘言,袁宏道在《西方合論》中常加以引用。

蓮池《阿彌陀經疏鈔》,一以華嚴十門爲架構,加以鋪排。面對晚明「禪與淨」、「唯心淨土與他方淨土」、「淨土與華嚴」這三個問題蓮池有他個人的見解。

袁宏道對「禪與淨」採取調合的思想,以爲修禪者可兼淨土,修淨土者可兼禪,然禪自是禪,淨土仍是淨土,並沒有合一。蓮池則把禪與淨,加以調合,並試圖以「參究念佛」與「憶念念佛」,把禪淨融合爲一。

蓮池在《阿彌陀經疏鈔》中,以爲《阿彌陀經》之「持名念佛」,乃修行之徑路,且是徑中之徑。「持名念佛」就是專念不忘,又分事持與理持。事持爲憶念念佛,理持爲參究念佛。參究念佛,「且念且參,觀心究理,是名曰顯」。〔註44〕此「參究念佛」之「參」,與禪宗參禪之參雷同。蓮池之意,即在融合禪淨爲一。

蓮池並引元明本中峰〔註45〕語:「禪者淨土之禪,淨土者禪之淨土」,〔註46〕

〔註44〕《卍續藏經》,第三十三冊,頁 450 中。

〔註45〕元代臨濟宗明本禪師(1263~1323),號中峰,又號幻住道人。其性睿敏,十五歲立志出家。於至元二十三年(1286)參謁高峰原妙於天目山師子院;一日誦《金剛經》,乃恍然開悟。至元二十四年,師年二十四,依從原妙剃度,次年受具足戒。原妙示寂後,隱於湖川辨山之幻住庵。嘗留止吳江、廬州六安山等地,延祐五年(1318)應眾請還居天目山,僧俗瞻禮,譽爲江南古佛。仁宗召聘而不出,勒號「佛慈圓照廣慧」,並賜金欄架裟,又改師子院爲「師子正宗寺」。至治三年八月示寂,世壽六十一。(參閱喻昧庵輯《新續高僧傳四集》卷十七〈習禪篇第三之七〉「元餘杭吳山聖水寺沙門釋明本傳」,頁 457~458)。

說明禪淨是合一的。〔註47〕故望月信亨在《中國淨土教理史》曾批評說：「彼（蓮）池將禪、淨混而爲一，企望於一元化。」〔註48〕

蓮池爲宣揚淨土，將禪淨融合爲一，有「一元化」的思想，與袁宏道「調合禪淨」，以弘揚淨土思想，自是不同。

對於「唯心淨土與他方淨土」的思想，袁宏道以華嚴理事無礙之理論，加以融合。蓮池則在宣揚「唯心淨土」。

蓮池《阿彌陀經疏鈔》，以「自性彌陀」論解此經，其卷一云：

> 此經蓋全彰自性，又諸經皆不離自性……阿彌陀佛全體是當人自性
> 也……言自性亦是結構四法界歸一心也。（《卍續藏經》，第三十三
> 冊，頁330～331下）

以自性爲彌陀，並歸結法界、事法界、理事無礙法界、事事無礙法界爲「一心」，自是強調「唯心淨土」，以阿彌陀佛淨土，不離自性，又不離一心。

至於「淨土與華嚴」，袁宏道藉華嚴「一多相即」的概念加以融通，依華嚴判教，〔註49〕以華嚴爲圓教而推淨土爲「圓極教」。〔註50〕蓮池對「淨土與華嚴」仍採融通思想，但一以華嚴爲圓教，而淨土則爲「頓教少分屬圓」。〔註51〕

袁宏道《西方合論》有他獨到的見解，透過以上的比較更能顯現。

二、蕅益對《西方合論》的評價

晚明對袁宏道《西方合論》評價最高者，莫過於蕅益大師。蕅益評點《西

〔註46〕《卍續藏經》，第三十三冊，頁448上。
〔註47〕其實中峰禪師之意，仍是調合禪淨的思想而已。
〔註48〕第三十六章〈雲棲袾宏之禪淨同歸論〉，頁84。
〔註49〕華嚴以「小教」、「始教」、「終教」、「頓教」、「圓教」爲判教。
　　　小教：乃對小乘根機者所說的四諦，十二因緣等《阿含經》之教。
　　　始教：是對小乘開始入大乘，然根機未熟者所說之教法。
　　　終教：即說眞如隨緣而生染淨諸法，其體本自清淨，故謂二乘及一切有情意
　　　　　　當成佛。如《楞伽》、《勝鬘》等經及《大乘起信論》所說均屬之。
　　　頓教：乃不立言句，只辨眞性，不設斷惑證理之階位，爲頓修頓悟之教，如
　　　　　　《維摩詰經》所說。
　　　圓教：即說一乘而完全之教法。此教說性海圓融，隨緣起成無盡法界，彼此
　　　　　　無礙，相即相入，一位即一切位，一切位即一位，十信滿心即成正覺，
　　　　　　故稱爲「圓」，如《華嚴經》、《法華經》等所說。
〔註50〕《嘉興藏》，第三十一冊，頁476中。
〔註51〕《卍續藏經》，第三十三冊，頁349上。

方合論》，並常教人閱讀《西方合論》，且又輯入所編《淨土十要》中。

　　蕅益（1599～1656），字智旭，江蘇木瀆人，晚年住持浙江雲峰山道場，是明末四大師之一。早年參禪，二十八歲大病時，以平日修禪在此用力不上，故決意求生淨土，並專心研究天台。

　　蕅益對淨土極力弘揚，其淨土著作主要有《阿彌陀經要解》一書。以爲「念佛」求生淨土，乃至直捷至圓頓之路，故加以提倡。蕅益提倡淨土，亦同袁宏道，對當時禪者多加斥破。以爲禪者之病，就是「裝模作樣」、「徒記兩則公案」而已！

　　蕅益之淨土思想，亦融西方淨土於唯心淨土中。他曾作〈淨土偈〉十四首：

　　其一

　　　西方即是唯心土，無上深禪不用參，佛向念中全體露，更生疑慮大
　　　癡憨。

　　其二

　　　西方即是唯心土，離土譚心實例顛，念念總皆歸佛海，生盲重覓祖
　　　師禪。（《靈峰宗論》卷十之一，頁 1457～1458）

每一首皆以「西方即是唯心土」爲開頭，即在破禪者撥無西方之論調。這種思想與袁宏道《西方合論》中「心是即土之心，土是即心之土」〔註52〕看法相同。

　　蕅益在與人書信中，並常教人閱讀《西方合論》，如〈寄丁蓮〉一文中，要人把《妙宗鈔》與《西方合論》，深思熟記，其文云：

　　　淨土一門……末世往往視作曲爲中小，不知其至圓至頓，普被三根，
　　　須將《妙宗鈔》與《西方合論》二書深玩熟思，庶可破邪計算。（《靈
　　　峰宗論》卷五之二，頁 777）

《妙宗鈔》宋代四明知禮所撰，全名爲《觀無量壽佛經疏妙宗鈔》。蕅益教人研讀《妙宗鈔》與《西方合論》，以破除一些錯誤的觀念。此外在〈復淨禪〉與〈與周洗心〉〔註53〕二文等，亦提到研究《西方合論》一事。在〈鮑性泉天樂鳴空集序〉，一文更贊美有加，評《西方合論》爲「空谷足音」。〔註54〕

　　除此之外，蕅益並把整部《西方合論》加以評點。蕅益在《評點西方合

〔註52〕《嘉興藏》，第三十一冊，頁 468 上。
〔註53〕《靈峰宗論》，卷五之一，頁 759～765。
〔註54〕《靈峰宗論》，卷六之四，頁 610～625。

論》一書中，對於贊同的地方，必多加一筆，如〈刹土門〉之一「毘盧遮那淨土」，於李通玄對西方與毘盧分權實的問題，蕅益評曰：

> 可見西方即毘盧遮那淨土，毘盧是實，則西方決非權矣。（《卍續藏經》，第一〇八冊，頁872上）

西方即毘盧，皆實非權。在〈刹土門〉之三「恒眞淨土」，對袁宏道以爲菩薩少而凡夫多，故恒眞淨土，利少害多，又評曰：

> 誰敢以恒眞淨土之言爲利少害多，非大悟者不能有此膽識。（同前書，頁872下）

蕅益以袁宏道能爲此論，乃有「膽識」者。

對於袁宏道在論說中，有不滿之處，蕅益亦加以批評，如卷四〈教相門〉，袁宏道列有「假有教」（原名純有教）、「趨寂教」、「有餘教」、「無餘教」、「圓極教」，蕅益批評純有教，不可立教，只可附於三藏教中，且應以天台判教爲依，才能收一代所說法門。其文云：

> 純有即人天乘，趨寂等立，即小、始、頓、圓也。若論判教，須約化儀四教、化法四教，通別五時，方可全收一代所說法門。今僅依五教尚可商。惜中郎四十餘歲已棄世，未入台宗之室也。又純有不能出世，不得立教，祇可附在三藏教耳。（同前書，頁888下）

蕅益是個天台專家，特別標榜天台，他認爲宏道以華嚴之判教：「小、始、終、頓、圓」，不能蓋一代時教，應以天台五時八教，「化儀四教」：頓教、漸教、秘密教、不定教；〔註55〕「化法四教」：三藏教（簡稱藏教）、通教、別教、圓教；〔註56〕與五時教：華嚴時，阿含時、方等時、般若時、法華涅槃時，〔註57〕來

〔註55〕化儀四教：
　（1）頓教：佛陀最初將自內證之方法直接教示眾生，相當於華嚴經之所說。
　（2）漸教：教化之內容與由淺而漸深之教法；相當於阿含（初）、方等（中）、般若（末）三時所說。
　（3）秘密教：佛陀應眾生不同根機能力，施予個別教化，而彼此互不相知。
　（4）不定教：各種根機之眾生，雖同坐一席，然隨各人之能力，所體悟之教法不一定。
〔註56〕化法四教：
　（1）藏教：即小乘教，即爲三乘人說阿含住，以明但空之理，並由析空觀而入無餘涅槃之教。
　（2）通教：以該教爲聲聞、緣覺、菩薩三乘所共通之大乘初門教，故稱通教。
　（3）別教：即不共二乘而獨爲菩薩說者。
　（4）圓教：在顯示佛之所悟，亦即爲明示佛陀自內證之教。

判教才能恰當的分判教理。蕅益以爲袁宏道四十三歲就棄世，故對天台宗來不及登堂入室。在〈評點西方合論序〉文中，批評袁宏道「台宗堂奧尙未詣極」，〔註58〕即專指此點。

　　僅管如此，蕅益對其評價還是極高，且加以收入所輯《淨土十要》〔註59〕中，相對的於蓮池《阿彌陀經疏鈔》則排除在外。

〔註57〕五時，是主張釋尊四十五年之說法，乃由淺而入深，故將之分爲五個階段，稱爲五時教。

〔註58〕《卍續藏經》，第一〇八册，頁 863 下。

〔註59〕《淨土十要》，共十卷，包括十三本書。
　　　卷一：
　　　　（1）《佛說阿彌陀經要解》，明・智旭解
　　　卷二：
　　　　（2）《往生淨土懺願儀》，宋・遵式述
　　　　（3）《往生淨土決疑行願二門》，宋・遵式述
　　　卷三：
　　　　（4）《觀無量壽佛經初心三昧門》，明・成時錄輯
　　　　（5）《受持佛說阿彌陀經行願儀》，明・成時錄輯
　　　卷四：
　　　　（6）《淨土十疑論》，隋・智顗說
　　　卷五：
　　　　（7）《念佛三昧寶王論》，唐・飛錫撰
　　　卷六：
　　　　（8）《淨土或問》，元・善遇編
　　　卷七：
　　　　（9）《寶王三昧念佛直指》，明・妙叶書
　　　卷八：
　　　　（10）《西齋淨土詩》，明・梵琦著
　　　卷九：
　　　　（11）《淨土生無生論》，明・傳燈撰
　　　　（12）《淨土法語》，明・正知較
　　　卷十：
　　　　（13）《西方合論》，明・袁宏道撰述

第五章　袁宏道禪學思想對文學的影響

　　向來研究袁宏道文學理論與文學作品的人，大多未涉及其文學與禪學的關係。本章透過前文有關袁宏道禪學思想的理解，再來處理其文學與禪學的部分，對袁宏道獨抒性靈的文學與禪學的關係，〔註1〕提出說明，並對涉及禪的詩作，作一分析。

第一節　文學觀與禪學的關係

一、獨抒性靈說與禪的淵源

　　獨抒性靈是袁宏道的主要文學觀。「性靈」二字，雖有其歷史淵源，〔註2〕但前人都只是一個簡單的概念，袁宏道則較有系統的提出，並成爲公安派的文學觀。本文試先說明袁宏道獨抒性靈的內涵，再討論性靈與禪的關係。

　　袁宏道對性靈二字的內涵，並無作過詳細說明。但由其強調作文章要——「一一從自己胸中流出」、「一一從胸襟流出」、「直從胸臆流出」等，就在突顯

〔註1〕　陳萬益在《晚明性靈文學思想研究》一書中，討論到晚明心學對性靈文學的影響，認爲是由王陽明的「良知」，李卓吾的「童心」，一脈相承到袁宏道的「性靈」。即認爲袁宏道所揭示的「性靈」，由王陽明的良知與李卓吾的童心等一脈相傳下來。本文對此論證不再討論，只探究袁宏道獨抒性靈與禪的淵源。

〔註2〕　「性靈」一語也是歷史上信仰佛教的人使用過。如謝靈運曾說過：「六經典文，本在濟俗爲治耳，必求性靈眞奧，豈得不以佛經爲指南耶？」北魏任城王元澄奏疏批評濫建塔寺說：「像塔纏于腥臊，性靈沒于嗜欲。」張融〈答周顒書〉說：「夫性靈之爲性，能知者也；道德之爲道，可知者也。」劉勰在《文心雕龍》中亦用性靈。（孫昌武《佛教與中國文學》，頁184～185）

一個「我」字。這個「我」字，又不外乎涵蓋了自我的「個人性」與「自發性」。

袁宏道萬曆二十七（三十二歲）年，在〈答李元善〉書中云：

> 文章新奇，無定格式，只要發人所未發，句法字法調法，一一從自
> 己胸中流出，此真新奇也。（《箋校》卷二二）

袁宏道以為文章要新奇，發人所未發，一定要有「我」，且由我之性靈一一流出。袁中道在〈中郎行狀〉中亦說：

> 先生（中郎）既見龍湖（李卓吾），始知一向掇拾陳言⋯⋯至是浩浩
> 焉⋯⋯發為語言，一一從胸襟流出。（《珂雪齋前集》卷十七）

袁宏道受到李卓吾禪法的啟示，鄙棄已往死守陳言，死於古人句下的毛病，發為言論，一一從自己胸襟流出。袁宗道在〈西方合論敘〉更云：

> 石頭居士，少志參禪，根性猛利⋯⋯下筆千言，不踏祖師語句，直
> 從胸臆流出。（《嘉興藏》，第三十一冊，頁 466 下）

袁宏道因參禪，根性猛利，所以筆下圓轉，不尋祖師之語，而直從自己胸襟流出。

由以上所述，袁宏道強調文章要有「我」，且有我的個人性與自發性，與他禪修的經驗又有關聯。但這性靈與禪的關係又是如何？

首先說明「獨抒性靈」與「禪」在理論上的互通。

從「胸中流出」、「胸襟流出」、「胸臆流出」，都是強調我的「個人性」與「自發性」；而其源頭就是「心」，也就是由個人心中自發而出。袁宏道又如何認定這個心呢？

在前文討論袁宏道禪學思想核心時，曾分判袁宏道的禪，是屬於如來藏真常唯心論。這個思想理論的特點，主要在肯定人人有一自性清淨心，也就是佛性；這個心包含萬法且能生萬法。如果從這兩個層面而言，與袁宏道獨抒性靈，強調有我，並肯定我的個人性與自發性，豈不吻合？袁宏道獨抒性靈的文學觀，即奠基在這禪學心性論的基礎上。

此外袁宏道「獨抒性靈」，一一從自己胸臆流出，與唐代巖頭禪師亦有一段因緣。

袁中道在〈成元岳文序〉云：

> 時義雖云小技，要亦有抒自性靈，不由聞見者。古人云：一一從自
> 己胸臆中流出，自然蓋天蓋地，真得文字三昧。（《珂雪齋前集》卷
> 十）

袁中道以爲文章「抒自性靈，不由聞見」。且道「一一從自己胸臆中流出」，
古人亦曾說過。這古人是誰呢？袁中道在〈石頭上人詩序〉中，指出「嚴頭」
這個人。其文云：

> 今石頭之集具在，其精光爍人目睛者，豈文人學士所可及耶？嚴頭
> 云：一一從自己胸臆中流出，蓋天蓋地有旨哉？（《珂雪齋前集》卷
> 十）

原來「一一從自己胸臆中流出」是嚴頭說的。袁中道稱讚石頭上人之詩，就
如嚴頭所云：「一一從自己胸臆中流出」，有「蓋天蓋地」之氣魄。而非一般
文人學士可與比擬。

　　嚴頭，是指唐代嚴頭全奯禪師，原爲泉州柯氏之子。少禮青原誼公，落
髮爲僧，往長安寶壽寺，稟戒習經律諸部，優游禪苑，與雪峰義存爲友。

　　有一次，嚴頭全奯禪師和雪峰義存禪師一起參遊，嚴頭與雪峰相證，嚴
頭曰：「你不聞道從門入者不是家珍。」雪峰曰：「他後如何即是？」嚴頭曰：
「他後若欲播揚大教，一一從自己襟流出將來，與我蓋天蓋地去。」〔註3〕

　　嚴頭告訴雪峰義存說，以後要闡揚宗門，必須一一從自己胸襟流出將來，
與他蓋天蓋地而去。換言之，要眞參實修，從胸襟流出，而不拾人牙慧，如
此宗門才得傳揚開來。

　　由以上之探討，可證袁宏道獨抒性靈說與禪有其密切關係。

二、禪修的轉變與文學觀的修正

　　袁宏道由「狂禪」轉而「禪淨雙修」，對禪的體驗也愈來愈沈潛內斂。這
種修證，自然也反應在他文學的主張。

　　袁宏道於萬曆二十五年（三十歲）〈致張幼子書〉中云：

> 至於詩，則不肖聊戲筆耳。信心而出，信口而談。（《箋校》卷一一）

萬曆三十年（三十五歲），〈寄袁無涯書〉中亦云：

> 不肖詩文，多信腕信口。（《箋校》卷四二）

萬曆三十二年（三十七歲），在〈敘曾太史集〉云：

> 余文信腕直寄而已。（《箋校》卷三五）

宏道以爲自己爲文作詩，信心、信口、信腕直寄而已，不須修飾。

〔註3〕《五燈會元》卷七，頁232～235。《卍續藏經》，第一三八冊。

但萬曆三十七年（四十二歲），袁宏道〈與黃平倩書〉中，卻有所改變，以爲詩文之工，非「信手」即可近道。其文云：

> 詩文是吾輩一件正事……然詩文之工，決非以草率得者，望兄勿以信手爲近道也。（《箋校》卷五五）

這與萬曆二十五年、三十年所提的「信心」、「信腕」有所不同。這種轉變，袁中道在〈答須水部日華〉書中，亦云：

> 不肖謬謂本朝脩詞……先兄中郎矯之……惟自秦中歸，始云：「我近來稍悟詩道，今《華嵩遊草》是也，謹嚴深厚，較往作又一格也。」
> （《珂雪齋前集》卷二十三）

《華嵩遊草》是袁宏道萬曆三十七年的作品，內容有詩、遊記與序跋。袁宏道自言「近來稍悟詩道」，所以《華嵩遊草》中之作品，較爲謹嚴深厚，較之以前所作，又獨樹一格。

這種改變，與袁宏道本身文學經驗有關，但由前文所論，袁宏道獨抒性靈說與禪有密切關係，當禪修由「狂」轉而「沈潛內歛」，文學觀亦由「信腕直寄」，變爲「謹嚴深厚」。

第二節 以禪入詩

以禪喻詩，有其歷史淵源，早在唐五代如詩人王昌齡、皎然、戴叔倫、齊己等，就注意到詩與禪的性質有些相近，以禪喻詩。到了宋朝，更可說是以禪喻詩的黃金時代，蘇軾、黃庭堅等，不只指出詩與禪的共通性質，更以參禪的方法學詩，以禪宗家派比喻詩派的風格。南宋嚴羽（約 1195～1245）《滄浪詩話》中〈詩辨〉一文，更把宋人「以禪喻詩」的特色，做了一次完整而美妙的展現。〔註4〕

袁宏道不只「以禪喻詩」，更把禪寫入詩中，以詩「參禪理」，以禪「參詩理」。袁宏道〈法雲菴同諸開士限韻〉後之〈又次前韻〉一詩就說：「怪石含斑鮮……詩理入禪參。」〔註5〕詩與禪在袁宏道，可說是一體的兩面，且融化無遺。

本文透過分析，把袁宏道「以禪入詩」，分爲三種類型：〔註6〕（一）以

〔註4〕參閱黃景進《嚴羽及其詩論之研究》第四章〈以禪喻詩的主要內容〉。
〔註5〕《箋校》卷二五。
〔註6〕孫昌武《佛教與中國文學》一書，討論禪宗影響王維詩歌創作藝術時，分三個層次：（一）以禪語入詩：用詩來談禪，詩中充滿了禪學概念與說理。（二）

禪理入詩；（二）以禪境入詩；（三）以禪語入詩。這三者互有關聯，而又有所區別。以禪理入詩，指詩中以闡述禪理爲重；以禪境入詩，乃以表達禪的境界爲主；以禪語入詩，指詩中運用禪宗語言，又包括禪宗公案等。

一、以禪理入詩

袁宏道於詩中表達自己的禪理，作品不多，約四首等，大意在討論「禪與文字」、「禪與思惟」、「禪與我執」、「禪與生死」的關係。

〈鶴林寺和尚〉詩云：

> 竹裏逢開士，花間覓著書。禪觀今果足，文字往因餘。（《箋校》卷三）

「禪觀今果足，文字往因餘」，指透悟禪觀，經典文字則成多餘。

〈宿惠山僧房〉二首之二云：

> 排遣何曾達，思惟亦是塵。病翻爲樂果，髮在是愁因。松老皆成佛，
> 花清不避人。禪棲如實許，色色可怡神。（《箋校》卷八）

「排遣何曾達，思惟亦是塵」，排遣生生不滅的念頭，亦不能通達；落入思惟，還是客塵。「禪」乃直指本心，見性成佛，且言語道斷，心行處滅，豈是排遣與思惟可達。

在〈春日同謝于楚周觀國小修李澄之王尙夫崔晦之劉繩之過智者堂訪度門法門得心字時度門難後至此〉詩云：

> 數里碧陰森，高禪靜亦吟。趁花遠來澗，聽鳥入平林。歷盡推車坡，
> 稍存繞指金。浮塵都歇盡，未歇唾壺心。（《箋校》卷三四）

「浮塵都歇盡，未歇唾壺心」，指外在的浮塵都已落定，在內心我執尙未消解。「壺心」引自王昌齡〈芙蓉樓送辛漸〉中「一片冰心在玉壺」之詩句。一片冰心在玉壺，在表明自己光明磊落，清廉自守，如冰之晶瑩潔白。然此無非是在說明自己的人格，就佛理而言，仍屬「我執」。佛家認爲一切生死煩惱，在於「法執」、「我執」，尤其是「我執」；我執不除，煩惱不斷，生死亦不斷。

以禪趣入詩：禪趣是指進入禪定那種輕安娛悅，清閑自然的意味。（三）以禪法入詩，是指在詩的構思過程中借鑒了禪的認識和表達方法。（頁104～107）本文參考上例，但有二點不同：（一）袁宏道好禪理，故「以禪理入詩」；（二）「以禪境入詩」，表達他對禪的體驗。如果說王維和袁宏道二者詩與禪之不同在那裏，這可說，王維是借禪來表現他的詩歌創作；而袁宏道則是藉詩來表達他對禪的體驗。一在「詩」，一在「禪」，重點不一，故表現也不一。

參禪即在集中心力，開悟佛理，以去掉「我執」與「法執」。

宏道〈元夕舟中同馬元龍夜話〉詩云：

> 夜深蠟焰殘，月色淨諸蠻……貌兼杉影瘦，思入井冰寒。辦得一番
> 死，參禪亦不難。（《箋校》卷二七）

參禪在開悟，以了脫生死。如果經得一番生死關頭，參禪更能專志純一。

二、以禪境入詩

禪境是一種意象的呈顯。這種意象，乃屬弦外之音，言外之意，在於讀者的感受與體驗。禪境中有禪趣，禪趣中不一定有禪境。本文以境代趣，更在表達袁宏道對禪境的詮釋。

萬曆二十二年（二十七歲），在〈異僧〉一詩中，袁宏道描寫一個異地僧人的境界，其詩云：

> 買印支公僻，輪瓶座首能。咒言聽似鳥，梵字寫如藤。托缽施仙飯，
> 支床面佛燈。一身猶不用，何處有三乘？（《箋校》卷二）

「三乘」，指聲聞、緣覺、菩薩。聲聞，聞佛之聲教而悟解得道者；緣覺，自覺不從他聞，觀十二因緣而悟道者；菩薩，菩提薩埵之略稱，指以「智」上求無上菩提，以「悲」下化眾生，修諸波羅蜜行，於未來成就佛果之修行者。在此三乘代表一種「法執」，而一身代表「我執」。「一身猶不用」，表示去了「我執」，三乘「法執」也就拋去。能達到這種「境界」，當然最高。

〈山中峰老僧〉七首詩之二，描述一老僧之禪境，其詩云：

> 一抹青煙沈遠巒，禪心汰得似冰寒。閒山閒水都休卻，付於瞻風衲
> 子看。（《箋校》卷二八）

禪心如冰寒，山水都休卻，表示對境不起心。然付於瞻風衲子看，則此境仍有我在。

袁宏道萬曆二十八年（三十三歲），於〈明空住柳浪五月附余舟南下別於歸宗道上因作柳浪三疊以送之〉三首之一云：

> 青池白石每談空，銷卻寒缸幾炷紅。記取柳浪湖上枝，夜禪聽盡碧
> 絲風。（《箋校》卷二六）

「夜禪聽盡碧絲風」，表現那種專注、安靜、自然的禪境，靜中有動，此境仍是有物有我，只是如「夜」之靜，動而不浮而已。

〈過古寺〉一詩描寫「護法老龍」之禪境，其詩云：

畏人寒鳥竄，護法老龍飢。醉語兼禪語，都非第二機。(《箋校》卷二)

在〈九月二十九日同羅服卿及社中諸兄弟登高二聖寺用扇頭韻〉二首之一，寫到修禪定後，又飲酒之禪境，其詩云：

定起書黃葉，杯闌語翠微。禪翁兼醉侶，一種不相違。(《箋校》卷三一)

這兩首「醉語兼禪語，都非第二機」與「禪翁兼醉侶，一種不相違」，都在表現禪的「當下」與「合光同塵」之跡，一種物我兩忘之境。

袁宏道把禪境寫入詩中，其用意在詩，而更在於禪。〈潘庚生館同諸公得錢子〉一詩云：「每于詩外者，悟得句中禪。」〔註7〕藉詩悟禪，以禪寄詩。禪學充實袁宏道詩歌創作的內涵。

三、以禪語入詩

袁宏道詩中以禪語入詩者最多，表達了袁宏道好禪的心裏。主要有「禪心」、「禪味」、「禪客」、「禪講」、「禪關」、「寒灰枯木禪」、「野狐禪」、「老龐禪」等，此外詩中亦引用禪宗公案，如「百丈野鴨子」等。

〈甲辰元旦飲劉繩之梅花下聽歌時一衲在側〉詩云：

小艷催花發，長眉帶柳來……笑靥生春暈，禪心試灰冷。一尊一板去，村舍幾題梅。(《箋校》卷三十)

宏道在「飲酒」、「賞花」、「聽歌」下，自比「禪心」如冷灰，表示修行已到了某種定境。〈寄楊敦初〉之「禪心知不滅」；〔註8〕〈惠山僧房短歌〉之「東風不道禪心定」〔註9〕等以「禪心」入詩。

袁宏道〈潞河舟中和小修別詩〉十首之十云：

禪味爭如醉，無何即是鄉……東皋猶滯酒，余乃醒而狂。(《箋校》卷四六)

袁宏道好「禪味」如好酒而醉，然此醉禪，乃醒而帶狂。〈寄曾長石太史〉之「故應禪味如鹽水」，〔註10〕與〈般若臺為無懷上人作〉之「般若禪人曉禪味」，

〔註7〕《箋校》卷九。

〔註8〕袁宏道〈寄楊敦初〉云：「野樹吟秋日，江雲送目初……潘岳功名簿，莊生吏體疏。禪心知不滅，揮麈近何如？」(《箋校》卷二)

〔註9〕袁宏道〈惠山僧房短歌〉云：「少年長老姿格清，竹鑪蓮卷古先生。東風不道禪心定，吹入山頭環珮聲。」(《箋校》卷八)

〔註10〕袁宏道〈寄曾石太史〉云：「竹影侵溪朝洗研，柳梢披雨夜焚香。故應禪味如

〔註11〕亦描寫修禪之「禪味」。

宏道在〈雁字詩十首之九〉云：

篆煙劃月過瀟湘，流麗森疏綴幾行。禪客辨來知半滿，儒生記去識邊旁。(《箋校》卷三四)

書寫幾行流麗、森然、疏散之篆文，禪客知其半，而儒生只識得邊旁。此中「禪客」，指參禪者而言。原來「禪客」是指宋代以後之禪院，逢檀越及官人來向住持求陞座說法時，選派一特定僧人向住持質問之慣例，此質問僧稱為「禪客」。〔註12〕

〈元日書懷〉之二云：

水巷連祠竹，沙村帶石洲。官私與禪講，一味勸心休。(《箋校》卷二八)

「禪講」，禪是不立文字，教外別傳，修禪就在修心，修心是要「心休」，休離一切煩惱客塵，但有時為了使人明白修禪的道理，故不能不講。〈雪中投宿棲隱寺寺去大冶五十里在亂山中〉詩之二「會須知此意，禪講也輸君」〔註13〕亦提及。

〈侍家大人游太和發郡城偕遊者僧寶方冷雲尹生也〉之詩云：

戴將頭髮入禪關，長得閒時也畏閒。從此野人功課定，一年須上兩番山。(《箋校》卷二八)

「禪關」之意有二：(一) 參禪之層次；(二) 坐禪之道場。大抵參禪有三關：第一關，悟得一切處無生；第二關，悟得一切處皆是；第三關，悟得言語道斷心行處滅。此處「禪關」，專指參禪所用之「關房」。〈初夏同惟學惟長舅尊遊二聖禪林檢藏有述〉詩云：「禪關避客晝常局」〔註14〕亦是。

鹽水，宿世曾為青草堂。」(《箋校》卷三三)

〔註11〕袁宏道〈般若臺為無懷上人作〉云：「般若禪人曉禪味，辟如屋底看山翠。又如人持京師書，雖不是香有香氣。」(《箋校》卷一二)

〔註12〕《禪林象器箋》之「職位門」：「蓋官人入寺，屢請陞座說法，及時禪客出眾問答，名之曰問禪。」此「禪客」之原意。

〔註13〕袁宏道〈雪中投宿棲隱寺寺去大冶五十里在亂山中〉三首之二云：「巖戶何人啟，泉聲只自聞。夜澆盈衲雨，曉耕一犁雲。野筍呼雛伐，山苗帶子分。會須知此意，禪講也輸君。」(《箋校》卷四六)

〔註14〕袁宏道〈初夏同惟學惟長舅尊遊二聖禪林檢藏有述〉四首之三云：「禪關避客晝常局，竹樹陰森可一庭……衣下有珠君識否，寤來如欲睹明星。」(《箋校》卷一)

　　〈夢中得詩醒記中二聯足成之〉詩云：

　　　　拋竹屨，邀僧時一上花船。無心更著紅衫去，學得寒灰古木禪。（《箋
　　　　校》卷二五）

「寒灰古木禪」即大慧宗杲所說「枯木寒灰禪」，是指那些終日趺坐，不作他
事，不飲不食，不行不動，自謂苦行者。其實這種苦行所修者，只不過是「枯
木禪」。

　　〈漫興〉一詩云：

　　　　獨往吾何有，狂癡世所憐……昨來益自喜，信口野狐禪。（《箋校》
　　　　卷二）

「野狐禪」，用以比喻似是而非之禪。此語乃出自唐代禪僧百丈懷海開導野狐
之談話。百丈懷海禪師每次領眾入禪堂時，有一老人，常隨眾聽法，眾人退，
老人亦退。忽有一日，老人不退。百丈遂問：「面前站者是何人？」老人答：
「我不是人。於過去迦葉佛時代曾住於此山。因學人問我，大修行人還落入
因果否？我說不落因果，所以五百生墮入野狐身。今請老和尚，代為轉答，
以脫野狐身。」老人問：「大修行人還落入因果嗎？」百丈回答：「不昧於因
果」。老人於言下大悟。〔註15〕

　　〈閒居雜題〉之二云：

　　　　儒衣脫卻禮金山，二十偷閒也少年……酒障詩魔都不減，何曾參得
　　　　老龐禪。（《箋校》卷八）

「老龐禪」，是指唐代龐蘊居士。龐蘊曾參訪當時很多著名禪師，如石頭希遷，
丹霞天然，馬祖道一等。有一次去參問馬祖道一時問：「不與萬法為侶者是什
麼人？」馬祖云：「待汝一口吸盡西江水，即向汝道。」〔註16〕龐蘊於「一口
吸盡西江水」，頓有所悟，留住兩年。後機辯迅捷，為諸方所矚目。北遊襄陽
時，資財皆投於江，偕妻女躬耕於鹿門下。其妻女均徹悟。有一次，龐蘊於
入寂之際，令女靈照出視時日之早晚，說：「日已中矣，而有蝕也。」蘊龐又
出觀看，靈照隨即登父座，合掌坐亡。

　　袁宏道對龐家之禪，特別欽服。於〈得罷官報〉贊云：「南北宗乘參取盡，
龐家別有一枝燈。」〔註17〕

〔註15〕宋宗紹編《無門關》，《大正藏》，第四十八冊，頁293上。
〔註16〕《景德傳燈錄》卷八，頁146。
〔註17〕《箋校》卷八。

此外，袁宏道亦把「禪宗公案」寫入詩中。〈玉上人〉詩云：

> 山下逢老僧，爲我設齋供。生斷活埋關，醒卻高梁夢。空嫌毛孔多，
> 瘦覺數珠重。回首鴨子飛，歸來鼻頭痛。(《箋校》卷九)

「回首鴨子飛，歸來鼻頭痛」是一則「百丈野鴨子」的公案。據《碧巖集》卷六所載：有一次，馬祖道一與徒弟百丈懷海同行，看見野鴨子飛過，馬祖說：「是什麼？」百丈回答：「野鴨子」。馬祖又問：「何處去？」百丈答：「飛過去。」馬祖遂扭百丈的鼻頭，百丈忍聲作痛。馬祖說：「何曾飛去？」〔註18〕

此外，袁宏道好禪，又把「繩床」、「禪板」、「禪燈」、「禪榻」等，寫入詩中。

〈西林菴爲從石上人題〉詩云：

> 西林禪人東林弟，朝作新詩暮作偈。將禪比詩不爭多，色裏膠青水
> 中味。室中枯坐一繩床，颭風吹出沈香氣。(《箋校》卷一二)

「繩床」專指禪僧之床。一般禪僧吃住都非常簡陋，這是爲了破除禪修的障礙，以便安心修定。

〈泛舟便河〉之二云：

> 禪板佐尊罍，青溪曲曲迴。魚閒知浪靜，鳥喜覺風來。(《箋校》卷
> 三三)

此中「禪板」之「板」，其意有二：(一) 打鳴器具之一。板掛於寺院內一定之場所，係報知時刻或集會時敲打之器具，大多爲木製，板面上並書寫「生死事大」等偈語。(二) 禪宗寺院僧堂中所設之大眾床座，亦稱板。坐禪時，爲消除疲勞，用以靠身或安手者，則稱爲「禪板」。

〈宿僧房〉云：

> 覺路昏羅縠，禪燈黑絳紗。早知嬰世網，悔不事袈裟。(《箋校》卷
> 二)

禪院日常所用之燈，稱爲「禪燈」。燈稱禪燈，則僧房所見之物，無一非「禪」。〈戊戌初度〉之二云：「禪燈瀲瀲雪玻璃」，貝典將來戒小妻」，〔註19〕亦稱燈爲「禪燈」。

〈寒香〉詩云：

〔註18〕《卍續藏經》，第一一七冊，頁361。
〔註19〕袁宏道〈戊戌初度〉四首之二云：「禪燈瀲瀲雪玻璃，貝典將來戒小妻。客裏羈情籠野鴿，鄉中春夢閒山雞。」(《箋校》卷一四)

旋開麴社通蓮社，痛飲南家又北家。禪榻歸來清似洗，醉看紅燄吐

　　高花。（《箋校》卷五）

「禪榻」是坐禪之席位。榻者，即坐臺或寢臺，較床爲低短細長。〈留別黃道

元〉詩云：「一燈禪榻下，睡看小沙彌」，〔註20〕亦以「禪榻」入詩。

〔註20〕袁宏道〈留別黃道元〉云：「蹤跡頻頻至，鄭僧箇箇知……說虎歸途怯，懷鷲
　　　　夜夢癡。一燈禪榻下，睡看小沙彌。」（《箋校》卷九）

第六章　結　論

　　佛教思想是袁宏道思想的主要內涵。本文圍繞著四個重點來展開：袁宏道與佛教的因緣、袁宏道的禪學思想、袁宏道的淨土思想與袁宏道禪學思想對文學的影響，把袁宏道佛教思想的內容及其前因後果作一完整敘述。

　　在袁宏道接觸佛教的因緣中，兄長袁宗道是一個啓發人物，與李卓吾、無念禪師的交遊，拓展他參禪的層面，而生長在晚明禪淨思想興盛的潮流中，禪淨也成爲他佛教思想的主流。

　　袁宏道參禪的進路，分爲兩個階段，第一階段是從萬曆十八年到萬曆二十七年，以李卓吾爲學習對象的狂禪；第二階段是從萬曆二十七年到三十八年，禪淨雙修，以大慧宗杲的看話禪爲主。袁宏道有豐富而獨到的禪修經驗，認爲頓門的祖師禪較漸門的如來禪高明，一如逆路只得一些子，都有無窮受用，而順路所得雖多，而實無用。其如來藏眞常唯心思想，肯定人人有一顆自性情淨心，此心具萬法，能生萬法，且萬物皆有佛性，是一傳統禪學思想。而由於個人前期修爲流於狂禪，及不重經典而造成弊病，使他傾向教禪一致的主張。

　　袁宏道由禪轉而禪淨雙修，並撰述《西方合論》，主要來自本身參禪不穩當，轉而傾向經典的尋求。此外，也受到當時蓮池提倡淨土的影響。袁宏道《西方合論》之創作，以華嚴十門爲思想架構，主要思想課題，除了解決自己修行的困境外，並且兼顧到時代思潮的問題，主張：（一）禪與淨的調合；（二）唯心淨土與他方淨土的融合；（三）淨土與華嚴的融通。這些思想與蓮池仍有微細的區別，蓮池傾向禪淨合一與唯心淨土，並認爲華嚴思想理論高於淨土。這顯示袁宏道有個人思想的關懷點與企圖解決時代思想爭論的使命

感。蕅益對其《西方合論》的評價甚高。

　　從袁宏道禪學思想來討論他的文學觀與禪學的關係，以及以禪入詩的詩歌創作。發現傳統對公安派「獨抒性靈」的文學觀，認為是由王陽明良知學說與李卓吾童心說，一脈相承而來，有其偏頗的定論。這是因為向來忽視袁宏道禪學思想的研究，而只以時代精神的角度給予評斷，而忽略其根本差異所致。

　　總結而言，袁宏道一生與佛教關係至為密切，禪淨思想乃其思想核心，禪學甚至反應在他的文學觀與文學作品中。

參考書目

1. 《袁宏道集箋校》，〔明〕袁宏道撰，錢伯城箋校，上海：古籍，民國 70 年 7 月初版。

2. 《珊瑚林》，〔明〕袁宏道撰，張五教編，明刊（清響齋）日本內閣文庫藏。

3. 《西方合論》，〔明〕袁宏道，《嘉興藏》第三一冊，台北：新文豐，民國 77 年 7 月初版。

4. 《金屑篇》，〔明〕袁宏道，明刊（清響齋）日本內閣文庫藏。

5. 《六祖壇經節錄》，〔明〕袁宏道，明刊（清響齋）日本內閣文庫藏。

6. 《白蘇齋類集》，〔明〕袁宏道，台北：偉文，民國 65 年 9 月初版。

7. 《珂雪齋前集》，〔明〕袁宏道，台北：偉文，民國 65 年 9 月初版。

8. 《珂雪齋近集》，〔明〕袁宏道，台北：偉文，民國 65 年 9 月初版。

9. 《王陽明全集》，〔明〕王陽明，台北：正中，民國 59 年 5 月 4 版。

10. 《王龍谿全集》，〔明〕王龍谿，台北：華文，民國 59 年 5 月。

11. 《焚書／續焚書》，〔明〕李卓吾，台北：漢京，民國 73 年 5 月初版。

12. 《蓮池大師全集》，〔明〕蓮池大師，台北：中華佛教文化館，民國 72 年 12 月再版。

13. 《憨山大師夢遊集》，〔明〕憨山德清，台北：新文豐，民國 72 年 12 月再版。

14. 《歇庵集》，〔明〕陶望齡，台北：偉文，民國 65 年 9 月初版。

15. 《容臺集》，〔明〕董其昌，台北：中央圖書館，民國 57 年 6 月。

16. 《雪濤閣集》，〔明〕江進之，明刊本，中央圖書館藏。

17. 《靈峰宗論》，〔明〕蕅益，台北：佛教，民國 65 年 1 月初版。

18. 《萬曆野獲編》，〔明〕沈德符，《筆記小說大觀》十五編，第六冊，台北：新興，民國 66 年 1 月初版。

19. 《淨土聖賢錄》，〔清〕彭際清，台北：新文豐，民國 76 年 6 月再版。

20. 《一行居集》，〔清〕彭際清，台北：新文豐，民國 62 年 6 月初版。

21. 《明儒學案》，〔清〕黃宗義，台北：河洛，民國 63 年 12 月初版。

22. 《公安縣志》，〔清〕周承弼等修，王慰等纂，《中國方志叢書》，華中地方第一二五冊，台北：成文，民國 59 年 4 月初版。

23. 《佛說阿彌陀經》，姚秦·鳩摩羅什譯，《大正藏》第一二冊，台北：新文豐，民國 48 年 1 月初版。

24. 《維摩詰所說經》，姚秦·鳩摩羅什譯，《大正藏》第一四冊，台北：新文豐，民國 48 年 1 月初版。

25. 《楞伽阿跋多羅寶經》，劉宋，求那跋陀羅譯，《大正藏》第一六冊，台北：新文豐，民國 48 年 1 月初版。

26. 《十住毘婆沙論》，龍樹造，姚秦·鳩摩羅什譯，《大正藏》第二六冊，台北：新文豐，民國 48 年 1 月初版。

27. 《大慧普覺禪師語錄》，〔宋〕蘊聞編，《大正藏》第四七冊，台北：新文豐，民國 48 年 1 月初版。

28. 《無門關》，〔宋〕宗紹編，《大正藏》第四八冊，台北：新文豐，民國 48 年 1 月初版。

29. 《六祖大師法寶壇經》，〔元〕宗寶編，《大正藏》第四八冊，台北：新文豐，民國 48 年 1 月初版。

30. 《禪源諸詮集都序》，〔唐〕宗密述，《大正藏》第四八冊，台北：新文豐，民國 48 年 1 月初版。

31. 《宗鏡錄》，〔宋〕延壽集，《大正藏》第四八冊，台北：新文豐，民國 48 年 1 月初版。

32. 《景德傳燈錄》，〔宋〕道原纂，台北：新文豐，民國 75 年 4 月 3 版。

33. 《華嚴合論》，〔唐〕李通玄造論，志寧釐經合論，《卍續藏經》第五冊，台北：新文豐，民國 65 年 12 月初版。

34. 《華嚴經合論簡要》，〔明〕李卓吾，《卍續藏經》第七冊，台北：新文豐，民國 65 年 12 月初版。

35. 《阿彌陀經疏鈔》，〔明〕蓮池，《卍續藏經》第三三冊，台北：新文豐，民國 65 年 12 月初版。

36. 《阿彌陀經要解》，〔明〕蕅益，《卍續藏經》第一○八冊，台北：新文豐，民國 65 年 12 月初版。

37. 《淨土十要》，〔明〕蕅益，《卍續藏經》第一○八冊，台北：新文豐，民

國 65 年 12 月初版。

38. 《淨土決》，〔明〕李卓吾，《卍續藏經》第一〇八冊，台北：新文豐，民國 65 年 12 月初版。

39. 《評點西方合論》，〔明〕袁宏道撰述，〔明〕蕅益評點，《卍續藏經》第一〇八冊，台北：新文豐，民國 65 年 12 月初版。

40. 《宗門十規論》，〔唐〕清涼文益，《卍續藏經》第一一〇冊，台北：新文豐，民國 65 年 12 月初版。

41. 《萬善同歸集》，〔宋〕延壽，《卍續藏經》第一一〇冊，台北：新文豐，民國 65 年 12 月初版。

42. 《碧巖集》，〔宋〕重顯頌古克勤評唱，《卍續藏經》第一一七冊，台北：新文豐，民國 65 年 12 月初版。

43. 《雲門麥浪禪師宗門難》，〔明〕麥浪禪師，《卍續藏經》第一二七冊，台北：新文豐，民國 65 年 12 月初版。

44. 《五燈會元》，〔宋〕普濟集，《卍續藏經》第一三八冊，台北：新文豐，民國 65 年 12 月初版。

45. 《居士分燈錄》，〔明〕朱時恩輯，《卍續藏經》第一四七冊，台北：新文豐，民國 65 年 12 月初版。

46. 《居士傳》，〔清〕彭際清，《卍續藏經》第一四九冊，台北：新文豐，民國 65 年 12 月初版。

47. 《黃檗無念禪師復問》，〔明〕無念深有，《大藏經補編》第二〇冊，台北：華宇，民國 75 年 1 月初版。

48. 《左派王學》，嵇文甫，上海：開明，民國 23 年 9 月初版。

49. 《晚明思想史論》，嵇文甫，上海：開明，民國 33 年 9 月初版。

50. 《中國佛教史概說》，野上俊靜等著，釋聖嚴譯，台北：商務，民國 61 年 7 月初版。

51. 《中國淨土教理史》，望月信亨著，釋印海譯，台北：慧日講座，民國 63 年 3 月初版。

52. 《無諍之辯》，印順，《妙雲集》下編，台北：正聞，民國 65 年 1 月。

53. 《明代思想史》，容肇祖，台北：開明，民國 67 年 10 月 5 版。

54. 《袁中郎學記》，袁仲公，台北：新文豐，民國 68 年 3 月。

55. 《明清佛教》，郭朋，福建：人民，民國 71 年 12 月初版。

56. 《王陽明與禪》，陳榮捷，台北：學生，民國 73 年 11 月初版。

57. 《李卓吾事蹟繫年》，林其賢，台北：文津，民國 73 年 3 月。

58. 《嚴羽及其詩論之研究》，黃景進，台北：文史哲，民國 75 年 2 月初版。

59. 《禪門剩語》，唐一玄，高雄：鳳山佛教蓮社，民國 75 年 5 月 2 版。

60. 《如來藏之研究》，印順，台北：正聞，民國 75 年 5 月 2 版。

61. 《公安派的文學批評及其發展》，周質平，台北：商務，民國 75 年 5 月。

62. 《中國禪學思想研究──宗密教一致理論與判攝題之探討》，何國銓，台北：文津，民國 76 年 4 月。

63. 《明季滇黔佛教考》，陳援庵，台北：彙文堂，民國 76 年 6 月台 1 版。

64. 《中國禪宗史》，印順，台北：正聞，民國 76 年 4 月。

65. 《明末佛教研究》，釋聖嚴，台北：東初，民國 76 年 9 月。

66. 《萬曆十五年》，黃仁宇，台北：食貨，民國 77 年 2 月初版。

67. 《印度佛教思想史》，印順，台北：正聞，民國 77 年 4 月初版。

68. 《明史散論》，李焯然，台北：允晨，民國 77 年 4 月初版。

69. 《明末中國佛教之研究》，釋聖嚴著，關世謙譯，台北：學生，民國 77 年 11 月初版。

70. 《袁宏道評傳》，周質平，東海大學中文所碩士論文，民國 63 年。

71. 《晚明性靈文學思想研究》，陳萬益，台灣大學中文所博士論文，民國 66 年。

72. 《袁中郎及其小品文研究》，高八美，輔仁大學中文所碩士論文，民國 67 年。

73. 《公安派及其著作考》，吳武雄，東海大學中文所碩士論文，民國 70 年。

74. 〈袁中郎的佛學思想〉，張汝鈞，《人間世》20 期，民國 24 年 1 月初版。

75. 〈李卓吾的生平與佛教思想〉，江燦騰，《中華佛學學報》第 3 期，民國 77 年 10 月。

76. 《明末宗教思想研究》，荒木見悟，東京：創文社，昭和 54 年 10 月。

附　錄

附錄一　袁宏道學佛與著作年表

　　參照袁中道《珂雪齋前集》卷十七〈中郎行狀〉與錢伯城《袁宏道集箋校》等：

明代年號	年　　齡	袁宏道學佛歷程及其著作
萬曆十七年	二十二歲	（1）初聞性命之學。
萬曆十八年	二十三歲	（1）著《金屑篇》。 （2）第一次訪李卓吾與無念。
萬曆十九年	二十四歲	（1）無念到公安與之會面。
萬曆二十年	二十五歲	（1）第二次訪李卓吾與無念。
萬曆二十一年	二十六歲	（1）第三次訪李卓吾與無念。
萬曆二十二年	二十七歲	（1）著《敝篋集》。
萬曆二十三年	二十八歲	（1）與〈李宏甫〉（李卓吾）書，對李氏《藏書》推崇倍之。
萬曆二十四年	二十九歲	（1）著《去吳七牘》。
萬曆二十五年	三　十　歲	（1）與蓮池大師相交遊，稱讚蓮池單提念佛之法門。 （2）著《解脫集》、《錦帆集》、《廣陵集》。
萬曆二十六年	三十一歲	（1）結葡萄社於崇國寺。 （2）著《廣莊》。

萬曆二十七年	三十二歲	（1）覺李卓吾所見尚欠穩實。 （2）開始闢狂禪。 （3）著《西方合論》、《瓶史》。
萬曆二十八年	三十三歲	（1）從萬曆二十八年多到萬曆三十四年，隱居柳浪，偕中道與一、二名僧共居，潛心道妙。 （2）與〈李龍湖〉（卓吾）書中，奉勸李卓吾學佛要兼重戒律。 （3）袁、李書信之交往止於此年。 （4）刪節前人之作品者，有《六祖壇經節錄》一卷、《宗鏡攝錄》十二卷。 （5）著《瓶花齋集》。
萬曆二十九年	三十四歲	（1）居柳浪潛修。
萬曆三十年	三十五歲	（1）居柳浪潛修。
萬曆三十一年	三十六歲	（1）居柳浪潛修。
萬曆三十二年	三十七歲	（1）居柳浪潛修。 （2）著《珊瑚林》（《德山暑談》乃本書之節本）。
萬曆三十三年	三十八歲	（1）居柳浪潛修。
萬曆三十四年	三十九歲	（1）居柳浪潛修，至秋偕中道入都，補儀曹主事。 （2）著《蕭碧堂集》。
萬曆三十五年	四十歲	（1）著《破硯齋集》、《觴政》、《墨畦》。
萬曆三十七年	四十二歲	（1）著《華嵩遊草》、《場屋後記》。
萬曆三十八年	四十三歲	（1）築硯北樓、捲雪樓，樓成每日坐三炷香，收息靜坐。九月初六病卒。

附錄二　袁宏道相關人物生卒年表

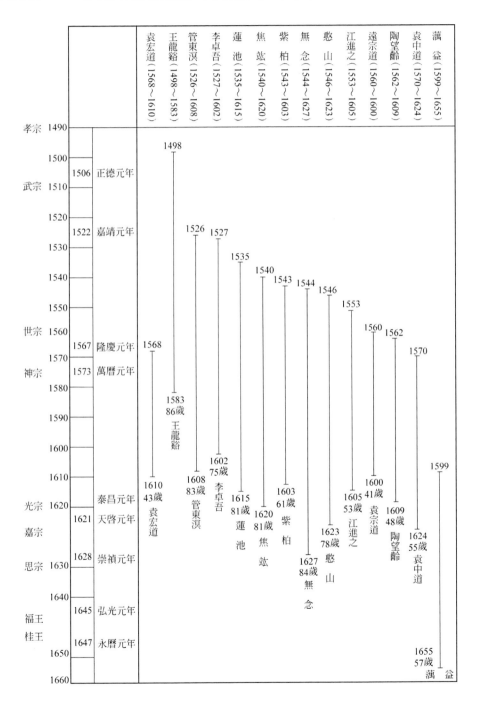